全媒体环境下
教师教学能力提升
——基于指数型趋同培养模型

杨滨◎著

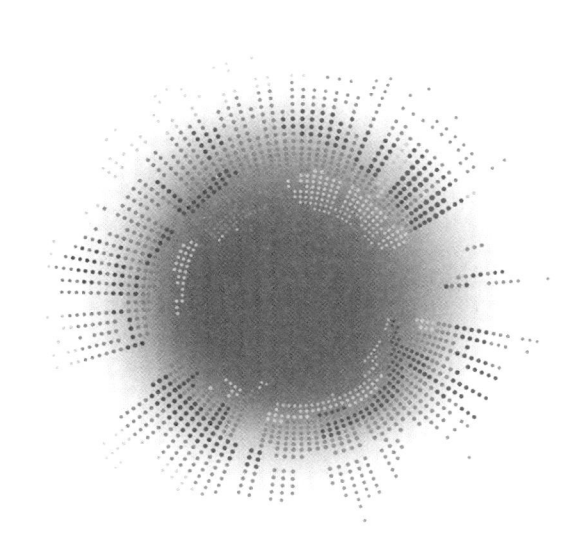

中国社会科学出版社

图书在版编目（CIP）数据

全媒体环境下教师教学能力提升：基于指数型趋同培养模型 / 杨滨著．
—北京：中国社会科学出版社，2023.7
ISBN 978-7-5203-9971-5

Ⅰ．①全…　Ⅱ．①杨…　Ⅲ．①师资培养—研究　Ⅳ．①G451.2

中国版本图书馆 CIP 数据核字（2022）第 050747 号

出 版 人	赵剑英
策划编辑	周　佳
责任编辑	黄　丹
责任校对	韩天炜
责任印制	王　超

出　　版	中国社会科学出版社
社　　址	北京鼓楼西大街甲 158 号
邮　　编	100720
网　　址	http://www.csspw.cn
发 行 部	010-84083685
门 市 部	010-84029450
经　　销	新华书店及其他书店
印　　刷	北京明恒达印务有限公司
装　　订	廊坊市广阳区广增装订厂
版　　次	2023 年 7 月第 1 版
印　　次	2023 年 7 月第 1 次印刷
开　　本	710×1000　1/16
印　　张	14.75
插　　页	2
字　　数	242 千字
定　　价	78.00 元

凡购买中国社会科学出版社图书，如有质量问题请与本社营销中心联系调换
电话：010-84083683
版权所有　侵权必究

序

"百年大计，教育为本。教育大计，教师为本。"这是习近平总书记2014年在北京师范大学的发言，号召全国广大教师做党和人民满意的好教师。习近平总书记一语中的，道出了教师教育的重要性。然而，长期以来，人们习惯于应用线性思维思考与解决问题，久而久之便容易忽视其局限性。因此，人们在教师教育过程中不可避免地以线性思维思考和解决教师培养的问题（包括教师职前培养和职后培训）。不可否认，现有的一些教师培训项目效果很明显，效率也很高，培训过程中参训教师也确实学到了知识，然而培训结束后教师教学的很多问题依然存在。本书引入指数思维，突破线性思维的局限，在系统阐释指数思维的基础上，构建指数型教育新生态，促进教师教学能力提升。

这既是实证研究的学术成果，为读者呈现规范的研究过程和严谨的研究方法；又是一本变革思维模式，将指数思维应用于教育教学改革的理论著作。众所周知，指数思维已经在商业领域取得了辉煌的成就，诸多独角兽公司的迅速崛起、技术更替加速与成本投入下降之间的微妙关系等均反映出指数思维所带来的指数级增长的无穷魅力。然而，教育领域似乎起步慢了些，那就先从书中的教师教育开始，探索指数思维带给教育的神奇变化。

书中引用了一些跨学科概念，例如，将生物学领域的"趋同进化""选择压"等概念迁移至教师教育领域，并结合现行教师教育中存在的困境，构建了教师教学能力趋同发展的理论模型和评价指标，为教师教学能力的科学测评提供支持。书中提出的"趋同进化"以及保证"趋同进化"的"选择压"，都是为了实现教师教育的长效开展。这种跨学科概念的迁移应用值得研究，这种探索思路与方法也值得借鉴。

虽然本书建立起了全媒体环境下教师教学能力趋同发展模型，并进行了实验修正，但一个模型的建立与使用毕竟需要更长时间的检验和更多周期的验证与修订，一个成熟的模型将在不断迭代的实验研究、检验修正中逐步形成。希望本书能够成为启迪思维的序曲，为读者拉开指数思维引领下教育教学改革实验的大幕，也希望有更多的学者围绕教师教育的科学化、常态化实践展开更多、更深入的研究。

郭绍青

2022 年 12 月 12 日

前　　言

随着我国社会主要矛盾的转化，教育中存在的一系列不平衡不充分的发展问题已经成为制约人民对高质量教育需要的重要因素，影响教育信息化的深入推进。教育中的"不平衡"是指协调教育发展形成的挑战，包括区域、城乡之间的不平衡等，其中数字化教学环境、教师教学能力等方面的不平衡尤为突出；教育中的"不充分"是指发展不全面、待提高，如在教育基础设施、教师专业发展、教师教学能力提升、学生能力培养等方面。本研究聚焦教师教学能力的发展，既是中国教育信息化深入推进的需求，是实现教师专业发展及区域教师教学能力均衡发展的需要，也是新时代教与学的诉求。本研究以 A、B 两所大学的《现代教育技术》公共课教师为研究对象，按照理论解析、模型构建和教学实证的科学研究流程，对教师教学能力的趋同发展及其培养模式展开深入探究，以期能为新时代教师教育提供全新的研究视角。

本书共分九章，其中第一章为绪论，详细介绍了研究缘起，提出了研究的问题，明确了研究目标，并说明了研究思路与方法等。

第二章和第三章为基础研究与理论解析。通过概念界定和文献综述，明确了全媒体环境的构成，分析了全媒体在教育领域的应用现状；同时，梳理出影响教师教学能力发展的要素，分析了网络环境下教师教学能力发展的有效途径，总结构成教师教学能力的九种子能力，并对已有的能够促进教师教学能力发展的模式进行了梳理。通过对教师教学能力协同发展研究现状的分析，探明了研究方向，即以协同发展为基础，向趋同发展进化。基础研究与理论解析，为构建全媒体环境下教师教学能力趋同发展模型，提供了理论依据与实践依据。

第四章为指数思维与教育。为突破教师教学能力培育的线性思维，本研究特引入指数思维，利用指数思维多点发散、有限多元、去中心化、边际成本为零等思想，变革教师教育模式，激发教师培育的指数效应，大幅提升教师教学能力培养质量。基于大量文献分析，本章界定了指数思维和指数技术，分析指数技术激发未来教育的指数效应，构建指数型教育新生态，以及指数思维引领下的五类智慧学习环境，为促进教师教学能力趋同发展提供支持。

第五章为教师教学能力趋同发展研究。在文献研究基础上，本章详细阐释了全媒体环境下教师教学能力趋同发展的要素及其特性，提出了教育"选择压"的全新概念，并分析了教育"选择压"设计与激发的策略与机制，开展了教师教学能力趋同发展评价研究。通过描绘教师教学能力趋同发展图景，阐明了协同与趋同的关系，强调"趋同"是培养教师与标杆教师的"发展趋同"，并细化教师教学能力的测评量化标准。根据测评量化标准设计评价量表，为教师教学能力的科学测评提供支持。

第六章为模型构建研究。参照模式构建的理论演绎法，从全媒体环境下教师教学能力趋同培养关键环节分析入手，呈现教师教学能力趋同发展的稳定应用方法和过程。结合关键环节分析，构建了全媒体环境下教师教学能力趋同发展模型，即 TACD 模型，并采用专家咨询的方式对模型进行初步修正，根据修正后的模型构建教师指数型趋同发展模式。

第七章为教学实证研究。基于上述研究，本章系统开展全媒体环境下教师教学能力趋同培养模型应用研究。研究遵循正向设计、反向修正的思路，基于 TACD 模型，设计教师指数型趋同发展模式，并基于该模式设计实施互联网＋智能手机的码课教学实验，在《现代教育技术》公共课程教学中开展行动研究、穿插准实验研究，验证该模式对培养教师教学能力的有效性，并对模式进行修订。在模式修订的基础上对 TACD 模型进行二次修正，引入指数思维打造升级版的 TAECD 模型。

第八章为研究反思。根据实验数据，研究反思全媒体环境下教师教学能力指数型趋同培养（TAECD）模型的教学应用方法和应用策略，为模型的推广应用提供建议，并计划在接下来的三年内持续开展两个方面的教改实验，用以验证和不断修订培养教师教学能力的 TAECD 模型。（1）基于智慧平台的泛网络学习空间教学实践研究，探索网络学习空间（如学习通等平台）与诸多智能应用 App（如雨课堂等）融合应用的路径与方法。

(2) 实施基于 TAECD 模型的"中小学创客教师"校本培训研究。

第九章为总结与展望。研究证明，基于本研究构建的 TAECD 模型设计与实施教学实践，能够有效提升教师教学能力并对其九项子能力的发展有明显的促进作用。通过实验教学，参与教师的教学能力均向着标杆教师水准发展，并与标杆教师有相似的发展与提升（趋同发展）。实验组教师与标杆教师趋同发展状况最好，但九种子能力发展不均衡，教学设计能力、教学实施能力和教学反思能力发展最强，而教学自修能力和教学认知能力发展最弱。因此，基于 TAECD 模型的教学模式设计，必须充分考虑所培养教师目前的教学能力现状（包括子能力现状），以便更好地开展培养活动。

本书在国内教师教学能力培养研究中，率先提出了设计教育"选择压"，利用指数思维促进教师教学能力趋同发展的概念，构建了促进教师教学能力趋同发展的 TAECD 模型，系统分析了基于该模型的教师指数型趋同发展模式的理论与方法。本研究的创新之处可以概括为三点：（1）构建了旨在促进教师教学能力趋同发展的 TAECD 模型；（2）引入指数思维，拓宽了教师教育思路，丰富了师生角色，推进了 TAECD 模型与教学应用模式的常态化应用设计，使得教师教学能力发展效益最大化；（3）设计了教师教学能力趋同发展评价量表，为相关研究开展科学测评提供了工具。

目　　录

第一章　绪论 ………………………………………………………（1）
　　第一节　研究缘起 ………………………………………………（1）
　　第二节　问题的提出 ……………………………………………（7）
　　第三节　研究目标和意义 ………………………………………（7）
　　第四节　研究设计 ………………………………………………（8）
　　本章小结 …………………………………………………………（12）
　　学术共鸣 …………………………………………………………（13）

第二章　概念界定与理论基础 ……………………………………（14）
　　第一节　概念界定 ………………………………………………（14）
　　第二节　理论基础 ………………………………………………（16）
　　本章小结 …………………………………………………………（19）
　　学术共鸣 …………………………………………………………（19）

第三章　文献综述 …………………………………………………（20）
　　第一节　全媒体与教育 …………………………………………（20）
　　第二节　教师教学能力相关研究 ………………………………（29）
　　第三节　网络环境下教师教学能力发展研究 …………………（38）
　　第四节　影响教师教学能力发展因素研究 ……………………（44）
　　第五节　教师教学能力发展模式研究 …………………………（48）
　　第六节　教师教学能力协同发展研究 …………………………（51）
　　本章小结 …………………………………………………………（53）

学术共鸣 …………………………………………………………… (54)

第四章　指数思维与教育 ………………………………………… (55)
　　第一节　指数思维 …………………………………………………… (56)
　　第二节　指数技术激发未来教育指数效应 ………………………… (63)
　　第三节　指数型教育新生态 ………………………………………… (65)
　　第四节　指数思维引领下的智慧学习环境构建 …………………… (69)
　　第五节　指数思维引领下的教师教育 ……………………………… (91)
　　本章小结 ……………………………………………………………… (95)
　　学术共鸣 ……………………………………………………………… (95)

第五章　全媒体环境下教师教学能力指数型趋同发展 …………… (96)
　　第一节　全媒体环境影响教师教学能力指数型趋同发展要素 …… (96)
　　第二节　全媒体环境下教师教学能力指数型趋同发展特性 ……… (98)
　　第三节　全媒体环境下教师教学能力指数型趋同培养
　　　　　　"选择压" ………………………………………………… (100)
　　第四节　教师教学能力指数型趋同发展评价研究 ……………… (104)
　　本章小结 …………………………………………………………… (118)
　　学术共鸣 …………………………………………………………… (118)

第六章　全媒体环境下教师教学能力趋同培养模型构建 ……… (119)
　　第一节　模型构建基础 …………………………………………… (119)
　　第二节　趋同培养模型构建 ……………………………………… (121)
　　本章小结 …………………………………………………………… (126)
　　学术共鸣 …………………………………………………………… (126)

第七章　全媒体环境下教师教学能力趋同培养模型应用研究 … (128)
　　第一节　基于 TACD 模型的教师指数型趋同发展模式 ………… (128)
　　第二节　基于 TACD 模型的教学实践研究 ……………………… (130)
　　本章小结 …………………………………………………………… (188)

学术共鸣 …………………………………………………………（188）

第八章　全媒体环境下教师教学能力指数型趋同培养反思 ………（189）
　第一节　全媒体环境下 TAECD 模型应用方法 …………………（189）
　第二节　全媒体环境下 TAECD 模型应用策略 …………………（194）
　本章小结 …………………………………………………………（196）
　学术共鸣 …………………………………………………………（197）

第九章　总结与展望 ………………………………………………（198）
　第一节　研究总结 ………………………………………………（198）
　第二节　研究展望 ………………………………………………（204）
　本章小结 …………………………………………………………（205）
　学术共鸣 …………………………………………………………（205）

附　录 ………………………………………………………………（206）

主要参考文献 ………………………………………………………（209）

后　记 ………………………………………………………………（222）

第一章

绪　　论

> 教师是立教之本、兴教之源，承担着让每个孩子健康成长、办好人民满意教育的重任。①
>
> ——习近平

第一节　研究缘起

党的十九大报告指出，中国特色社会主义进入新时代，中国社会主要矛盾已经转化为人民日益增长的美好生活需要和不平衡不充分的发展之间的矛盾。这种"需要"与"发展"的矛盾以不同的形态隐含于各行各业之中。当前在中国全面推进教育信息化的进程中，教育中存在的一系列不平衡不充分发展已经成为制约满足人民教育需要的重要因素。教育中的"不平衡"是指协调教育发展形成的挑战，包括区域、城乡之间的不平衡等，例如数字化教学环境、教师教学能力等方面的不平衡尤为突出；教育中的"不充分"是指发展不全面、待提高，例如在教育基础设施、数字化教育环境、教师专业发展、学生能力培养等方面所面临的诸多难题，需要进一步明确问题导向来加以应对。目前，利用互联网技术结合通信技术和各种新媒体、新技术构建数字化环境，促进教师教学能力快速发展已然成为教育信息化深入推进的迫切需求，也是消除教育中诸多不平衡不充分发展的有力抓手。然而，教师教学能力培养是一个长期的系统工程，发挥互联网

---

① 《习近平书信选集》第 1 卷，中央文献出版社 2022 年版，第 10 页。

及新媒体的社交功能、交互功能，超越时空、地域限制，为教师教学能力的培养构建类似生物进化中的趋同进化环境，以期在该环境下实现对教师教学能力的趋同培养，促使教师在常态化的教学活动中逐步提升自身的教学能力。在生物的趋同进化过程中，自然界给予生物一个重要的因素——"选择压"，正是"选择压"加速了生物的趋同进化。而在教育领域，教师趋同发展的"选择压"又是什么？如何设计与催生这种"选择压"呢？这种"选择压"在教师教学能力的趋同发展中又将发挥什么样的作用呢？一系列的问题尚需展开持续而深入的探究。

本研究以新媒体、新技术（如智能手机等）为技术支撑，通过大量文献综述，梳理和分析目前有关教师教学能力发展的研究现状，以及教学中智能手机等新媒体、新技术的教育应用现状，探寻已有研究成果的不足，结合相应理论支撑，厘清新时代影响教师教学能力发展的要素，在充分考虑互联网+新媒体的教育应用基础之上，构建教师教学能力趋同发展培养模型，并通过教育实验来验证模型的有效性，为该模型的应用提供设计方法和实施策略，也为进一步开展新媒体、新技术支持下的教师教学能力培养提供案例支持与经验借鉴。

一　中国教育信息化深入推进的诉求

教育信息化是促进教育公平、创新人才培养模式、推进终身学习的重要手段，是支撑引领教育现代化发展、构建学习型社会、建设人力资源强国的必由之路。中国政府高度重视教育信息化工作，相继出台了一系列政策文件和规范来促进和推动信息技术在教育教学领域中的广泛应用。2010年，教育部出台的《国家中长期教育改革和发展规划纲要（2010—2020年）》（以下简称《纲要》）中明确提出，将"区域内义务教育均衡发展"作为中国未来十年教育发展的战略性任务，信息技术对教育发展具有革命性影响，必须予以高度重视，提高教师应用信息技术的水平，更新教学观念，改进教学方法，提高教学效果。强调教师教学能力的培养，《纲要》第53条就明确提出要提高教师专业水平和教学能力。

移动互联网、智能终端、大数据、云计算、高端芯片等新一代信息技术发展将带动众多产业革命和创新，众多产业也包括教育。教育信息化是教育理念和教学模式的深刻变革，是促进教育公平、提高教育质量的有效手段，是实现终身教育、构建学习型社会的必由之路。为推动教师教育与信息技术的深度融合，《国务院关于加强教师队伍建设的意见》《教育部关于大力推进教师教育课程改革的意见》等一系列文件明确提出，要加强以信息技术为基础的现代教育技术的开发和应用，将现代教育技术渗透、运用到教学中；推动信息技术与教师教育深度融合，建设教师网络研修社区和终身学习支持服务体系，促进教师自主学习，推动教学方式变革等。中国教育信息化推进的主力军是每一位教师，由于学历、个人经历等不同，教师之间教学能力存在着不同程度的差异，因此研究教师教学能力的均衡发展，将有利于促进教师教学能力的整体提升和长效发展。真正实现《纲要》中提出的，提高教育教学质量，实现均衡发展，办人民满意的优质教育。

二 教师专业发展的需要

相关研究表明，当前学术界有关教师专业发展的论述，可分为三类取向：理智取向、实践—反思取向和生态取向。其中，理智取向重视专业知识和教育知识的学习；实践—反思取向重视对教学实践的各种形式的"反思"；生态取向关注的是构建一种合作的教师文化。现实主义教育家弗雷德·科萨根（Fred A. J. Korthagen）认为，教师教育的原则之一是，教师教育要建立在教师教育者与教师之间、教师与教师之间人际互动的基础上，要求教师教育不能单独地培训少数的骨干精英，而应当同时在组织层面营造一种教师专业化发展的文化氛围，从而促进教师的全员发展。一方面教师专业化发展是中国教育改革与发展的一个重要研究领域，不仅"师资培育"已经发展成为"专业学习"的形态，而且在职教师的持续专业学习也已成为一种"常态化"的社会期望。另一方面教师身处多变的教育环境之中，所面临的教学问题往往具有劣构性，只有教师的专业能力不断得到提升和成长，才能保证教学品质，实现教育效能符合人们对理想教育的渴望。孤立的教师文化不利于教师专业化发展，而协作的教师文化对教师成长、学校发展都起到有力的推动作用。因此，利用全媒体构建智慧教育环境促进教师趋同发展，可以创设教师新的工作与学习方式、激活教师教学创新细胞，产生自主"造血"机制，促使教师们以合作、共享、互助的形式积极参与到专业发展项目之中，通过协作、互动展开学习。利用手机登录网络平台或应用各种手机 App，教师可以对自己的学习过程与所获得的知识进行再思考，能够有效促进教师专业发展，从根本上提升教师的教学能力。

三　区域教师教学能力均衡发展的需要

随着知识经济的发展，世界各国的教育都处于深刻的变革中。由于区域经济、文化、教育资源等诸多因素的影响，区域教师教学能力发展不均衡的问题日益凸显。如何利用层出不穷的新媒体、新技术促进区域教师教学能力协同发展，减少区域教育质量差距，就成为当今教育界共同面对的重要问题。世界各国也都相继公布了教师的教育技术能力标准，开展了大量的教师信息技术应用能力的发展项目，为信息化社会中教师的教育技术能力发展提供帮助与支持。目前中国教师教学能力发展主要通过项目带动、专业培训以及校本研修三种方式展开，"国培计划"中明确提出培训出一批"带头"教师，使他们能在各地方的中小学教师培训方面发挥示范作用，从而推进素质教育。但一所学校中骨干教师毕竟只占少数，他们有机会参与各种培训和项目学习，教学理念、教学能力都在逐步提高，而大多数非骨干教师包括 45 岁以上教师接受培训的机会相对较少，他们的自学意识和教学能力都相对较弱，这种教学能力发展的不均衡会极大地制约教育信息化的推进，导致教师间竞争意识强而协作意识弱，部分教学能力较强的教师对其他教师不具有影响力。美国学者帕克·帕尔默（Parker J. Palmer）在《教学勇气：漫步教师心灵》一书中指出，教师需要一种同事之间的相互切磋、对话的共同体的指引——这样的共同体支持教师经受住教学的磨练，找到累积的集体智慧。再次表明教师之间从合作学习到协同发展，直至趋同发展是教师专业发展的必由之路。

四　新时代教与学的双向诉求

随着各种新媒体、新技术不断深入社会生活与教育教学，人们的生活、学习、娱乐方式正在发生着巨大的改变，教育教学也面临着诸多全新的问题。例如，当互联网和手机相结合成为最常见的媒体时，高校课堂教学便遇到了一个全新的问题，即如何将学生的注意力从手机移回课堂。手机问题成为当下每一位教师必须面对的现实问题，目前国内外均有学者针对大学生手机的应用现状展开了系列研究,结果显示,大学生课堂中手机的应用很少涉及与课堂学习相关的内容,大多数学生将上课玩手机的原因归咎于授课内容的枯燥与乏味。① 部分大学生对手机产生了较强的依赖性,即手机成瘾。据报道,29%的年青一代会不断查看他们的手机,甚至不记得他们这样做的次数,其中20%会每隔10分钟就查看他们的邮件、短信和社交媒体的更新状态。② 当被迫不用手机时,88%甚至更大比例的被调查人员会产生很强的迷失、焦虑、孤独以及身体的不适感。③ 上述研究反映出移动社交网络应用程序的使用,已经成为导致手机成瘾的显著因素。④ 2016年李丽和李艳的一项调查研究显示,74.2%的学生上课玩手机,34.4%的学生认为上课玩手机影响学业。⑤ 显然,手机已经成为大学生最喜爱的通信工具及上网终端,对大学生的成长发挥着巨大的影响。⑥ 虽然学者们通过各项研究,逐步梳理了手机对学生的影响,认识到了手机对于学生的学习和发展有利的一面,但就大学生课堂中使用手机的现状分析不难发现,大学生课堂上使用手机的频率很高,却与实际的学习内容相关度不高,在以讲授为主的传统课堂教学中,学生往往利用手机做自己感兴趣的事,如网络聊天、玩游戏、刷微博、浏览朋友圈等。学生能够意识到手机影响了课堂学习,但又没有具体的办法来改变现状,反映出

---

① 赵希:《大学生手机网络使用现状的调查与分析》,《电化教育研究》2014年第4期;王研:《高校工科实验教学改革措施的初探》,《中国培训》2015年第6期;王玉秀:《基于知识建构的手机移动学习教学设计模式研究》,硕士学位论文,沈阳师范大学,2013年;卓毅、李亚丽:《基于智能手机的移动学习在大学生中的应用研究》,《西南师范大学学报》(自然科学版)2014年第5期;胡丽莎:《大学生课堂手机行为调查研究》,硕士学位论文,江苏师范大学,2013年。

② "Cisco Report 90% of Gen Y Compulsively Check Their Smartphones for Updates", September 25, 2020, http://wirclessduniva.com/2012/12/14/60 – of – gen – y – compulsively – check – their – smartphones – for – updates.

③ D. McCafferty, "Smartphone Addiction: Nine Telitale Signs", September 25, 2020, http//www.cioinsight.com/c//TT – Management/Smartphone – Addiction – Nine – Telltale – Signs – 660974/.

④ Mohammad Salehan, Arash Negahban, "Social Networking on Smartphones: When Mobile Phones Become Addictive", Computers in Human Behavior, 2013.

⑤ 李丽、李艳:《移动互联网背景下高校思想政治理论课教师话语主导权研究》,《思想政治教育研究》2016年第6期。

⑥ 夏领婕:《当代大学生使用手机的现状及影响——以武汉两所高校为例》,硕士学位论文,华中科技大学,2013年;姜梦雨:《大学生手机媒介使用及影响研究》,硕士学位论文,山东师范大学,2016年;张秀萍:《如何做好大学生就业困难群体的职业指导》,《现代教育》2016年第12期。

大学生急需一种引导，能够使其在课堂学习中光明正大地使用手机，帮助自己理解知识点、获取学习资源、促进与老师和同学间的实时交流与合作。因此，开展利用互联网+智能手机变革师生教与学方式的实证研究，正是当代师生对高校教与学的真实诉求，也是高校教学改革、提升教学质量的切入点。

智能手机只是众多新媒体的集中体现，一种典型的全媒体，未来可能会有更多的应用程序融入智能手机，手机媒体将更加个性化。智能技术的飞速发展，智慧教育的逐渐普及，都将对新时代的教与学产生深远的影响，学生学习的深刻变革、教学方式的不断改进，都需要教师教学能力持续而有效的提升。2019年4月29日，教育部等多部委在天津联合召开"六卓越一拔尖"计划2.0启动大会，要求发展新工科、新医科、新农科、新文科，推动全国高校掀起一场"质量"革命，形成覆盖高等教育全领域的"质量中国"品牌，打赢全面振兴本科教育攻坚战。其中强调"创造新模式，强化创新精神"，对教师发展提出了更高的要求，显然教师成为这场攻坚战中举足轻重的角色。充分认识以互联网+全媒体对教师教学能力的影响力，对于促进新时代教师的专业发展具有重大意义。①

综上所述，教育信息化的快速推进和深入发展，既需要老、中、青教师的协同发展，协同发展不是优胜劣汰而是优势互补、共荣共存，也需要教师间更高级别的趋同发展。趋同发展正是促进教师发展产生自组织性、保证教师专业发展常态化的实践探索，是协同发展在新时代的高级形态。如何利用全媒体（如智能手机等）构建教师教学能力数字化趋同发展环境，使老教师丰富的教学经验与中青年教师的信息技术能力能够优势互补，实现教师之间资源共享、同伴互助、共同发展的良好氛围，实现教师教学能力持续高效发展，成为本研究的兴趣点和切入点。

因此，探索影响教师教学能力发展的要素、设计能够促进教师教学能力趋同发展的培养环境、构建教师教学能力趋同培养模型、积累成功案例、总结模型设计方法和应用策略成为本研究的具体目标。

---

① 潘淳：《新媒体环境下教师教学能力发展研究》，《中国电化教育》2014年第5期。

第二节　问题的提出

教学能力是教师专业发展的核心能力之一，持续、自主、长效地提升教师教学能力是全媒体时代教师教育的重点和难点，利用全媒体促进区域教师教学能力趋同发展，是实现教师教学能力提升的必由之路。

国内外有关教师教学能力的相关研究得出了一系列颇具价值的结论，为更深入开展教师教学能力的实证研究提供了理论基础和实证依据。然而在教师教学能力的构成、影响因素及培养模式等方面，研究成果各有不同，已有研究仍然需要进一步梳理、总结和提炼。

目前聚焦全媒体环境下教师教学能力趋同培养的研究十分稀少，教师在共同体的协作发展中缺乏持续的专业指导，教师共同体缺乏协同发展的自组织性。在全媒体飞速发展的今天，教师教学能力培养的思维方式与培训方法依然套用线性思维，培训效果不佳等一系列问题困扰着广大教师。围绕"构建全媒体环境下教师教学能力趋同培养模型，提升教师教学能力"这一核心目标，聚焦以下五个方面的问题展开具体研究。

第一，教师教学能力的提升如何才能长效开展？

第二，教师如何突破传统思维束缚，实现教学能力的趋同发展？

第三，如何测评教师教学能力的趋同发展？

第四，如何构建、验证和修订全媒体环境下教师教学能力趋同发展模型？

第五，如何由模型衍生教师指数型趋同发展模式，并基于模式开展实证研究？

第三节　研究目标和意义

一　研究目标

本研究在文献研究的基础上，梳理教师教学能力的构成和影响因素，利用全媒体环境构建教师教学能力趋同培养模型，创设全媒体环境下教师教学能力指数型趋同培养模式，通过教学实践验证与修订模型与模式。具体目标如下。

第一，研究指数思维与教育，探索指数型教育的发展规律，总结指数技术在教学环境、教师教学能力发展等各方面的作用。

第二，研究教师教学能力构成与影响因素及其测评方法。

第三，探究全媒体环境下的教师教育的培育规律与发展特征，总结全媒体环境下教师教学能力趋同培养的方法与策略。

第四，构建全媒体环境下教师教学能力趋同培养模型，并基于模型开展实证研究，积累成功案例。

二 研究意义

本研究是教师教育类实证研究，是教师教学能力趋同发展的理论设计与实践尝试。通过教学实验，为全媒体环境下教师教学能力趋同发展积累成功的教学经验和实践案例。书中所设计的教师教学能力趋同发展评价量规，为相关研究开展科学测评提供了可参考的工具；本书构建的培养教师教学能力的 TAECD 模型，既为教师教学能力提升提供了路向，也为公共课教学改革提供了思路；研究引入指数思维，探索指数型教育，利用指数技术突破与改进教师教学能力培养的线性思维方式和培养方法，具有重要的实践指导价值。研究提出了教师教学能力趋同培养的理论框架，为教师教学能力培养的可持续发展研究提供了理论依据，具有理论指导价值。

第四节 研究设计

一 研究思路

本研究采用设计研究范式，分六个步骤开展。

第一步，通过文献综述，剖析教师教学能力的构成及影响因素。

第二步，探寻教师教学能力趋同发展的综合测评方法。

第三步，文献梳理国内外相关研究成果，分析指数思维与教育。

第四步，构建培养教师教学能力趋同发展模型，并基于该模型创设全媒体环境下教师教学能力指数型趋同培养模式。

第一章 绪论

第五步,将全媒体环境下教师教学能力指数型趋同培养模式应用于教学,开展行动研究和准实验研究。

第六步,经过专家咨询和行动研究结合准实验研究来收集数据、分析结果,根据分析结果验证所构建模式的有效性,并修正模型和模式,最后总结模式的教学应用方法和应用策略,为进一步开展后续推广应用研究奠定基础。

二 研究技术路线

本研究的技术路线如图1.1所示。

三 主要内容

(一) 全媒体与教育研究

通过文献研究,梳理和综述全媒体、全媒体环境、全媒体与教育的研究现状,并界定全媒体概念。

(二) 教师教学能力研究

综述教师教学能力研究概况、教师教学能力的构成,分析教师教学能力评测方法。剖析网络环境下教师教学能力协同发展中存在的问题,探寻影响教师教学能力发展的因素和已有的教师教学能力发展模式,为网络环境下教师教学能力趋同发展研究提供实践依据。

(三) 指数思维与教育研究

探索突破传统的教师教学能力培养线性思维的方法和途径。研究指数思维,分析指数思维的特征,利用指数技术来激发未来教育的指数效应。构想指数型教育新生态,助力智慧教育,探究指数思维对教学环境、教师教学方法等多个方面的影响。

(四) 全媒体环境下教师教学能力趋同培养研究

分析全媒体环境下教师教学能力趋同发展的特性以及全媒体环境下教师教学能力趋同培养的"选择压"。提出并界定教育"选择压"概念,探究教育"选择压"设计与激发的原则与方法,并设计教师教学能力趋同发展的综合测评方法。

(五) 全媒体环境下教师教学能力趋同培养模型构建研究

本研究拟构建能够持续、长效培养教师教学能力的全媒体环境下的教

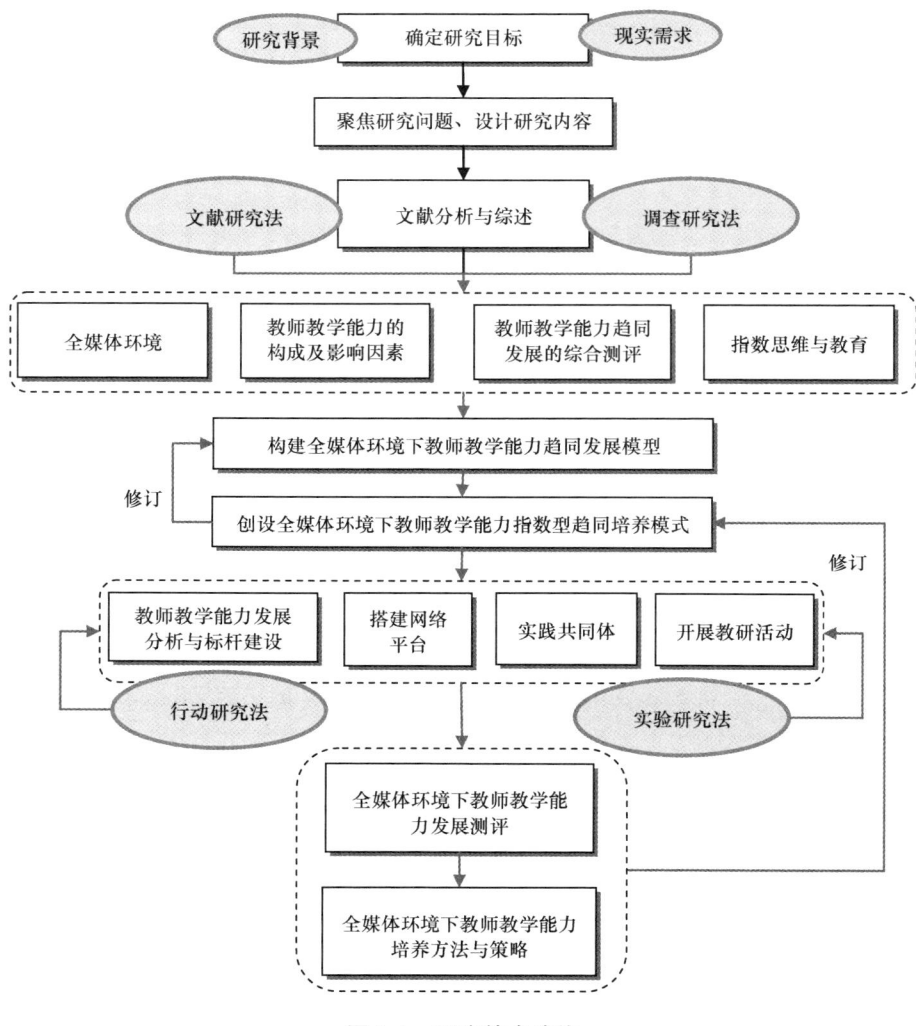

图 1.1 研究技术路线

师教学能力培养模型。研究以协同发展理论、趋同进化理论、布朗芬布伦纳生态系统理论、TPACK 知识框架理论及耗散结构理论等为模型构建的理论基础，以影响教师教学能力趋同发展的要素、教师教学能力趋同发展的综合测评方法、全媒体环境下教师教学能力趋同培养关键环节分析等为模式构建的理论与实证依据，构建培养模型，并基于该模型创设全媒体环境下教师教学能力趋同培养模式。

（六）全媒体环境下教师教学能力趋同培养模型的教学应用研究

开展实验研究，验证全媒体环境下教师教学能力趋同培养模型的有效性，同时对模型进行多轮修订。总结基于模型的教学模式实践经验，分析提出模式的应用方法和应用策略，实现教师教学能力指数型趋同发展，提升模式推广应用价值。

四 研究方法

（一）文献研究法

文献研究法主要指收集、鉴别、整理文献，并通过对文献的研究形成对事实的科学认识的方法。文献研究可以帮助研究者理清该项研究的研究现状、明确研究课题和研究方向，理清研究思路，探寻研究意义和目标，为开展研究工作提供依据。本研究利用文献研究法梳理影响教师教学能力发展的因素、能力构成结构等方面的资料，为构建培养教师教学能力趋同发展模型提供依据。

（二）调查研究法

本研究采用问卷调查辅以访谈和课堂观摩、空间观察、材料分析等来调查教师教学能力的趋同发展。针对教师教学能力发展的趋同状况，设计评估标准，为每个参与实验的教师提供一份针对教学能力的数字画像，同时也对标杆教师进行评估，量化标杆教师与实验样本教师之间的差距。为修正全媒体环境下教师教学能力趋同发展模型提供依据。

（三）演绎法

书中所构建的全媒体环境下教师教学能力趋同培养模型由演绎法得来，属于理论演绎。研究以建构主义学习理论、情境学习理论和杜威的实用主义教育理论为理论基础，分析学者普遍认同的教师教学能力的结构构成，探寻已有培养模式，提炼关键环节，演绎推导出能够促进教师教学能力趋同发展的模型。

（四）行动研究法

库尔特·勒温（Kurt Lewin）提出了行动研究的一般模式，包括计划、行动、观察和反思过程。本研究采用了库尔特·勒温提出的四步循环模式。

（五）实验研究法

本研究采用准实验研究方法，准实验研究是社会科学研究的一种方法。相对于真正的实验研究而言，采用一定的操控程序，利用自然场景，灵活地控制实验对象。包括对照组无前测设计和非对等控制组设计。与真正的实验设计的不同之处在于，没有随机分配实验对象到实验组和控制组，严谨性略低，因而所产生的因果结论的效度比真正的实验研究低，但优点在于所要求的条件灵活，在无法控制所有可能影响实验结果的无关变量时，具有广泛的应用性。[1] 威廉·维尔斯曼指出，作为研究者，"当考虑到准实验研究的效度问题时，应该对它的缺陷有清楚的认识，并对实验组间的对等性进行确定"，[2] 如此便可尽量规避准实验研究的不足之处，得出使人信服的结论。本实验的开展是贯穿于行动研究之中的，每一轮行动研究的同时都要开展实验研究，同步收集信息，验证教学改革的效果，进而修正模型。

（六）教育叙事研究

本研究针对参与实验教师的访谈记录、反思报告等内容进行分析，总结促进教师教学能力趋同发展的方法、策略和途径，并进一步为区域教师教学能力趋同发展的整体推进提供数据支持。

本章小结

开展教师教学能力趋同发展的研究是 21 世纪教师专业发展、教学能力提升的必由之路，是时代赋予教育的新使命，是探索技术变革教育的深度实践。5G 时代全媒体已经渗透到人们生活的每一个角落，每个教师都有利用全媒体提升教学能力的需求，都要担负起利用全媒体开展教学改革的时代使命，因此研究如何利用全媒体的优势实现教师教学能力的常态化和可持续培养，成为迎接指数型教育的当务之急。本章在阐明研究缘起的同时，根据研究需要选定了多种研究方法，明确了研究思路，开启了教师教

---

[1] 邹霞：《谈教育研究中的实验研究与准实验研究——回复袁磊博士的"也谈实验研究方法在教育研究中的应用"》，《现代远距离教育》2007 年第 4 期。

[2] ［美］威廉·维尔斯曼：《教育研究方法导论》，袁振国主译，教育科学出版社 1997 年版。

第一章 绪论

学能力指数型趋同培养研究的序幕。

学术共鸣

  人类作为自然界的一员，在适应自然的同时，也在极力改造自然，但人类依然遵循生物的趋同进化规律。如果您是一位教育工作者，或从事与教育相关的工作，请在阅读本书时思考以下问题。

  1. 新老教师之间教学能力有差距吗？如果有差距，你是如何捕捉到这些差距的，以及差距是如何形成的。

  2. 学生之间有趋同发展的趋势吗？学优生与学困生之间的学习能力可以趋同发展吗？

  3. 观察分析自己周围的教师，看看那些在教学中经常尝试教改的教师，是否具有更强的教学能力。

第二章

概念界定与理论基础

一个民族想要站在科学的最高峰，就一刻也不能没有理论思维。①

——［德］恩格斯

第一节 概念界定

一 全媒体

全媒体指媒介信息传播采用文字、声音、影像、动画、网页等多种媒体表现手段（多媒体），利用广播、电视、音像、电影、出版、报纸、杂志、网站等不同媒介形态（业务融合），通过融合的广电网络、电信网络以及互联网络进行传播（三网融合），最终实现用户以电视、电脑、手机等多种终端均可完成信息的融合接收（三屏合一），实现任何人、任何时间、任何地点以任何终端获得任何想要的信息（5W），② 即全媒体是指融合手机等多种终端，集多种媒介功能，创作与传播多媒体信息的全方位、立体化媒体形态。

二 协同发展

所谓协同发展，就是指协调两个或者两个以上的不同资源或者个体，相互协作完成某一目标，达到共同发展的双赢效果。协同发展论已被当今

---

① 《马克思恩格斯选集》第3卷，人民出版社1972年版。
② 姚君喜、刘春娟：《"全媒体"概念辨析》，《当代传播》2010年第6期。

世界许多国家和地区确定为实现社会可持续发展的基础,如同优胜劣汰理论一样,是自然法则对人类的贡献。①

三 趋同培养

趋同培养是指在趋同进化理论指导下,合理设计"选择压",创设趋同学习环境,促使学习者自主学习、独立思考,在适应相同学习和工作环境的同时逐步发展,形成相似的学习、工作习惯等一系列行为,实现逐步的趋同发展,达到快速成长、共同进步的目的。

四 指数思维

指数思维也称为指数型思维,是一种思维模式。商业领域认为指数思维就是指以次方的方式思考问题,它可以让产品或者运营工作、社群等,以指数型的方式上涨,让用户以指数型的方式拓增,用魔鬼式的传播,使内耗成本、运营成本以指数型的方式下降,其增长以病毒式传播。② 教育中如何引入指数思维,促使教学效率和效果的指数级增长,进而构建指数型教育新生态,是目前教育教学研究的热点之一。

五 "选择压"

生物界趋同进化理论中有一个重要的概念——"选择压"(Selection Pressure),是指在两个相对性状之间,一个性状被选择而生存下来的优势;或者在两个基因频率之间,一个比另一个更能生存下来的优势。在自然界,当"选择压"高的时候,在短时期就可以形成新的品种。③

---

① 王丽爱、孟庆忠:《基于师生协同发展的高中英语教学设计策略》,《教学与管理》2017年第1期。
② 《反脆弱与指数型思维和线性思维》,2017年8月22日,个人图书馆,http://www.360doc.com/content/17/0822/15/43758877_681252875.shtml。
③ Simon Conway Morris ed., *The Runes of Evolution*, Templeton Press, 2015; Russell F. Doolittle, "Convergent Evolution: the Need to be Explicit", *Trends in Biochemical Sciences*, Vol. 19, No. 1, 1994.

第二节 理论基础

一 协同发展论

（一）主要观点

从协同发展模式的哲学内涵可以看出，其核心在于"和谐"二字。协同发展论与优胜劣汰论不同，协同发展论认为某一物种的灭绝不是另一物种胜利的附带产物，某一物种的胜利是与另一些物种共同进化形成的，物种之间的关系并非优胜劣汰，而是共荣共存。

（二）对本项研究的启示

借助协同发展论，本研究尝试建立旨在促进教师互相影响、专业协同发展的趋同培养模型，协同发展不是优胜劣汰而是共荣共存，这正是教师快速、整体发展的需要。协同发展对教师专业发展的长期影响表现在，教师学习和发展产生自组织性，这也正是一个区域教师教学能力长效发展的重要基础。

二 趋同进化理论

（一）主要观点

不同的生物甚至在进化上相距甚远的生物，如果生活在条件相同的环境中，在同样"选择压"的作用下，有可能产生功能相同或十分相似的形态结构，以适应相同的条件。此种现象称为趋同进化。[1]

（二）对本项研究的启示

将生物学领域的趋同进化理论迁移至教育领域，会产生巨大的影响力。该理论可以有效实现教师教学能力的均衡快速发展，为教师发展构建一个自主学习、自我发展的趋同学习环境。在以全媒体为主体的数字化环境下设计"选择压"，促使教师在适应相同学习和工作环境的同时逐步趋

---

[1] 姚红、葛君梅：《布朗芬布伦纳的社会生态系统理论对医德教育的启示》，《管理观察》2015年第25期；J. Cui, "The Role of College Foreign Language Teacher Metacognitive Ability in the Process of Teacher Development", *Psychology Research*, No. 13, 2013。

第二章　概念界定与理论基础

同发展，实现优秀教师带动其他教师共同发展、共同进步。

三　布朗芬布伦纳生态系统理论

（一）主要观点

布朗芬布伦纳（Urie Bronfenbrenner）提出的人与其生活环境相互作用的行为生态系统理论模型，是心理学研究领域的重大进步。生态系统理论承认人类发展的环境与生物因素的作用，扩大了心理学研究中环境的概念。环境不仅包括儿童周围的环境，还包括影响儿童发展的大的社会、文化环境。确定了相关的4个系统之间存在交互耦合的联系及影响。[①]

（二）对本项研究的启示

借鉴布朗芬布伦纳的个体发展的生态系统理论——"离个体生活越近的系统，与个体发展的互动作用越大，外层的系统影响内层系统"，构建教师学习交流环境系统（见图2.1）。教师个体为微观系统环境，教师间形成中观系统环境，各个学校之间形成了外层系统环境，整个区域则为宏观系统环境。因此需要探索一种方法，促使教师在外层系统和宏观系统的推动下引起个体的变化，使个体在其所处的内层环境（微观、中观系统环境）中不断发展，逐步将培训的知识转化为教学技能，最终在整个区域范围内带动更多个体即教师的协同发展。

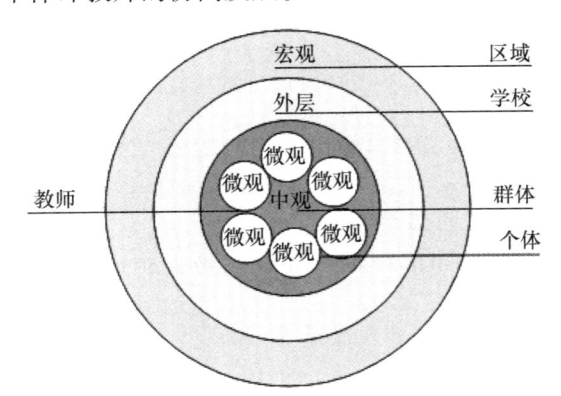

图2.1　教师学习交流环境系统

[①] X. Tan, H. Wang, "Highlight Professional Skill Training Mode Reformation in Primary and Secondary School Teachers Training", *Psychology Research*, No. 3, 2011.

四 TPACK 知识框架

（一）主要观点

1986年，美国著名的教育家舒尔曼（Lee S. Shulman）针对教师一般教学法培训中存在的"学科缺失"，提出学科教学法知识 PCK（Pedagogical Content Knowledge）。PCK 将之前具有广泛适用性的教学法知识向具体学科知识的"教学转化"，具体到每一个学科，选择最适合学科特点的教学法。TPACK 是英文"Technological Pedagogical Content Knowledge"的简称，意为技术支持的学科教学法知识，由美国学者密舒拉（P. Mishra）和科勒（M. J. Koehler）提出，在国外教师教育与教育技术学界受到了广泛关注。

（二）对本项研究的启示

TPACK 知识框架是教师专业发展的核心，为本研究提供了信息化教学系统中的三环：技术知识、学科知识、教学法知识。经过培训和自主学习，许多教师都可以具备这三环，但要教师将三环结合形成 TPACK 知识框架就出现了问题。研究尝试通过建立新的教师趋同发展模型，以互联网＋智能手机为媒介，校本教研为熔炉，帮助教师将这三环进行动态融合，促进教师适时、合理地结合技术知识、学科知识和教学法知识，形成自身的技术支持的学科教学法知识框架。

五 耗散结构理论

（一）主要观点

20世纪70年代，比利时物理学家普利高津（Ilya Prigogine）提出了耗散结构学说。这也是一种系统理论。耗散结构的概念是相对于平衡结构的概念提出来的。这种学说回答了开放系统如何从无序走向有序的问题。

（二）对本项研究的启示

该理论指导本研究建构教师教学能力趋同发展系统的耗散结构，促使孤立、零散发展的教师在区域系统内形成有序结构，可以有效防止已建立的区域教师协同发展系统由于熵值的逐渐增大而导致的系统僵化和崩溃。教师的不断学习以及区域专业支持服务团队是保持这种稳定结构的负熵源。建立教师教学能力趋同发展系统的耗散结构是保证教师教学能力协同、长效发展的根本，建立具有耗散结构的教师协同发展模型必须具备三点。

第一，构建的教师趋同发展系统必须是开放的，要将图2.1所示的环境系统通过网络与外界连通。

第二，教师不断发展的需求使得区域教育系统远离平衡态，必须要不断的输入负熵（教育领域的负熵就是各种教育信息）以消除系统熵值的增加。

第三，教师即为一个微观系统（见图2.1），其自组织性的产生正是趋同发展的有力证明。

本章小结

本章对书中所涉及的基本概念做了界定，其中对"全媒体"进行了诠释，提出了全新的定义。而指数思维则是引入了商业领域的界定，有待进一步研究以提出更加确切的含义。根据研究的需要选择了5种基础理论，剖析了该理论对本项研究的启示，为后续研究的开展奠定了理论基础。

学术共鸣

本章所提出的跨学科概念，如"趋同进化""选择压"等在传统教学模式中有体现吗？当这些概念迁移至教育时，对教学目标的达成有帮助吗？欢迎读者从自身实际经验出发进行思考。

第三章

文献综述

> 许多理论都像一扇窗户，我们通过它看到真理，但是它也把我们同真理隔开。①
>
> ——［黎］纪伯伦

第一节 全媒体与教育

一 全媒体

"Omnimedia"（全媒体）一词源自美国玛莎·斯图尔特生活全媒体家政公司（Martha Stewart Living Omnimedia）。全媒体的概念尽管没有获得学术界的共识，却在传播领域的实践中日复一日的丰富与发展起来。全媒体的概念近年来得到很大的发展，引起了越来越多的重视，并开始在新闻传播、远程教育等领域广泛运用。②

有关全媒体的研究可追溯至1998年。当时多媒体概念为人们所熟知，模拟技术向数字化的演变初露端倪，全媒体数字彩电成为业界关注的焦点，人们试图将电视开发为可连接各种媒体的终端。③ 通过这种终端人们可以把各种与图像有关的媒体信息表现出来，实现全媒体融合。④

---

① ［黎］纪伯伦：《沙与沫》，冰心译，中国书籍出版社2007年版。
② 余秀才：《全媒体时代的新媒介素养教育》，《现代传播》（中国传媒大学学报）2012年第2期。
③ 杨红心：《彩电科技新趋势——从多媒体到全媒体，从模拟数字到全数字》，《广播与电视技术》1998年第8期。
④ 部书锴：《全媒体：概念解析与理论重构》，《浙江传媒学院学报》2012年第8期。

第三章 文献综述

此时由于互联网技术和通信技术尚不发达，人们研究的基点仍然是电视传播技术，其全媒体的内涵与今天的全媒体所涉及的内容大有不同，更多是将"全媒体"与"全数字"相等同。全媒体概念作为媒介发展方向在中国首次以正式文件的形式出现于《国家"十一五"时期文化发展规划纲要》（2006年9月）和《新闻出版业"十一五"发展规划》（2006年12月），分别确立了"全媒体资源服务平台""全媒体经营管理技术支撑平台""全媒体应用整合平台"等建设项目。2008年开始以全媒体为关键词，出现了"全媒体时代""全媒体战略""全媒体出版"等新名词。目前，在CNKI"中国学术期刊网络出版总库"以关键词"全媒体"检索，得到1998—2019年的论文总数为49484篇。有关全媒体的研究文献数量2008年开始激增，至2009年其环比增长率为324%，但2017年其环比增长率为-12%，2018—2019年逐渐回升（见图3.1）。2016—2017年究竟发生了什么，背后隐藏着什么现象，值得深入分析和研究。

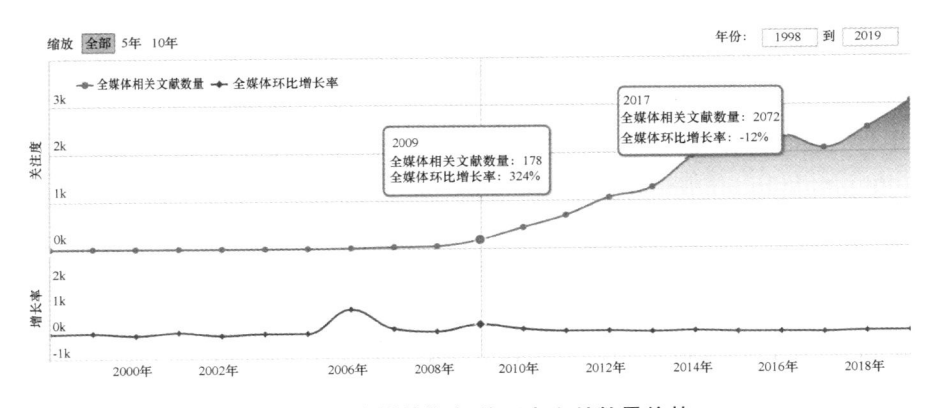

图3.1 "全媒体"相关研究文献数量趋势

2010年罗鑫将"全媒体"界定为信息、通信及网络技术条件下各种媒介（纸媒、电视媒体、广播媒体、网络媒体、手机媒体等）之间的深度融合，是媒介形态大变革中最为崭新的传播形态。① 赵允芳认为全媒体并非多媒体，是在新技术背景下对各种媒体技术的积极交融，是对各种媒体渠

---

① 罗鑫：《什么是"全媒体"》，《中国记者》2010年第3期；部书锴：《全媒体：概念解析与理论重构》，《浙江传媒学院学报》2012年第8期；石长顺、唐晓丹：《全媒体语境下电视编辑角色转型与功能拓展》，《中国编辑》2009年第2期。

道的相互兼有，以及对各种媒体介质的有机组合。① 周珺等将全媒体界定为不同媒体、不同传播方式的融合、转化、嫁接，以此增加人们对信息的获取途径。②

综合上述观点，可从信息传播手段、途径的角度来理解全媒体。比如两会期间，通过人民视频 App 的 AR 扫描即可观看到两会实况，获得沉浸式体验；光明日报社评室与光明日报技术团队共同打造《光明政论：小明说两会》，AI 虚拟主播的使用增强了观看的娱乐性；中国网推出 H5 产品《我把政府报告唱给你听》，引导用户回答报告中的相关问题然后解锁对应曲目。也就是媒体在传播中不仅要让受众看到听到，更要参与到、互动到，这才叫全媒体。③ 因此，可凝练总结全媒体概念：融合手机等多种媒体终端，集多种媒介功能、业务融合，创作与传播信息的全方位、立体化的互动式多媒体形态。从相关全媒体研究的学科分布来看，集中在前三位的分别为"新闻与传媒""出版""高等教育"领域（见图 3.2）。同时出现较多的关键词是"全媒体时代""新媒体""媒体融合""媒介融合""转型"等（见图 3.3）。由此可见，全媒体时代已然来临，各行各业都将

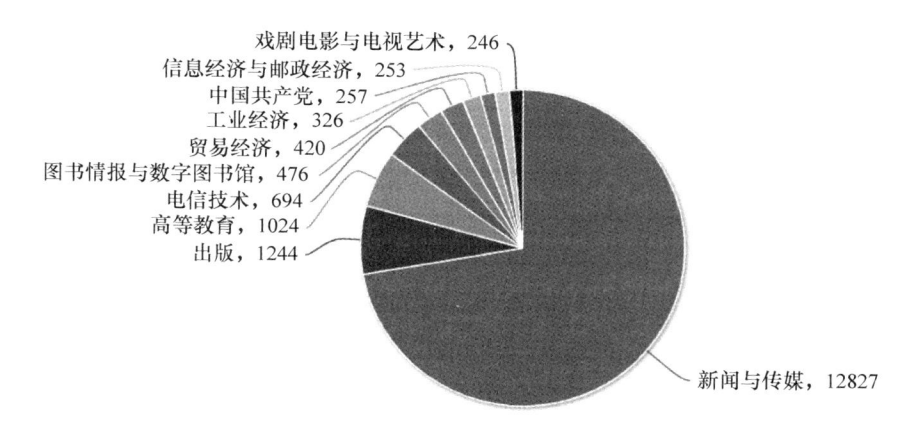

图 3.2 "全媒体"相关研究学科分布（单位：篇）

---

① 赵允芳：《全媒体时代报业核心竞争力解读》，《传媒观察》2008 年第 12 期。
② 周珺、陈东：《全媒体环境下成人网络教育模式探索》，《黑龙江高教研究》2015 年第 3 期；陈东毅、张吉先：《全媒体视域下的学习资源建设方略探究》，《现代教育技术》2014 年第 1 期；姚君喜、刘春娟：《"全媒体"概念辨析》，《当代传播》2010 年第 6 期。
③ 《"全媒体"or"融媒体"，一篇文章搞清楚!》，2019 年 5 月 25 日，搜狐网，https：//www.sohu.com/a/316358305_593097。

第三章 文献综述

浸润在全媒体环境中。而全媒体环境究竟有何特征，又会带给教育教学哪些变化呢？这一系列的问题有待深入研究。

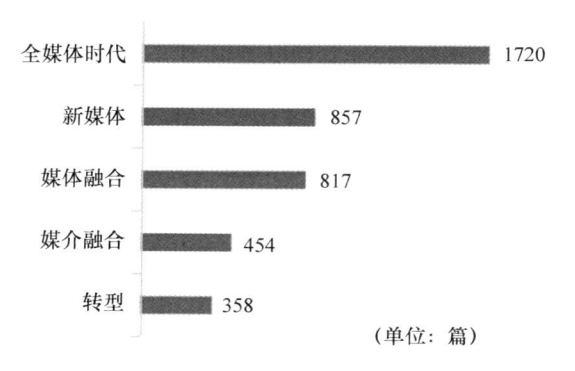

```
全媒体时代  ████████████████  1720
新媒体     ████████  857
媒体融合    ████████  817
媒介融合    ████  454
转型      ███  358
                    （单位：篇）
```

图3.3 与"全媒体"同现的主要关键词

二 全媒体环境

（一）相关研究

在 CNKI"中国学术期刊网络出版总库"以关键词"全媒体环境"检索，得到 2012—2019 年的论文总数为 5580 篇。如图 3.4 所示，从 2012 年开始相关文献数量快速增长。有关全媒体环境的研究文献数量 2016 年最高，文献数量环比增长率为 25%，但 2017 年文献数量环比增长率为 -22%，与前文"全媒体"文献数量趋势出现了相似的状况。

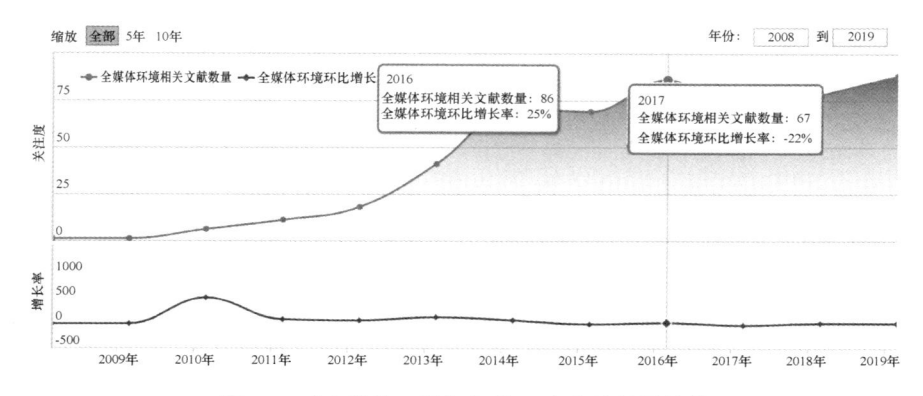

图3.4 "全媒体环境"相关研究文献数量趋势

从相关全媒体环境研究的学科分布来看，新闻与传媒领域相关研究比例有所减少，图书情报与数字图书馆以及高等教育领域的数量有所提高（见图3.5）。同时出现较多的关键词是"全媒体时代""新媒体""媒体融合""图书馆""高校图书馆"（见图3.6）。

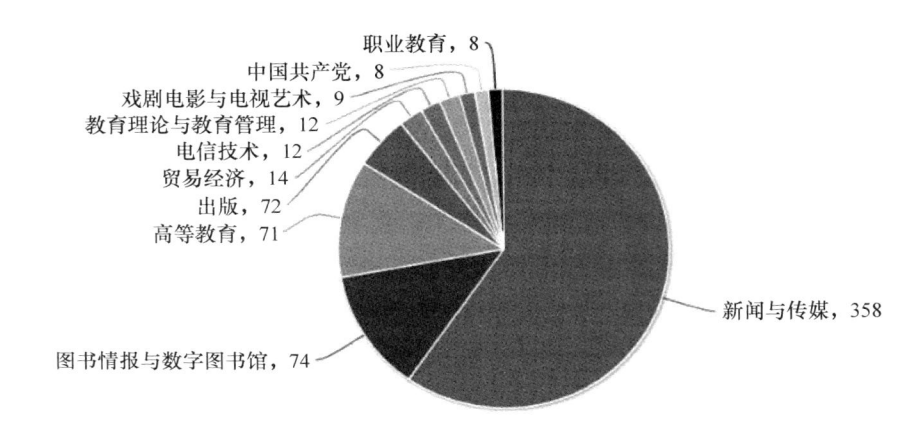

图3.5 "全媒体环境"相关研究学科分布（单位：篇）

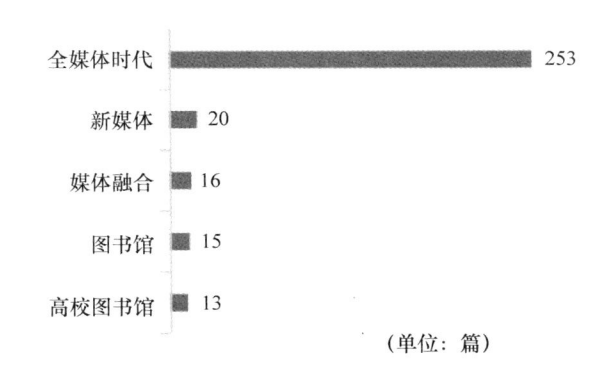

图3.6 与"全媒体环境"同现的主要关键词

2011年黄升民、刘珊从三网融合存在的问题出发，提出了"混媒终端"促进三网融合，并利用"混媒终端"所搭建的全媒体环境构建"全媒体营销"的新型营销模式，同时对"全媒体营销"做了明确的概念界定。[1]

---

[1] 黄升民、刘珊：《三网融合下的"全媒体营销"建构》，《现代传播》2011年第2期。

张品良从全媒体环境视角,审视了网络虚拟社区的发展及社会管理的新方法。① 刘英梅提出,利用全媒体为大学生创造良好的阅读环境。② 李静以深圳广播电台的全媒体发展实践为例,探讨了全媒体环境下广播的发展之道,提出充分利用广播、电视、网络甚至是平面媒体,整合资源优势,实现选题、广播、电视、网络、线下等多平台运作,多资源利用,以此推动全媒体节目的生产。③ 高艳丽等指出,在全媒体环境下,网络开放性程度高,大学生获取信息的渠道趋于多元,高校网络舆情工作者要转变思想观念,凸显学生的主体地位,积极就网络热点与学生交流,引导舆论走向。④ 祝智庭等从空间、时间两个维度来分析全媒体学习生态环境的构建,并提出疫情期间三种典型的全媒体学习应用模式,⑤ 为全媒体环境在教育中的应用研究拉开了序幕。

对已有研究文献的分析可见,"全媒体环境"的研究多在新闻与传播领域,全媒体环境下的高等教育研究及教育理论与管理等领域的研究依然很少,为数不多的研究也多为舆情分析,显然在全媒体环境构建研究中缺乏教育教学改革的视角,有待进一步探索。

(二)全媒体生态

全媒体构建形成以用户为中心的全新生态,包括办公场所、家庭场所以及两种场景之间的路径场所。全媒体传播理念包括全程媒体、全息媒体、全员媒体和全效媒体,其中,全程媒体就是媒体要全面覆盖上述三个用户使用场景;全息媒体,就是信息传播的形式不再拘泥于简单的图文,AR、H5、音视频等新鲜形式更能为受众带来全新的体验,"万物皆可为媒介"的发展趋势愈加明显。⑥ 在全媒体生态逐步形成的同时,会呈现出以

---

① 张品良:《全媒体环境下网络虚拟社群发展及社会管理创新》,《江西财经大学学报》2014年第5期。
② 刘英梅:《全媒体时代大学生阅读环境分析》,《图书馆建设》2012年第3期。
③ 李静:《全媒体环境下的广播发展之道》,《中国广播电视学刊》2012年第3期。
④ 高艳丽、朱勤文、乔芳琦:《全媒体环境下高校网络舆情现状与引导研究》,《湖北社会科学》2015年第10期。
⑤ 祝智庭、彭红超:《全媒体学习生态:应对大规模疫情时期上学难题的实用解方》,《中国电化教育》2020年第3期。
⑥ 《"全媒体"or"融媒体",一篇文章搞清楚!》,2019年5月25日,搜狐网,https://www.sohu.com/a/316358305_593097。

下特点。①

第一,"全媒体生态"中兼容传统媒体的单一表现形式,并视单一形式为"全媒体"中"全"的重要组成部分。

第二,"全媒体生态"并不是多种媒体的简单组合,而是媒体群的全方位融合,即网络媒体与传统媒体乃至通信的互联、融通,是网络媒体等各种媒体之间的互补与融合。

第三,"全媒体生态"体现出大而全的媒体市场生态和超级细分的受众个体服务。

第四,"全媒体生态"是人类掌握信息流的最大化集成者。

教育领域全媒体生态的用户场景会增加教室、食堂、校园等多个空间,但全媒体的布局基本一致(见图 3.7)。以校园为中心的全媒体生态,通过 5G 网络技术连通,为师生构建了无线连通的全媒体教育生态环境。

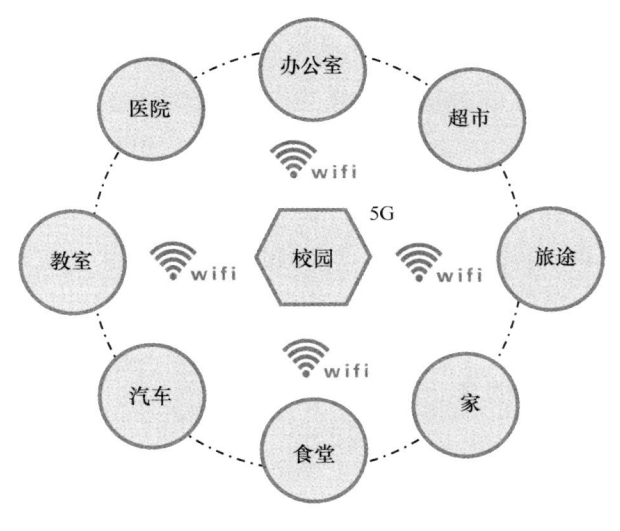

图 3.7 全媒体教育生态

(三)全媒体环境与教育

在 CNKI"中国学术期刊网络出版总库"以关键词"全媒体环境 &

---

① 栾轶玫:《融媒体时代新闻生产的流程再造》,《视听界》2010 年第 1 期。

第三章 文献综述

教育"检索，得到 2012—2019 年的论文总数为 2336 篇。有关"全媒体环境 & 教育"的研究文献数量 2016 年最高，文献数量的环比增长率为 71%，但 2017 年文献数量环比增长率为 -46%，与前文"全媒体"文献数量在该时段的趋势出现了相似的状况。可见 2016—2017 年有关"全媒体""全媒体环境""全媒体与教育"等方面的研究文献数量均有大幅减少（见图 3.8）。其中的缘由尚不明确，有待在该项研究的深入推进中逐步分析。

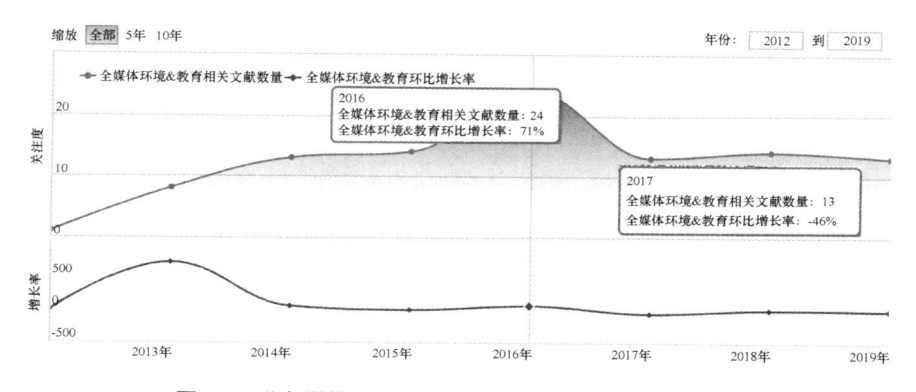

图 3.8 "全媒体环境 & 教育"相关研究文献数量趋势

从相关全媒体环境与教育研究的学科分布来看，高等教育领域数量最多，新闻与传媒领域数量位居第二（见图 3.9），图书情报与数字图书馆领域的数量排在第三，成人教育与特殊教育领域也有相关研究出现。同时，出现较多的关键词是"全媒体""全媒体环境""思想政治教育""大学生""教学改革"（见图 3.10）。

在高等教育领域，学者们分别围绕全媒体环境下的微课教学、大学生思想政治教育工作、高校网络舆论引领、大学生网络行为失范分析与干预、高校图书馆学科化服务以及思想宣传工作等方面开展了相关研究。[①]

---

① 刘俊杰：《全媒体环境下高校微课教学模式研究》，《长春教育学院学报》2020 年第 3 期；郝海洪、张建：《全媒体时代大学生思想政治教育工作理念变革与范式创新》，《石家庄铁道大学学报》（社会科学版）2016 年第 3 期；邓艳葵、旷晓霞：《全媒体环境下大学生网络行为失范分析与干预——以广西高校为例》，《思想理论教育导刊》2016 年第 9 期；刘鹏：《浅谈大学生网络失范行为的预防与干预》，《新课程》（中）2014 年第 5 期；刘丰林、孟三爱、王春生：《全媒体环境下高校宣传思想工作刍议》，《领导科学论坛》2014 年第 7 期。

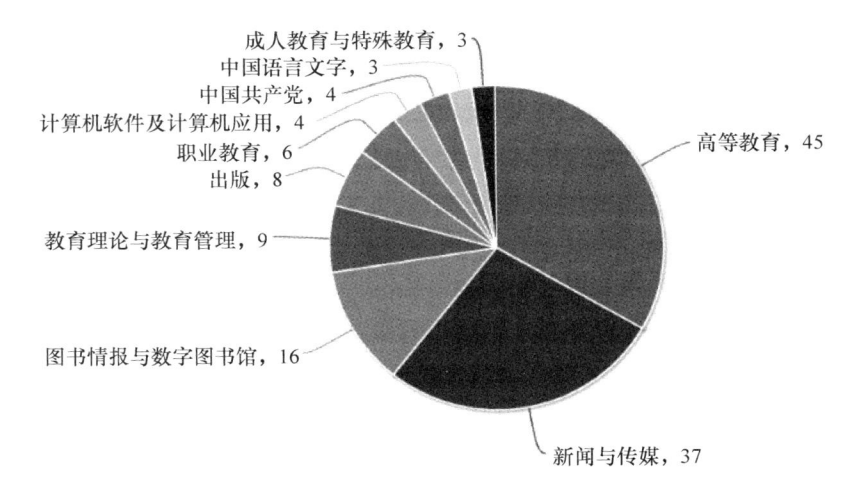

图 3.9 "全媒体环境 & 教育"相关研究学科分布（单位：篇）

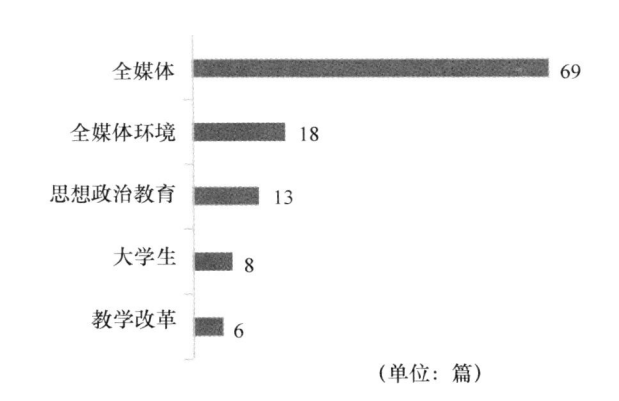

成人教育与特殊教育，3
中国语言文字，3
中国共产党，4
计算机软件及计算机应用，4
职业教育，6
出版，8
教育理论与教育管理，9
图书情报与数字图书馆，16
新闻与传媒，37
高等教育，45

全媒体　69
全媒体环境　18
思想政治教育　13
大学生　8
教学改革　6

（单位：篇）

图 3.10 与"全媒体环境 & 教育"同现的主要关键词

但整体而言，全媒体环境下的教育教学研究依然不足，仅有的研究也只是在理论层面泛泛而谈，缺乏严谨的实证研究和可供参考的成功案例，尤其是针对教师专业发展、教师教学能力提升等方面尚有很大的研究空间，以待开展持续而深入的科学研究活动。

第二节 教师教学能力相关研究

一 教师教学能力的发展备受瞩目

国际上十分重视教师教学能力的发展，联合国教科文组织（UNESCO）于1963年在法国巴黎成立了国际教育规划研究所（International Institute for Educational Planning，IIEP）。IIEP专设一个板块，即能力发展（Capacity Development），其中包括培训、教育部门支持计划、能力发展策略、国际社会网络等诸多内容，并指出能力发展是现在许多机构和政府优先考虑的问题，联合国教科文组织也把能力发展确定为五个核心任务之一。IIEP关注多方面的能力发展，教师能力发展是其中的一部分。联合国教科文组织从人的能力发展三要素（技术素养、知识深化、知识创新）和教育系统六要素（政策、课程、教学法、信息通信技术、组织管理、教师专业发展）两个维度构建起一个教师ICT能力标准（ICT Competency Standards for Teachers，ICT-CST），规范教师能力发展。

1993年美国国际教育技术协会（International Society for Technology in Education，ISTE）制定了《面向教师的美国国家教育技术标准》（National Educational Technology Standards for Teachers，NETS.T），1999年美国联邦教育部启动了针对职前教师教学中运用技术的大型资助项目——"培训未来的教师使用技术"（Preparing Tomorrow's Teachers to Use Technology，PT3），英国教育部与就业部制定出台了《ICT应用于学科教学的教师能力标准》，欧盟实施E-Twinning和E-Learning项目，韩国开展教师ICT素养提升工程，新加坡分别于1997年、2002年、2008年推出了教育信息化的三期规划（MP1、MP2、MP3），目的是推进技术与课程的融合，促进教师教学能力提升。

中国政府十分重视教师教学能力的培养，相继出台一系列政策与文件以促进教师教学能力的不断提升，提高教师教学水平。1999年，中共中央、国务院在《关于深化教育改革　全面推进素质教育的决定》中提出，"建设高质量的教师队伍，是全面推进素质教育的基本保证"。《国家中长期教育改革和发展规划纲要（2010—2020年》中指出，要从教师管理、制度建设、师德建设、教师业务水平建设等方面着手改善整个教师队伍结构，为实现从教育大国向教育强国转变奠定良好的师资基础。2011年7月，教育部、财政部印发的《关于"十二五"期间实施"高等学校本科教学质量与教学改革工程"的意见》明确提出："引导高等学校建立适合本校特色的教师教学发展中心，积极开展教师培训、教学改革、研究交流、质量评估、咨询服务等各项工作，提高本校中青年教师教学能力，满足教师个性化专业化发展和人才培养特色的需要。"为贯彻中共中央、国务院《关于全面深化新时代教师队伍建设改革的意见》决策部署，落实《教育部等五部门关于印发〈教师教育振兴行动计划（2018—2022年）〉的通知》工作要求，根据《教育部关于加快建设高水平本科教育 全面提高人才培养能力的意见》，于2018年9月30日，教育部发布实施卓越教师培养计划2.0，以期到2035年，师范生的综合素质、专业化水平和创新能力显著提升，为培养造就数以百万计的骨干教师、数以十万计的卓越教师、数以万计的教育家型教师奠定基础。①

二 教师教学能力的研究概况

如图3.11所示，教师教学能力相关研究文献数量从1994年开始激增，环比增长率高达229%，2015年达到一个顶峰，文献数量有1168篇，2016—2017年持续负增长，2018年开始文献数量有所回升。这一现象与前文"全媒体"相关研究呈现出相似趋势。

从教师教学能力相关研究学科分布来看，以中等教育、高等教育、外国语言文字、职业教育为主（见图3.12）。同时出现较多的关键词是"教学能力""青年教师""教师""创新能力""教学改革"（见图3.13）。

1995年申继亮、辛涛等通过系统的研究，将教师教学监控能力界定为教师为了保证教学的成功、达到预期的教学目标，而在教学的全过程中，将教学活动本身作为意识的对象，不断地对其进行积极、主动的计划、检查、评价、反馈、控制和调节的能力。② 2000年申继亮等明确分析了教师

---

① 《教育部关于实施卓越教师培养计划2.0的意见》，2018年9月30日，教育部网站，http://www.moe.gov.cn/srcsite/A10/s7011/201810/t20181010_350998.html。
② 申继亮、辛涛：《论教师教学的监控能力》，《北京师范大学学报》（社会科学版）1995年第1期。

第三章 文献综述

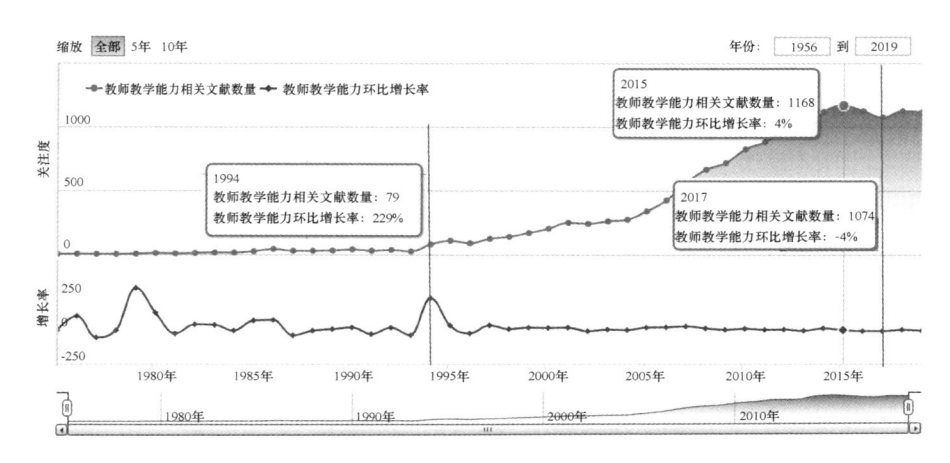

图3.11 "教师教学能力"相关研究文献数量趋势

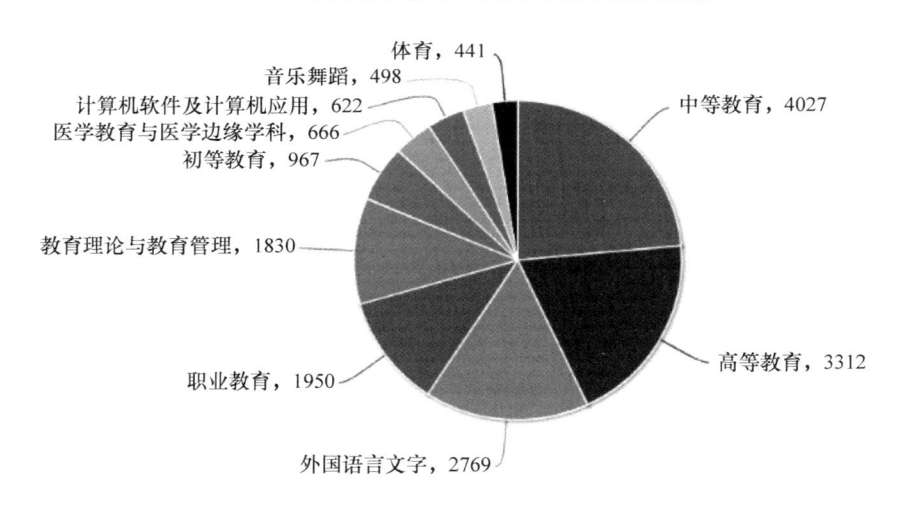

图3.12 "教师教学能力"相关研究学科分布（单位：篇）

教学能力的性质、结构以及能力表现，提出了教师教学能力的结构模型，即由教学能力的智力基础（分析性思维能力、创造性思维能力、实践性思维能力）、一般教学能力（教学监控能力、教学认知能力、教学操作能力）和学科教学能力构成。[①] 显然，他们已将前期研究的教学监控能力纳入了

---

① 申继亮、王凯荣：《论教师的教学能力》，《北京师范大学学报》（社会科学版）2000年第1期。

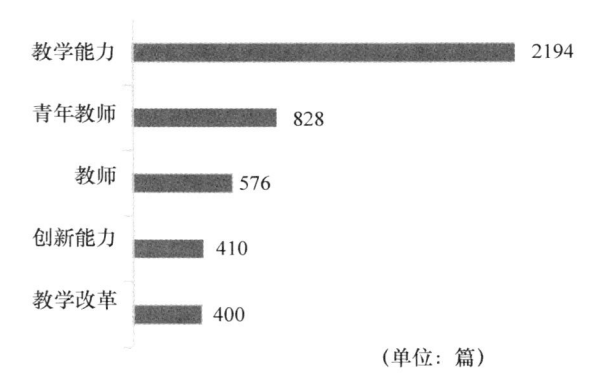

```
教学能力                    2194
青年教师        828
教师        576
创新能力    410
教学改革    400
                        （单位：篇）
```

图 3.13 "教师教学能力"同现的主要关键词

一般教学能力。

三 教师教学能力的构成分析

已有研究大多围绕教师教学能力的构成展开，或局部、或系统地阐释什么是教师的教学能力。美国斯坦福大学教育学荣休教授琳达·达林—哈蒙德等指出，适应能力是教师教学能力的重要特征之一，适应能力强的教师能够在创新和效率两个层次的能力之间保持平衡，找到一条"最佳适应性走廊"，逐步发展为"适应性专家"。[①] 兰迪·贝尔等认为提供与教学相适应的教学理论，可以有效促进教师教学能力的发展，她提出"情境学习理论可以提供一个有效的结构，为职前教师整合技术做好准备，这种方式可以支持教师的教学改革，促进教学能力发展"。[②] 古兹曼（A. Guzman）和努斯鲍姆（M. Nussbaum）在《整合技术的课堂教学能力》中指出，在职教师的培训可以促进技术整合的教学能力的形成，在分析文献的基础上，他们提出了教师教学能力形成的六个领域，即工具/技术、教育/课

---

① ［美］琳达·达林—哈蒙德、［美］约翰·布兰斯福德等：《教师应该做到的和能够做到的》，陈允明译，中国青年出版社 2007 年版。

② 转引自周仕德、刘翠青《何谓好的大学教学？——30 年来国外大学卓越教学研究的回顾、特点及启示》，《现代大学教育》2019 年第 4 期。

第三章 文献综述

程、教育/方法论、评价/调查、通信/关系和个人/态度，① 这些领域和能力一起构成创建技术整合的培训模型。斯图尔特·马丁认为，教师教学能力可以分为一般能力（Generic Competencies）、认知能力（Epistemic Competencies）和陈述的能力（Declarative Competencies）。② Ray H. Simpson 认为，教学能力包括传授知识的能力、组织教学的能力、处理人际关系的能力等。③

教育部师范教育司组织编写的《教师专业化的理论与实践》，将教师教学能力分为教学设计的能力、教学实施的能力、学业检查评价的能力。同时，国内许多学者针对教师教学能力的构成，也提出了各自的见解。周建达、林崇德认为，教师教学能力分为认识能力、操作能力和监控能力。④

李芒等将教师教学能力分解为教学预测能力、系统化教学设计能力、教学实施能力（综合评价能力、教学内容和方法的"链接"能力、协作性教学能力、促进学习的能力）、教学研究能力、教学监控能力、信息素养（对信息技术的敏感性、应用信息的能力、教学媒体和功能的选择能力、媒体的整合能力）、终身学习能力。⑤

沈文淮等认为教师教学能力涵括课程开发能力、课程实施能力、课程研究能力三大基本能力。⑥

陈永明等将教学能力划分为教学设计能力、语言表达能力、课堂组织与管理能力（监控能力）、教育技术运用能力、教学评价与测量能力、课堂讲授能力、教学测评能力、教学研究能力。⑦

---

① 转引自皇甫倩《美国新型教师 TPACK 测评工具的研究述评及启示》，《外国教育研究》2017 年第 8 期。

② 转引自沈章明、王敏《"情感态度价值观"问题与"核心素养"的培育策略》，《教育发展研究》2019 年第 6 期。

③ Ray H. Simpson, *Teacher Self: Evaluation*, New York: Macmillan, 1966.

④ 周建达、林崇德：《教师素质的心理学研究》，《心理发展与教育》1994 年第 1 期。

⑤ 李芒：《论综合实践活动课程与教师的教学能力》，《教育研究》2002 第 3 期；陈丽、李芒、陈青：《论网络时代教师新的能力结构》，《中国电化教育》2003 年第 4 期；黄宇星：《信息技术环境下教师角色与能力结构分析》，《福建师范大学学报》（哲学社会科学版）2003 年第 6 期。

⑥ 沈文淮等：《高校教师教学发展中心促进教师教学能力发展的机制与模式》，《中国电化教育》2012 年第 12 期。

⑦ 陈永明、王健：《"教师教育学"学科建设之思考》，《教育研究》2009 年第 1 期；申继亮、王凯荣：《论教师的教学能力》，《北京师范大学学报》（人文社会科学版）2000 年第 1 期；任训学：《中学教师教学能力的调查报告》，《湖北大学学报》2000 年第 2 期；王沛、胡发稳：《基于万维网技术的教师教育教学能力测评系统及其启示》，《电化教育研究》2012 年第 9 期。

朱欣欣从职前、在职适应期和在职成熟期三个阶段来解读教师教学能力。第一阶段，教师在职前应具备语言素养、学科基础、分析教材、选择教法、组织教学的能力。第二阶段，教师在职适应期，应该具备教学设计能力、教学管理能力和教学反馈能力。第三阶段，教师在职成熟期，应该具备综合素质和能力、关注学生发展以及教育研究能力等。①

杜萍提出了基本教学能力主要包括教学设计能力、课程资源开发与利用能力、教学表达和示范能力、教学交往能力、教学管理能力、评价学生能力和教学研究创新能力七大类别的观点。② 此外，还有很多学者均对教师的教学能力构成展开了相关研究。

综上所述，中外学者关于教师教学能力的研究较多，他们从自身的研究领域、不同的研究视角提出对教师教学能力结构的不同理解。正如叶澜等所说，在有关教师教学能力的研究中，与教师教学能力相关的概念较多。这些概念对不同时期、不同学者来说，他们有不尽相同的理解，再加上教师对教师教学能力理解的多样化，它们之间的关系变得更为复杂，给人一种"剪不断，理还乱"的感觉。③ 通过对已有研究成果的梳理，一方面可以发现学者们所公认的教学能力，如研究能力、设计能力、组织能力和评价能力，为本研究提炼教师教学能力的构成提供依据；另一方面也发现在教师教学能力的诸多分类中，许多能力之间有不同程度的交叉与融合。例如，教学反思能力就贯穿于所有能力的形成与发展之中，可归入其他任何一种能力，也可单列为一项，这就为教师教学能力的梳理增加了难度。笔者认为，在新媒体、新技术催生的数字时代，要着眼于教师教学能力在开放式、数字化的教育大环境下的综合发展。本研究以已有研究为基本依据，参考美国教育部"全国专业教学标准署"制定的美国中小学教师教学能力标准，日本学者西昭夫提出的教师应具备的8种基本能力，以及国际培训、绩效与教学标准委员会（The International Board of Standards for Training, Performance and Instruction）制定的《IBSTPI教师能力标准》，归纳提出数字时代教师应具备的教学能力主要包括九种。

---

① 朱欣欣：《教师教育教学能力构成的研究》，《教育评论》2004年第5期。
② 杜萍：《当代中小学教师基本教学能力标准的研制与反思》，《课程·教材·教法》2011年第8期。
③ 叶澜等：《教师角色与教师发展新探》，教育科学出版社2001年版。

第三章 文献综述

第一，教学研究能力（发现问题、设计解决方案的能力）。

第二，教学设计能力（主要指信息化教学设计）。

第三，同伴协作能力（协作、合作、交流与沟通）。

第四，教学改革能力（适应技术发展，灵活应用新媒体变革教学）。

第五，综合测评能力（学业、能力测评、教学测评、自我发展测评）。

第六，教学实施能力（讲授、操作、组织、监控、管理、反思与交往）。

第七，教学反思能力（自我评价、教学评价、学习者评价）。

第八，教学认知能力（教师行业知识、学科知识、专业知识）。

第九，教学自修能力（具有个性教学风格的形成，人格层面的气质、感染力，教学效能感，职业自豪感以及价值感，自我觉醒与完善）。

上述九种能力都是教师教学能力的重要组成部分，每种能力分别影响教师教学的不同阶段与教学的不同方面，综合起来即可表征为教师的教学能力。从三个维度（教师教学维度、教师教研维度、教师自修与合作维度）将教师教学能力进行详细的划分。其中，教学认知能力、教学设计能力、教学实施能力、综合测评能力、教学反思能力影响教师的教学；教学研究能力、教学改革能力、教学认知能力、综合测评能力、教学反思能力影响教师的教研；同伴协作能力、综合测评能力、教学反思能力、教学认知能力、教学自修能力影响教师自修与合作。如图 3.14 所示，九种子能力

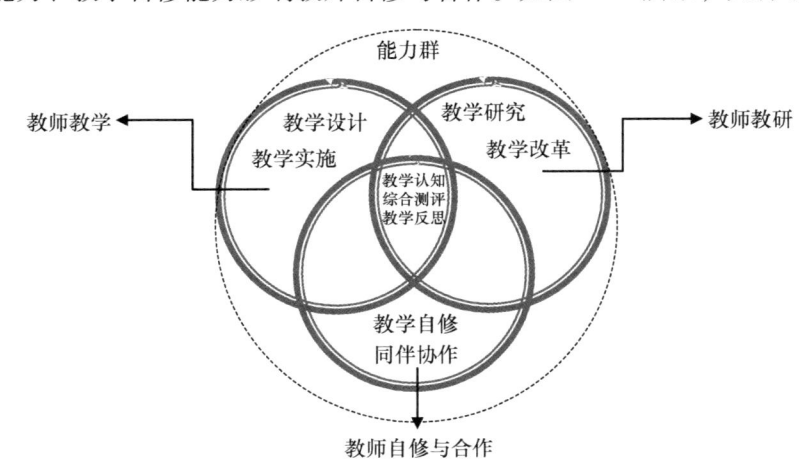

图 3.14　教师教学能力结构

环环相扣,其中教师的教学认知能力、综合测评能力、教学反思能力是教师教学能力构成的核心能力,是教师教学、教师教研、教师自修与合作三个方面发展所需的共同能力。

对教师教学能力的梳理,有利于细化设计全媒体环境下教师教学能力趋同培养策略,有利于教师教学能力的分项科学测评,也为教师教学能力培养模型的构建提供了依据。

四 教师教学能力评价研究

国外学者将教师教学能力置于教师专业发展评价之中,Susan H. Landry 等在《基于国家基金学前项目的教师专业发展评价实验研究》("An Experimental Study Evaluating Professional Development Activities within a State Funded Pre – kindergarten Program")中针对学前教师的专业发展评价提出了四个考察维度:(1)便利的教师专业发展;(2)课堂辅导;(3)研究性课程;(4)技术支持的可控制进度教学法的应用。这四个维度分别涉及教师专业发展的建设、方法和效果的评价内容,为教师专业发展评价提供了依据,但是由于作者的关注面是儿童早期教育工作者,所以研究结论的推广具有一定的局限性。

Andrew Falk 研究调查了小学科学教师的形成性评价的实践和他们的教学内容知识(PCK)之间的互惠关系,分析了 11 位教师的教学行为。结果显示,教师的教学内容知识(PCK)存在于形成性评价实践的各个方面,老师也会经常利用他们现有的课程知识和教学策略来开展形成性评价。[①]另外,表明教师也会通过形成性评价来构造教学内容知识(PCK),这种形成性评价是在教师专业发展研讨中完成的,包括对课程目标达成的评价知识以及针对学生理解的评价知识。研究结果表明,形成性评价为教师使用、整合并生成教学内容知识(PCK)提供了强有力的支持。但是,教师需要额外的资源来构建知识的教学应用策略。

周启加提出利用教师档案袋来评价教师教学能力,指出教师档案袋评价不仅是对教师的教学进行全面测评,以便于教师晋级或管理部门对教师

---

① Andrew Falk, "Teachers Learning from Professional Development in Elementary Science: Reciprocal Relations between Formative Assessment and Pedagogical Content Knowledge", *Science Education*, No. 2, 2012, pp. 265 – 290.

第三章 文献综述

进行评优,更重要的是,档案袋评价也是教师自身专业发展及教学能力提升的十分重要的途径。档案袋的一个突出特点就是强调反思,档案袋记录的内容可成为教师反思的依据,档案袋评价的实施客观上使教师有更多的机会对自己的教学进行反思和自我探究。反思的内容又可以进一步充实到档案袋中,教师在反思中对教学策略和方法不断进行调整,对教学的各个过程不断进行总结,起到不断提升教学能力的作用。①

张大良等设计了"高校青年教师教学能力评价体系",一级指标主要从5个方面对青年教师教学能力进行评价:教学认知能力、教学实施能力、教学监控能力、反思教育能力、终身学习能力。②

杜萍对七大类教师教学能力进行了细致划分,分为21项项目内容,每个项目都有具体的"能力观测点",共计62个"能力观测点"。每个观测点都是对教师教学能力外在具体行为表现的详细阐述,这种能力的划分使得教师教学能力的评价可度量、可检测。③

陈丽等认为教师教学能力在教学情境中才得以体现,因此可以开发小学教师教学能力情境测试题,对教师教学能力进行量化测评。④

综上所述,已有研究强调了教师教学能力评价中形成性评价的重要性,但只是从教师构建PCK的知识框架的一个方面展开的,缺乏其他教学能力的综合评价。教师档案袋是教师反思和质性评价的好方法,"教师档案袋评价"又称"教学档案袋评价",或"教师成长记录册评价",是反映记录教师重要成长成果的方式。依据教师档案袋的性质,可以把它分为过程性教师档案袋、结果性教师档案袋和展示性教师档案袋三种类型。第一种:过程性教师档案袋。旨在反映教师在某一时期的表现,目的是评价该教师在某一时期、某一方面或几个方面的发展成长过程。第二种:结果性教师档案袋。旨在表明某一时期实现预期目标的结果。教师针对某一目标建立结果性教师档案袋,并为实现目标而努力工作。最终,教师和评价

---

① 周启加:《基础教育英语教师教学能力及其发展研究》,博士学位论文,上海外国语大学,2011年。
② 张大良、纪志成、周萍:《高校青年教师教学能力评价体系与影响因素研究》,《贵州社会科学》2009年第9期。
③ 杜萍:《当代中小学教师基本教学能力标准的研制与反思》,《课程·教材·教法》2011年第8期。
④ 陈丽、李芒、陈青:《论网络时代教师新的能力结构》,《中国电化教育》2003年第4期。

者可以依据目标的实现程度，对教师的工作做出评价。第三种：展示性教师档案袋。又称"成功教学档案袋"，充分展示教师在某个领域或若干领域的最佳成就，可以用作教师之间教学能力或教学质量的评比材料。但是，目前已有档案袋评价研究中缺乏量化依据。杜萍认为，《当代中小学教师基本教学能力标准》细化到对教师教学能力的具体表征，为量化评价教师教学能力提供了好的方法，但对教师的想法、深层次思考等无法评测。

综合上述评价方法的优缺点，本研究计划采用质、量结合的评价方法来全面评测教师教学能力的发展，具体思路如下。首先，根据研究总结提炼的教师教学能力来逐步细化教师教学能力评测量化标准。其次，在教师学习过程中利用教师档案袋、教师反思、同事互评与自评（通过网络教研、空间协作，微信群、QQ等展开教师之间和教师自己的反思、评价活动）、学生反馈、教师访谈、教学观察等手段获取教师教学能力评价的质性资料。最后，研究通过量化指标和质性分析相辅相成来综合评价教师教学能力的发展状况。

第三节 网络环境下教师教学能力发展研究

一 网络环境下教师学习共同体

网络环境为教师教学能力发展提供了广阔的空间，逐渐成为影响教师自主发展的主要环境。网络技术的发展为教师提供了集体学习的空间与机会，因此同一区域或不同地域的教师能以在线方式聚集在一个"有限学习场域"，从"独学"转向"群学"。[①]

沈文淮等依托广东省高等学校教师教学发展中心的公共服务平台，搭建起以教学名师、教学督导、资深教师等为专家团队的多元化教师学习共同体，包括新教师研习营、名师工作室、一对一帮扶等，组织灵活多样的合作交流共享活动，以建构起信息化环境下教师教育的合作文化机制，帮

---

① 何一茹：《网络协作联盟促进教师协同发展的实践模式》，《中国电化教育》2011年第9期。

第三章 文献综述

助教师在学习共同体中逐渐由"边缘化"向"中心化"靠近。①

顾小清提出行动学习是面向信息化的教师专业发展策略,指出行动学习的循环过程包括行动、反思、总结、计划,而这一过程以实践共同体为基础,实践共同体是行动学习的基本保障。②

乔爱玲等根据首都师范大学虚拟学习社区中的两门在线课程,对虚拟学习社区中的社会网络进行分析,发现社会网络中存在一些典型的网络位置,而处于不同网络位置的行动者,其知识建构的特点具有显著差异。③

吴群尝试在教师培训工作上改变思路,构建多种形式的区域教师研修共同体,增强教师培训的实效性,很大程度地促进了不同学校、不同层面教师的专业发展。他探索了区域教师研修共同体的构建方法、运行机制、管理与考核等多个方面。④

中央教育科学研究所原所长朱小蔓指出,今天的教师已不是个体的劳动者,要把同事关系变成一个协作、互动、共同专业成长的教师群体。近年来,我们通过区域教师研修共同体的建设,营造了良好的研修氛围,既提高了共同体成员的自身素质,又带动了其他教师,促进区域教师群体的专业发展。⑤

赵健等提出,从认知性、技术性和社会性三个维度综合构建网络环境下教师学习共同体。他认为网络环境下的教师学习共同体本质上属于实践共同体、知识建构共同体。⑥

综上所述,已有研究多基于网络的学习共同体、研修共同体、实践共同体,综合分析都是充分利用网络环境、搭建网络平台,通过网络远程培训促进教师教学能力的发展,为区域教师教学能力的协同发展提供了方法

---

① 沈文淮等:《高校教师教学发展中心促进教师教学能力发展的机制与模式》,《中国电化教育》2012年第12期。
② 顾小清:《行动学习:面向信息化的教师专业发展策略》,《全球教育展望》2005年第3期。
③ 乔爱玲等:《不同教师群体教学行为的差异性研究》,《电化教育研究》2018年第4期。
④ 吴群:《以区域教师研修共同体的构建促进教师的专业发展》,硕士学位论文,湖南师范大学,2010年。
⑤ 转引自吴群《共事切磋共同提高——区域教师研修共同体建设的探索》,《教师》2010年第22期。
⑥ 赵健、郭绍青:《网络环境下教师学习共同体运行效果的调查分析》,《中国电化教育》2013年第9期。

指导，但上述共同体的构建存在两方面的问题。一方面，教师在共同体的协作发展中缺乏持续的专业指导，一旦项目结题，专业指导也就戛然而止。另一方面，这种教师共同体缺乏协同发展的自组织性。表现为部分教师实践共同体随着培训项目的结束，其教师参与度与应用效率逐渐减弱，直至为零。上述问题对于本研究的启示是，新建构的促进教师教学能力趋同发展的模型，不能只将目光集中于教师发展共同体的建设，应更多考虑非共同体的协同多向互助，突破各种所谓共同体的圈内束缚，将网络环境下教师教学能力多向互助的发展作为构建模型的重要依据之一，努力探索基于全媒体环境的教师专业发展长效引领机制。

二 网络环境下教师趋同发展研究

M. S. Wiske 和 D. N. Perkins 通过建立教师大规模交互发展的网络课程学习环境，帮助教师结合基于研究的教学法来改善自己的实践教学质量。该项目的特点是在课程学习中，每10位参与教师就有一个同伴辅导教师，他将为每一位参与学习的教师提供学习反馈并鼓励教师不断参与在线交流与讨论。[①]

国内有关教师教学能力趋同发展的研究较为分散，大多表述为教师协同发展，许多学者从不同角度进行了论述。刘铁芳提出，教师的学习既可以是个体性的、自发的，也可以是集体性的、有组织的、系统的学习。这种学习型组织，既充分保证教师个体性的、自主的、个性化的学习空间和学习内容，又根据实际需要，建立有组织的、多层次的小群体或大集体的学习，[②] 指明了教师间合作学习与自主学习的关系。2007年6月，在德国 Kronberg 举行的"联合国教科文组织关于知识获取与分享的高层研讨会"上发表了《关于未来知识获得与分享的 Kronberg 宣言》。宣言指出，预期未来的25年中，知识获取和分享将越来越受到技术的影响（如在线进行），因而传统的教育过程将会被彻底变革，新的知识社区将会形成。为了应对知识获取与分享的需要，在线学习社区特别是涉及实践方面的社区将越来越重要。

---

① M. S. Wiske, D. N. Perkins, "Dewey Goes Digital: Scaling up Constructivist Pedagogies and the Promise of New Technologies", in C. Dede et al. eds., *Scaling up Success: Lessons Learned from Technology-based Educational Innovation*, San Francisco: Jossey-Bass, 2005.

② 刘铁芳：《守望教育》，华东师范大学出版社2004年版，第24页。

另有一些学者指出了不同技术环境下教师协同发展的路径，表3.1为不同学者基于不同的技术环境提出的教师协同发展观。

表3.1　　　　　学者们针对教师协同发展的相关研究

	技术环境	协同内容	主要观点
黎加厚、赵怡、王珏[1]	教师博客	区域教师博客群：网络时代的教师同伴互助家园	教师同伴互助是培养高质量教师的一个重要方式
杨静、武伟[2]	Wiki	协同备课	教师协同备课体现教师集体智慧的结晶，为教师之间的交流协作提供平台，形成教学合力
周敏菲[3]	网络平台	城乡小学教师专业协同发展	把城乡小学教师专业协同发展的过程分为不同期待、依赖外力、深度参与、学会共享四个阶段 分析了影响城乡小学教师专业协同发展的内因，包括城乡教师的角色定位、自我效能感的高低、个人的自我反思；外部因素包括专家引领、讨论氛围及互动交流方式 建设以城乡教师交流为主、以网络交流为辅的有助于城乡教师专业协同发展的互动平台
何一茹[4]	网络环境	网络协同学习模式 网络协同教学模式 网络协同研究模式	网络协作联盟促进教师协同发展
陈玲、刘禹、余胜泉[5]	网络环境	协同备课 教学设计能力协同发展	基于学习元的协同备课体现了群体知识的协同进化过程

---

[1] 黎加厚、赵怡、王珏：《网络时代教育传播学研究的新方法：社会网络分析——以苏州教育博客学习发展共同体为例》，《电化教育研究》2007年第8期。

[2] 杨静、武伟：《Wiki环境下教师协同备课模式与应用》，《中国教育技术装备》2012年第11期。

[3] 周敏菲：《城乡小学教师专业协同发展个案研究》，硕士学位论文，西南大学，2013年。

[4] 何一茹：《网络协作联盟促进教师协同发展的实践模式》，《中国电化教育》2011年第9期。

[5] 陈玲、刘禹、余胜泉：《教师区域网络协同备课效果研究》，《现代教育技术》2013年第4期。

续表

	技术环境	协同内容	主要观点
郭绍青、金彦红[1]	网络环境	网络支持的教师校际协同教学研究	网络支持下的混合培训、利用应用型课题研究促进教师将培训知识向实际教学能力迁移、协同教学与创新发展
金美林[2]	教育博客	城乡教师协同发展	城乡教师基于博客交流、学习、科研,能促进彼此的专业发展 教育博客确实在一定程度上缩小了城乡教师的差距,是网络时代城乡教师协同发展的有效途径
杨彦军[3]	虚拟学习社区	区域教师协同成长	构建县域内教师协同互动、均衡发展的中小学教师培养模式
吴群[4]	网络环境	区域教师研修共同体	片区共同体、骨干教师共同体、区域合作教研组共同体、项目共同体、网络共同体模式
庄秀丽等[5]	Web 2.0	区域学科教师群体专业发展的自组织	区域学科教师群体专业发展的学习行为,存在从他组织走向自组织的可能;团队学习是自组织的基础
毕海滨[6]	Web 2.0 技术环境	网络环境下的教师同伴学习	以课题为纽带构建网络环境下跨区域教师同伴学习共同体:Web 2.0 技术环境下教师同伴学习的运行机制、教师同伴学习的实施条件、教师同伴学习的实施方式

---

[1] 郭绍青、金彦红:《网络支持的教师校际协同教学研究》,《现代远程教育研究》2011年第1期。

[2] 金美林:《教育博客实现城乡教师协同发展研究》,硕士学位论文,浙江师范大学,2007年。

[3] 杨彦军:《面向区域在职教师协同成长的虚拟学习社区建设研究》,硕士学位论文,西北师范大学,2010年。

[4] 吴群:《以区域教师研修共同体的构建促进教师的专业发展》,硕士学位论文,湖南师范大学,2010年。

[5] 庄秀丽等:《区域学科教师群体专业发展的自组织机制研究》,《开放教育研究》2011年第6期。

[6] 毕海滨:《网络环境下的教师同伴学习研究》,《现代教育技术》2008年第10期。

续表

	技术环境	协同内容	主要观点
马秀峰、李晓飞①	网络环境	教师专业发展模式探索	自主发展模式 基于学习型组织的协同发展模式 在实践中反思成立"教师网联",构建终身学习体系
江世勇②	网络环境	网络环境下跨区域合作推动欠发达地区教师专业发展	构建教师合作发展的研究模式:主题研修的发展模式、教学问题解决的发展模式、教学案例学习的发展模式、在线同步观摩的发展模式、兴趣交流与推广的发展模式
蔡宝来、王会亭③	微格教学课题实录	校本培训与研修 教研组(室)研习 课堂观察与研究 学科教学知识的提炼	可采取对教学活动分片段进行分析提炼的"微格研修" 教研组(室)是由同学科教师组成的专业学习共同体,是教师最具体、最现实的专业场景
赵健、郭绍青④	专题学习网站	设计专题学习网站提升教师信息化教学能力	从结构和功能上讲,专题学习网站是资源型学习网站,属于学习环境范畴,支持多种学习方式 专题学习网站的设计立足于专题,而非知识点 与课程从创建方式上支持共建共享

从上述学者针对教师协同发展的相关研究来看,基于网络环境的技术支持越来越普遍,其中以网络教研平台、博客、学习社区等为主渠道。教师协同发展已经成为教师专业发展的必然趋势,但协同发展与趋同发展又

---

① 马秀峰、李晓飞:《网络环境下教师专业发展模式探索研究》,《电化教育研究》2006年第6期。
② 江世勇:《网络环境下跨区域合作推动欠发达地区教师专业发展的研究》,《教育与教学研究》2012年第5期。
③ 蔡宝来、王会亭:《教学理论与教学能力:关系、转化条件与途径》,《上海师范大学学报》2012年第1期。
④ 赵健、郭绍青:《网络环境下教师学习共同体运行效果的调查分析》,《中国电化教育》2013年第9期。

有不同。协同是一种过程与方法,表明合作状态;而趋同则是升级与进化,趋同发展是更高级的自适应进化。现有研究多围绕网络教研平台、博客、学习社区等其中之一展开,学者们更多关注网络环境下教师的协同学习、教学和研究的模式构建等低层次的"共同发展",突出教师间的合作和对教师能力的整体发展,并没有聚焦教师教学能力协同的自主发展过程。虽然有学者提出了教师群体发展的自组织性,但是没有明确提出如何促进区域教师教学能力协同发展的生态化(自主化+常态化)。同时,缺乏互联网环境下全媒体的教育应用研究。例如,在人与手机的关系越来越密切的今天,针对智能手机在互联网环境下促进教师专业发展的研究成果较少。另外,已有教师协同发展研究中缺乏对教师协同发展要素的探索和协同发展效果的评价,以及协同发展的同时是否达到趋同进化、共同进步的效果(协同发展的高级层次)。区域内教师教学能力如何发展才是真正意义上的协同发展、趋同培养,如何科学评价教师教学能力的趋同发展,这一系列的问题成为本项研究的落脚点和出发点。因此,本研究以教师需求为导向,以应用型课题和自主项目设计为抓手,探索教师教学能力趋同发展自组织性产生的机制和培养方法,探究影响教师教学能力发展的因素和评价方法,总结提炼促进教师同伴互助、自主学习发展的方法与策略。

第四节 影响教师教学能力发展因素研究

一 影响教师专业发展的因素

Tova Michalsky 在研究调查了 188 名职前科学教师的专业成长后,指出教师专业发展的要素可分为三个维度,即学科法知识、自我效能感、自我学习,并建议调节三个维度来搭建脚手架。[①] 研究显示,这些教师的专业发展策略明显优于没有搭建脚手架的教师。Bartolomé Vázquez-Bernal 通过长达 9 年的实验,得出结论:老师沉浸在多样化的学习环境,包括一个行动研究计划中,教师的课堂实践和反思在逐步发展,在实践中不断学习以

---

① Tova Michalsky, "Haping Self-Regulation in Science Teachers' Professional Growth: Inquiry Skills", *Science Education*, No. 11, 2012, pp. 1106-1133.

及与社区其他老师进行情感及知识的交流成为教师职业发展必不可少的要素。① A. Glatthorn 认为，影响教师专业发展的因素主要有三个方面，即与教师个人相关的因素，与教师生活、工作的情境相关的因素，与促进教师发展的特殊介入活动相关的因素。② 布莱恩·埃文分别在一个学期的始末对 42 名新助教所教授的数学内容进行了测试，对助教的态度和教学效能感进行了问卷分析，在《纽约市助教项目的内容知识、态度、自我效能感》中指出，内容知识、态度、自我效能感是助教专业发展的三要素。③ 美国约翰霍普金斯大学的费斯勒（R. Fessler）教授将影响教师专业发展的因素分为两个方面：一方面，个人环境因素；另一方面，组织环境因素。个人环境因素包括家庭、重大事件、危机、个人的性情、业余爱好、生活经历六个方面，组织环境因素包括学校规章制度、管理风格、公众信任、社会期望、专业组织、工会六个方面。④

刘艳晶认为影响教师教学能力发展的因素有很多，主要有教师的知识、精力投入、学习与反思、发展途径、环境条件五大方面。⑤

王建军认为，影响教师专业发展的因素大致可以分为三类：一是教师个人特质；二是社会环境；三是旨在促成教师专业发展的相关措施。⑥

王沛等提出，教师教育教学能力中各个要素互相联系、相互影响，构成了一个有机的整体，共同决定着教师教育教学能力的发展。具体分为：（1）核心能力群——知识提取能力、教学监控能力、教学执行能力；（2）外生能力群——教学效能感、教学个性、职业性向。⑦

---

① Bartolomé Vázquez-Bernal, "The Process of Change in a Science Teacher's Professional Development: A Case Study Based on the Types of Problems in the Classroom", *Science Education*, No. 3, 2012, pp. 337–363.

② A. Glatthorn, " Teacher Development", in T. Husén ed., *International Encyclopedia of Teaching and Teacher Education*, Oxford: Elsevier Science Ltd., 1995.

③ 转引自许方舟、张力玮、孔令琦《美国大学数学教育的多样化教学管理模式——访美国艾奥瓦大学教授叶扬波》，《世界教育信息》2016 年第 29 卷第 7 期。

④ 转引自杨秀梅《费斯勒与格拉特霍恩的教师发展影响因素论述评》，《外国教育研究》2002 年第 5 期。

⑤ 刘艳晶：《从中学教师教学能力发展态势看教师的职后培养》，硕士学位论文，江西师范大学，2011 年。

⑥ 王建军：《课程变革与教师专业发展》，四川教育出版社 2004 年版，第 9 页。

⑦ 王沛、胡发稳：《基于万维网技术的教师教育教学能力测评系统及其启示》，《电化教育研究》2012 年第 9 期。

综合分析上述研究，归纳提取共性要素，得出目前学术界公认影响教师专业发展的主要因素，包括个人因素、环境因素以及实践因素三个方面。个人因素包括知识、自我效能感、自我调节、自我态度，环境因素包括个人环境和组织环境，实践因素包括教研实践和社会经验。这些要素的总结提炼为研究影响教师教学能力协同发展的要素提供了参考维度。因此，本研究将从知识、自我效能感、自我调节、态度和环境、教研实践和社会经验等方面综合考虑教师的专业发展（见图3.15）。

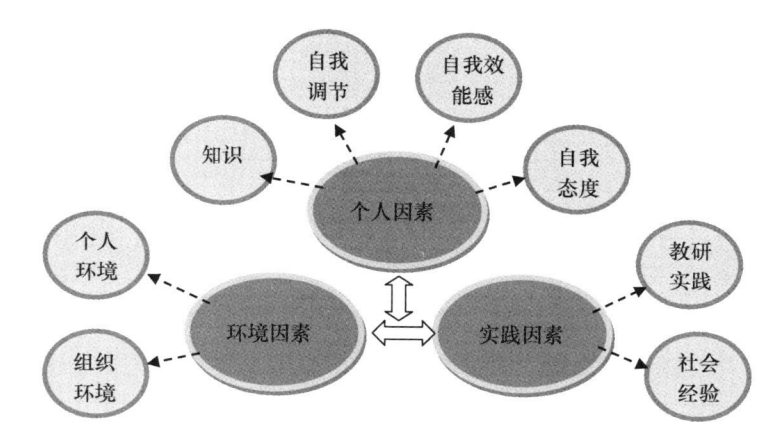

图3.15 影响教师教学能力发展因素关系

二 影响教师教学能力协同发展的因素

戴维·H.乔纳森在《学习环境的理论基础》一书中指出，基于课堂环境下的同侪教师合作教学模型包括四个连续性的要素（或步骤），即研习、示范教学、指导式练习和回馈、独立练习和回馈。[①]

杨刚等提出了基于网络的同侪教师协作学习要素模型，指出教师的个人信念、学习动机和教育情感、支持教师学习的网络平台、丰富的学习资源、合理的交流规则和灵活的学习工具是影响教师协作学习的要素。[②]

李华提出，校本网络协同教研系统模型要素为"一个平台和三个基本环节"，即校园网平台，教研资源生成环节、教研材料呈现环节、教师互

---

① ［美］戴维·H.乔纳森：《学习环境的理论基础》，任友群译，华东师范大学出版社2002年版。

② 杨刚、胡来林：《网络环境下同侪教师协作学习研究》，《中国电化教育》2013年第1期。

第三章 文献综述

动参与环节,三个环节互为一体、循环进行,乃至无限深入。①

上述学者均从自身的研究角度,基于一定的网络平台,提出了影响教师协同发展的因素,但均没有涉及影响教师教学能力协同发展的第三方指导因素,也没有细致分析教师的反思与评价因素,而这些因素正是教师教学能力能够长期发展,逐步产生自组织性,从协同向趋同升级的内部保障。结合已总结的影响教师专业发展的六要素(知识、自我效能感、自我调节、态度和环境、教研实践、社会经验),笔者分析归纳出影响教师教学能力趋同发展的五因素,为构建教师教学能力趋同发展模型提供了依据(见图3.16)。

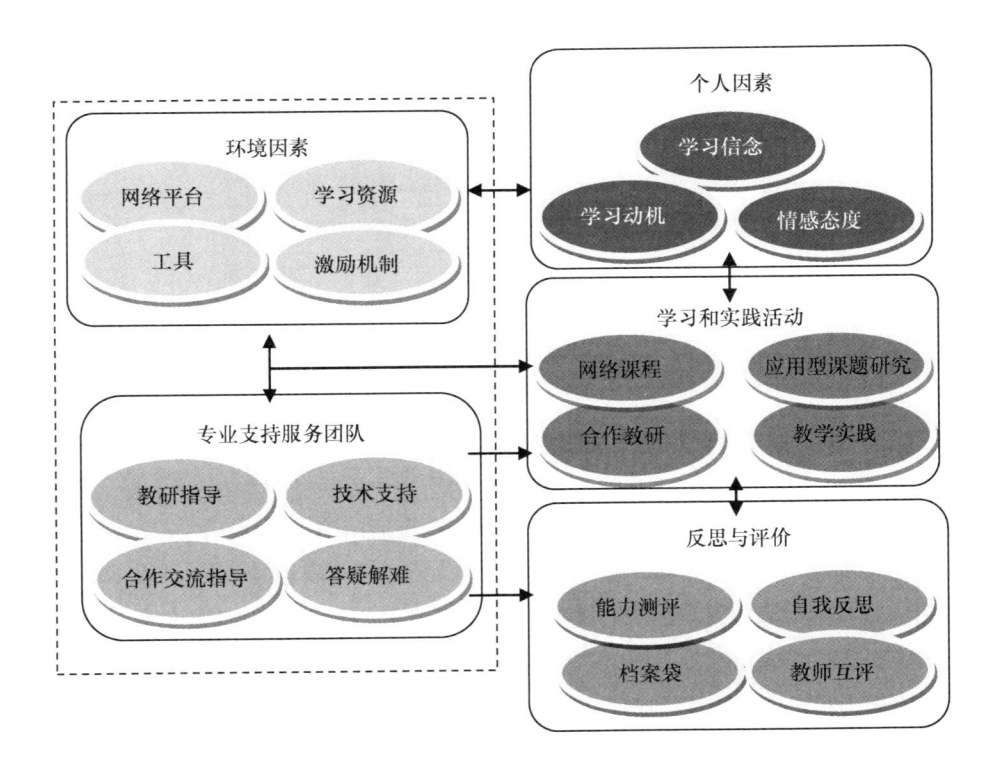

图3.16 网络环境下影响教师教学能力协同发展的因素

---

① 李华:《基于网络的协同教研系统研究》,《电化教育研究》2012年第12期。

第一,个人因素,包括学习信念、学习动机、情感态度。

第二,环境因素,包括网络平台、学习资源、工具和激励机制。

第三,学习和实践活动,包括网络课程、应用型课题研究、合作教研、教学实践。

第四,专业支持服务团队,包括合作交流指导、教研指导、技术支持、答疑解难。

第五,反思与评价,包括自我反思、档案袋、教师互评、能力测评。

五大因素之间互为基础,互相影响。专业支持服务团队、学习和实践活动以及个人学习信念、动机等都需要具备一定的环境,基于网络平台利用工具和资源促进教师之间的协同发展,反思与评价活动围绕具体的学习和实践活动展开,间接地影响了教师的学习动机和情感态度,同时专业支持服务团队为其他因素提供了指导服务与保障。环境和专业支持服务团队属于外在影响因素,个人因素、学习和实践活动以及反思与评价属于学习者内在影响因素。内外因素共同作用于区域内教师教学能力,实现教师教学能力的协同发展。①

笔者首次在教育领域引入趋同进化理论,利用分析归纳得出的影响教师教学能力协同发展的五因素,针对教师协同发展中存在的问题,研究全媒体环境下教师教学能力如何趋同培养,促使教师教学能力能够长期、共同发展。

第五节 教师教学能力发展模式研究

针对教师教学能力发展模式,学者们提出了诸多研究成果,从多个角度来探讨教师教学能力的发展路径与成型的模式。沈文淮等学者提出了五种促进教师教学能力发展的实践模式。②

---

① 汪基德、杨滨:《构建"D-S-T"CD网络模型促进区域教师教学能力协同发展研究》,《中国电化教育》2017年第4期。

② 沈文淮等:《高校教师教学发展中心促进教师教学能力发展的机制与模式》,《中国电化教育》2012年第12期。

一　项目培训模式

采用混合学习的理念,组织开展教学能力项目培训,遵循"集中培训—在线学习—互动交流"的流程,以提升教师教学能力。

二　专题研讨模式

针对教师教学中的问题,采用"问题提出—热点研讨—方案优化—问题解决"的方式,相互分享教学经验,探讨教学疑难问题,共同献计献策,优化教学设计,促进教师教学能力提升。

三　成果培育模式

让专家与学科教师互动,帮助教师设计教学、开展活动、凝练成果、分享交流。让专家带动教师强化教学成果培育意识,掌握教学与科研相融合的方法与策略,真正实现教研相长。

四　教改指导模式

让专家与学科教师结对开展教学改革实践活动,以案例为抓手,指导教师开展案例分析、学习讨论与经验分享,开展教改活动。

五　咨询服务模式

依托网络平台,建设网络咨询专家库。重点发挥教学名师、教学督导以及资深教师、高校专家的专业特长,对教师提供教学咨询、问题诊断以及一对一指导与帮助。以名师工作室为平台,为教师提供区域内个性化的咨询服务。[①]

雷鸣设计了有效提升农村教师教学能力的校本教研模式——立体式联片校本教研模式。该模式需要不同学校之间的教师互相合作、相互学习,所以有助于提高教师的教学合作能力和教学交往能力;同时,该模式还要求教师在参与校本教研的同时要善于反思,对教师的教学反思能力的提升

---

① 杨滨:《教师教学能力指数型趋同发展培养模型构建研究——"互联网+"新媒体环境下教师专业发展研究》,《电化教育研究》2020年第6期。

帮助很大。此外，不同学校的教师在结合学校的实际情况确定校本教研的主题过程中，教师开发与利用课程资源的能力也得到了锻炼。立体式联片校本教研模式有助于提升教师的教学能力，尤其是教学交往能力、教学合作能力以及课程资源开发与利用能力等。①

李酉亭等提出"四课制"来提升教师教学能力。所谓"四课"，指新到教师汇报课、青年教师展能课、中年教师展示课和资深教师示范课。②

何梅、杨全海提出教师教学能力培养的三种模式：（1）建立教师教学能力培养的主动型自主发展模式；（2）建立教师教学能力培养的他动型外力助推模式；（3）建立教师教学能力培养的助动型外力协同模式。③潘世祥在深圳市宝安区中小学教师培训实践的基础上，总结提出了区域中小学教师培训新模式——"五段互动式"，该模式分为"主题讲座—课例实践—辩课互动—点评提升—研修反思"五个环节与阶段。④

笔者通过查阅大量文献，发现目前中国有关教师教学能力培养模式的研究中，沈文淮等提出的五种促进教师教学能力发展的实践模式比较全面。其中，项目培训模式，组织开展教学能力项目培训，通过"集中培训、在线学习、互动交流"的流程，能提高教师教学能力发展的速度，但培训结束后，教师教学能力的可持续发展存在问题；专题研讨模式，能针对教师教学中的问题，遵循问题解决的规律促使教师相互分享教学经验、探讨教学疑难问题，能有效组织教师合作教研，但教师在该模式下的学习随意性较大，缺乏有效的运行实施保障机制；成果培育模式，在专家指导下完成理论提升、成果凝练和交流推广，能有效涤新教师教育观念，掌握优秀教学成果培育的原理和方法，但专家指导无法长期跟进；教改指导模式，为教师开展教学改革研究提供专业指导与支持，促进教师在自身的教学实践中积极开展改革研究，但该模式如果没有课题支撑和获奖激励，教

---

① 雷鸣：《有效提升我国农村中小学教师教学能力校本教研模式研究》，硕士学位论文，重庆师范大学，2010年。
② 转引自张民选、夏惠贤、孔令帅《让教师成为教育知识的发现者和建构者——来自上海的经验》，《全球教育展望》2015年第7期。
③ 何梅、杨全海：《新建本科院校教师教学能力培养模式》，《教育与职业》2011年第12期。
④ 潘世祥：《"五段互动式"：教师专业发展新模式——深圳市宝安区中小学教师培训模式实践探索》，《中小学教师培训》2010年第8期。

师会缺乏教改动力，导致培训最终流于形式；咨询服务模式，依托网络平台和咨询专家库，能实现一对一帮扶，有效提升教师个人的教学能力，但该模式运行的前提是教师必须要有较强的学习主动性，能够积极思考，善于发现问题、提出问题，而教师在教学能力培养初期很难具有发现问题、思考问题的能力，进而影响整个模式的运行。上述五种模式各有优点和不足，本研究将整合五种模式，取长补短，拟设校本项目培训、课题驱动、长期专业指导、教师研讨反思与评价等关键环节，综合多种因素，基于全媒体的数字化环境，构建教师教学能力趋同培养模型。

第六节 教师教学能力协同发展研究

随着对教师教学能力提升实践改革的不断探索，协同发展逐渐成为教育研究者关注的重点。网络支持下的教师校际协同教学研究逐步展开，学者们研究提出，结合各种培训方式形成有效的教师培训机制是实现教师专业化发展的关键，并指出网络支持的教师校际协作教学策略包含三个发展阶段，即网络支持的混合培训，应用型课题研究促进教师知识向教学能力迁移，协作教学与教学创新。[1] 2012 年，金彦红等以"中国—UNICEF'灾区教师培训'项目"为例，证明了多元化的有效学习支持策略、培训者对教师交互的现场指导，更有利于教师协同知识的建构与能力发展；并认为以协作为主的教师发展支持机制，能有效支持区域内教师能力均衡发展。学习并不是一个单独的完全自我封闭的发展过程，而是更多地建立在群体的交流与协作之上，在交流与协作的过程中实现经验交流与共享、知识的重新建构。随着教师群体内交流与协作程度的加深，起初完全由外部指导与干预的交互逐渐被摒弃，开始出现群体内自组织、自交互的现象，一些明星教师（子群）也随之出现。[2] 2013 年，赵健等展开网络环境下教师学习共同体运行效果的调查，研究在构建以区域性互动为特征、教师信息化

---

[1] 郭绍青、金彦红：《网络支持的教师校际协同教学研究》，《现代远程教育研究》2011 年第 1 期。
[2] 金彦红、郭绍青、赵霞霞：《技术支持的小学教师有效教学能力培养研究——以"中国—UNICEF'灾区教师培训'项目"为例》，《中国电化教育》2012 年第 2 期。

教学能力协同发展为愿景的教师学习共同体的过程中，从认知性、技术性和社会性三个维度分析了教师学习共同体的运行效果。① 同年，何阅雄等从教学型高校青年教师教学能力现状分析入手，提出构建教学型高校青年教师教学能力"三阶段四协同"发展模式："三阶段"分别是职前培养、入职培养、职后培养；"四协同"是内力激发与外力激励相协同、理论学习与实践训练相协同、集中讲授与自主学习相协同、团队发展与个体成长相协同。② 2016 年，欧阳波仪等从协同理论、群体动力理论以及学习理论的视角出发，建立了互联网环境下中职与高职教师学习共同体模型，创设了以自主学习和协作教研为主要活动的学习机制，以及持续发展、协同发展、相互依存、创新扩散的互动机制，以此保障中职与高职教师学习共同体的系统平衡，促进中职与高职教师信息化教学能力的协同发展。③ 2017 年，胡建团研究了城乡教师信息化教学能力协同发展的影响因素及路径，探究了促进城乡信息化教育水平协调发展的新渠道。④ 汪基德等梳理了目前区域教师教学能力协同发展的研究现状，提出能够影响教师教学能力协同发展的因素，并构建了"D-S-T"CD 网络模型，为进一步开展区域教师教学能力协同发展研究积累了经验。⑤ 2018 年，臧利国等从产学研协同创新的视角分析产学研实践，提出基于产学研协同的青年教师教学能力培养及提升方法。⑥ 2019 年，张妮等探索信息技术支持下的教师区域研修模式，创建"互联网+"教师研修平台，增强研修引领性、便捷性和灵活性，注重面向过程的信息化研修绩效分析，提高研修实效，探索多方协作的运行

---

① 赵健、郭绍青：《网络环境下教师学习共同体运行效果的调查分析》，《中国电化教育》2013 年第 9 期。

② 何阅雄等：《教学型高校青年教师教学能力"三阶段四协同"发展模式的探索》，《高等工程教育研究》2013 年第 6 期。

③ 欧阳波仪、程美：《互联网环境下中职与高职教师学习共同体构建与机制研究》，《中国现代教育装备》2016 年第 23 期。

④ 胡建团：《城乡教师信息化教学能力协同发展影响因素及路径》，《科技创新导报》2017 年第 1 期。

⑤ 汪基德、杨滨：《构建"D-S-T"CD 网络模型促进区域教师教学能力协同发展研究》，《中国电化教育》2017 年第 4 期。

⑥ 臧利国等：《产学研协同视角下应用型本科青年教师教学能力培养》，《中国教育技术装备》2018 年第 2 期。

机制和保障制度，推动区域研修常态化发展。[①]

笔者对近年来有关教师教学能力协同发展的文献做了系统梳理，以研究时间为主线，分析了比较经典的研究成果。整体而言，针对教师教学能力协同发展的研究从2011年开始多起来，大量研究以培训为基础探寻教师协同发展的模式、策略与方法，但大多数研究探讨的是教师自身以外的要素，对教师间群体交互与协作的影响因素研究不足，尤其是促进教师群体交互与协作的实证研究更为稀缺。许多研究囿于教师学习共同体而无法自拔，往往扭曲协同发展之意，出现了产学研协同、理论与实践协同等。因此，只有从教学实践出发，跳出已有研究的思维模式，找到教师教学能力协同发展的机制，才能更加精准地聚焦教师教学能力协同发展中存在的真问题，进而理解协同发展向趋同发展的必要性和可行性。

本章小结

文献综述是教育研究的基础，是研究问题逐步聚焦的出发点，文献综述本身就是一种学习的不断超越。不同的读者对相同的文献也会产生不同的理解，加之已有研究的局限，导致文献综述往往会自说自话。因此，如何阅读文献，如何针对文献展开综述也很重要。本章是对研究中涉及的相关领域与理论的全面梳理，既探寻了全媒体、全媒体环境、全媒体环境与教育的研究现状，分析了教师教学能力的相关研究，又提出了教师教学能力的九种子能力构成，综述了已有教师教学能力的评价研究。同时，对网络环境下教师教学能力发展的研究现状进行了细致的分析，明确了趋同与协同的关系。最后，分析了影响教师教学能力协同发展的因素，对已有教师教学能力发展模式进行了综述。针对目前已有的教师教学能力协同发展研究，找出了协同发展研究中存在的误区，为进一步开展趋同发展研究指明了方向。

---

① 张妮等：《信息技术支持下的区域研修现状及发展研究——基于全国25省（市）35县（区）的调研》，《中国电化教育》2019年第10期。

学术共鸣

每一位教育研究者都要面对"文献综述",每一项研究都始于"文献综述"。我们对"文献综述"既爱又恨,爱是因为"文献综述"为我们的研究铺平了道路,恨是因为"文献综述"枯燥乏味。在此笔者将多年文献综述的经验做一分享,以期引起读者共鸣。

"文献综述"虽无定法,但也有一定的规则,而这个规则又因人而异。一般来说,一个完整的文献综述需要经历以下六个阶段,即探寻关键、检索热点、指数分析、阅读文献、观点聚合、引文评述。第一,探寻关键,是指找到所研究主题的关键词。一般而言,一项研究找到3—5个关键词为好。第二,检索热点,找到关键词之间的关系,建立文献检索结构,为文献检索明确方向。第三,指数分析,是指利用CNKI(知网)中的指数分析功能,快速、高效地检索出与热点关键词高度相关的文献资料,系统将自动提供"最早研究""最新研究""经典文献""相关研究文献数量""相关研究环比增长率"的趋势图。第四,在指数分析的助力下,迅速获取大量高质量文献资料。接下来需要精心阅读文献,阅读可以分为两个阶段,即粗阅与精阅。粗阅只需要看摘要,精阅需要全文阅读。第五,在阅读文献的过程中将各种观点进行聚合,支撑文献综述的观点框架,并对其中的不同观点进行整合。第六,引文评述。前五个环节均是量的积累,最后也是最关键的环节即引文评述,需要对文献综述框架中的聚类观点展开评价与描述,探寻已有研究的现状与发展水平,为自身的研究寻找理由与依据。此时研究的问题进一步聚焦、更加明确,研究的价值、意义以及研究的重难点均跃然纸上。研究思路清晰、研究方向明确、研究方法可选,接下来只需要设计研究过程、开发研究工具、组织实施开展研究活动。

上述观点仅为笔者经验总结,欢迎与读者展开研讨与交流。

第四章

指数思维与教育

> 思维是灵魂的自我谈话。①
>
> ——［古希腊］柏拉图

思维是人类认识活动的最高形式，它不仅能反映由感觉器官所直接感知的事物，还能够反映出事物间的内在联系。这是通过对事物的分析、比较、综合、抽象和概括来进行的，是一种用推理或判断间接地反映事物本质的认识活动，它是凭记忆、想象以处理抽象事物，从而理解其意义的过程。② 思维对事物的间接反映，是指它通过其他媒介作用认识客观事物，以及借助已有的知识和经验、已知的条件推测未知的事物。思维的概括性表现在，它对一类事物非本质属性的摒弃和对其共同本质特征的反映。思维的过程与人类的生活、生产劳动息息相关，思维也会在社会实践中不断发展。从思维的本质而言，它是人们解决问题的过程中对事物的计划与编排、实施与反思的全过程。生产与生活中人类最常见的思维方式是线性思维，几乎所有人都应用过线性思维来处理事情和解决问题，这是一种遵循一定的逻辑顺序、可预测、便于分析的思维方式。虽然线性思维本身固有的弊端为许多学者所诟病，但不可否认线性思维在特定领域、常规情况下确实能够帮助人们稳扎稳打、按部就班地完成工作。如果你想要在"互联网+"时代，超高速、高效率、创造性地开展活动，实现活动效益的最大化，适应新时代技术的指数级发展带给世界的影响，就必须转变原有思维

---

① ［古希腊］柏拉图：《理想国》，郭斌、张竹明译，商务印书馆1986年版。
② 朱秋萍：《提问——开启学生的"思维之门"》，《启迪与智慧》2020年第2期。

应用途径，即变革思路，以指数思维来适应技术的指数级增长，以指数思维促进问题的解决。因此剖析指数思维，深入探讨指数思维与教师教育的关系，有助于为教师教学能力的提升和专业发展的指数级增长创造条件，以便在新时代更好地解决教师教育中的一些问题，迎接指数型教育的到来。

第一节　指数思维

一　"指数"辨析

研究指数思维，首先要搞清楚"指数"是什么，必须将指数思维中的指数与指数法中的指数区分开来。指数法中的指数是一种对比的统计指标，是总体各变量在不同时空的数量对比形成的相对数。辞海中将指数定义为，用来反映所研究经济现象复杂总体数量变动状况的相对数，如教育发展指数、高等教育发展水平评价、学生满意度指数、学生就业指数等。[①]

指数思维中的指数含义源于幂指数 a^n，即 a 的 n 次方。其中 a 为底数，n 为指数。由此可见，指数法中的指数是一种测量标准，用以衡量某一构想的平均水平；而指数思维中的指数是指数型之意，表征出一种发散性倍增效应。

指数思维，表征一种思维模式。该模式下的思维以指数型构想系统要素，进而使系统的发展与运营产生指数级增长效果。所以，指数思维并不是某种思维标准，而是从方法论角度对思维的一种阐释。我们所看到的往往是指数思维的效果，而非指数思维。那么，究竟什么是指数思维？指数思维的特征又是什么？指数思维的原始模型又是怎样的呢？这些问题的解答将研究引入深入思考阶段。

二　指数思维解析

（一）何谓指数思维？

指数思维（Exponential Thinking，ET）又称指数型思维，目前学术界

---

① 张会敏：《基于指数的高等教育质量管理方法研究》，博士学位论文，华东师范大学，2012年。

第四章　指数思维与教育

尚无统一的定义，但在诸多领域已经显现出指数思维带来的领域内指数型增长趋势。学者们分别从不同的角度提出了对指数思维内核的分析与解读，以及对其产生效果的多种多样的描述。两千多年前，老子在《道德经》中提出"道生一，一生二，二生三，三生万物"，"道"者为物理，而其中的一、二、三并非数字1、2、3之意，"三"正是指数级增长的拐点或称为"奇点"。"三生万物"即为指数型增长之意。爱因斯坦很早就意识到了指数思维的重要性，并把它称为世界第八大奇迹的数学基础模型——复利模型。芒格也将复利作为最重要的思维模型之一，他说"理解复利的魔力和获得它的困难是理解很多事情的核心和灵魂"。① 复利，通俗地讲就是利滚利，它属于计算利息的一种方法。主要指的是把本金产生的利息再次转化为本金，并且这样一直进行逐期的滚利计算。复利的力量是巨大的，曾经有一个故事，讲述了一位国王要奖赏大臣，按照大臣请求，在棋盘的第一个棋格中放一粒麦子，在第二个棋格中放上两粒，在第三个棋格中放上四粒……就这样按照复利增长的方式放满整个棋盘。国王最终意识到，全国的麦子都不够放。② 有人把这种"利滚利"的思维模式称为复利思维，其实指数思维并不完全等同于复利思维，但能够涵盖复利思维，因为指数思维在复利思维的基础之上还会多出"顺势而为"。《孙子兵法》有云："故善战者，求之于势，不责于人；故能择人而任势。"③ "墨多先生"（微信公众号）认为指数思维就是顺势而为，即用趋势的不可逆性去抵抗个人风险的不确定性。掌握"指数型思维"就可在未来获得爆发式成长，"顺势而为"成为引发爆发式成长的重要引擎。从另一个角度来说，那些真正能把握趋势的人，不会被单一的专业规则和思考方式限制。"墨多先生"将其称为"有限多元"，意为不局限于某一特定规则，但又能保持一定程度上的专注。④

祝智庭等认为利用指数思维，借助人工智能、机器人、AR/VR 等代表性指数技术快速增长与融合，试行指数学习（Exponential Learning）方式

---

① 《复利思维模型：拥抱人生的指数增长》，2018 年 4 月 10 日，芒格学院，https://www.madewill.com/thinking-model/compound-thinking-model.html。
② 黄红：《复利的威力》，《商业故事》2009 年第 11 期。
③ 陈曦译注：《孙子兵法》，中华书局 2011 年版，第 85 页。
④ 《真正拉开人生差距的，不是能力，而是"指数型思维"》，2018 年 8 月 23 日，36kr 网站，https://36kr.com/p/1722774323201。

加上体制机制创新，以便能够驾驭每一个指数时代的变化浪潮，从容地迎接智慧教育的未来发展，通过人机协同作用以优化教学过程与促进学习者美好发展。①

商业领域对指数思维的认识十分明确，即指数型思维是指以次方的方式思考问题，它可以让产品或者运营工作、社群等以指数型方式上涨，让用户以指数型方式增加，使内耗成本、运营成本呈指数级下降，其增长以病毒式传播。②

指数思维带给商业领域的变化比比皆是，例如摩尔定律，预测每隔18个月，计算机的性价比就会翻番。预测不仅应验，而且这个时间还在不断缩短。随着技术的指数级变化，以信息技术为代表的现代科技，其性能呈指数级增长，价格却呈指数级下降。试想一下，如果有人在2000年前后花巨资囤积大量的BB机，到今天又会是一种什么样的境遇呢？然而，现实从不允许我们假设，摩托罗拉成立于1928年，是全球芯片制造、电子通信的领导者，其移动业务于2011年8月被谷歌公司以125亿美元的价格收购。曾经领跑行业的龙头企业，为何出现如此窘境？仔细分析可以发现，摩托罗拉移动业务的衰落归咎于铱星计划，而铱星计划的失败源于思维的滞后。摩托罗拉原计划发射77颗卫星，以省去全球基站建设费用，但计划尚未完成时，全球基站的建设成本已呈指数级下降，全球分布的基站粉碎了铱星计划。同样的例子在很多商业实践中屡见不鲜，显然线性思维已经无法适应当前技术的指数级增长和成本的指数级下降所带来的新变化，需要指数型思维。通过扩散和复利两种途径，实现指数思维引领下"构想"的指数级增长。

综上所述，可将指数思维理解为一种思考、解决问题的思路，是一种认知体系的变革，是思维发展顺应新媒体、新技术指数级增长的产物。图4.1呈现了理解指数思维的关键点，围绕现有的认识，可认为指数思维即指数型思维方式，是一种具有明确目标，以多点发散、去中心化的非线性思路驱动技术应用来指导解决问题，以指数型构想系统要素，通过一段时间的复利、扩散，系统的发展与运营产生指数级增长效应，进而实现"构

---

① 祝智庭等：《以指数思维引领智慧教育创新发展》，《电化教育研究》2019年第1期。
② 《反脆弱与指数型思维和线性思维》，2017年8月22日，个人图书馆，http：//www.360doc.com/content/17/0822/15/43758877_681252875.shtml。

想"呈指数级倍增的思维方式(所谓的构想,即是对测量对象的操作性定义)。其中,涉及指数思维的三要素,即目标、技术、时间。

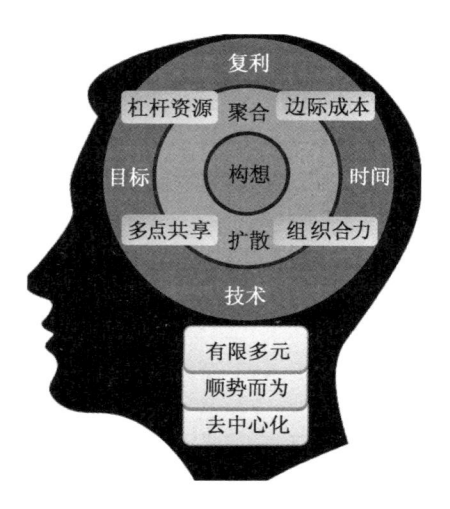

图 4.1 指数思维要素结构示意

(二) 指数思维的特征

祝智庭等认为指数思维不同于线性思维、零和思维以及帕累托思维(二八法则),[①] 指数思维是非线性的、共享型的,也是大众多元的,具有鲜明的趋势意识、裂变式成长,其特殊的表征有以下几点。

1. 技术为基、多点发散

指数思维指导实践的特征之一便是,借助网络平台等各种新技术、新媒体以实现多点发散。平台既可以是公共平台,如天猫等电商平台,抖音、快手、B 站等短视频平台;也可以是私有平台,如手机朋友圈、自建商业平台、学习空间等。所以,指数思维引领下的问题解决过程,必然会形成以不同形式和类型的技术平台为基础,以多点发散为路径的思维特征。借助技术的力量,在多点发散的同时,可以突破只能依靠低水平重复来增加资本的线性思维。

2. 去中心化、多点共享

基于技术平台,多点发散的指数思维具有去中心化、多点共享的特

---

① 祝智庭等:《以指数思维引领智慧教育创新发展》,《电化教育研究》2019 年第 1 期。

征。摒弃了二八法则的片面性,将问题解决的各种要素放在同等重要的地位。指数思维需要每个点共同发力,才能产生指数效应。因此,在问题解决的过程中坚持开源共享是指数思维的重要特征。

3. 边际成本为零、复利收益

指数思维以多点共享为途径,可以实现边际成本为零(增加一个单位的产量所带来的成本增加即称为边际成本。边际成本为零,意思是随着规模越来越大,单位分摊成本越来越低,趋近于零)。通过多点发散收集信息,又可以产生复利效益。边际成本为零,复利收益成为指数思维产生指数效益的显著特征之一。

4. 组织合力、裂变发展

指数思维助力裂变式发展,是多点发散的辐射效应,但要实现裂变式发展,需要组织的力量,组织产生合力是裂变式发展的基础。例如,克里斯·安德森在2007年组建了一个DIY无人机的社群,在这个社群里,所有人都在上传无人机的设计方案,测评各种无人机参数。这些大众都是无人机的狂热粉丝,并不是公司聘请的专业人员,但他们创造了惊人的成绩。[①]

指数型组织具备五大外部属性(SCALE):(1)随需随聘的员工(Staff on Demand);(2)社群与大众(Community&Crowd);(3)算法(Algorithms);(4)杠杆资源(Leveraged Assets);(5)参与度(Engagement)。这五个属性有利于指数型组织的快速扩张。

5. 大众多元、顺势而为

指数思维需要调动大众参与项目活动,呈现出有限多元状态,既不局限于某一特定规则,又能保持一定程度上的专注。指数思维在决策层面表现出"顺势而为","顺势而为"意味着不能被过去经验束缚、被已有资源裹挟,告诉我们要学会"有限多元"的思维方式,也就是先确定一条赛道,然后不断地切换分道线路。在规定的范围内即为"有限",从多种途径寻求发展或解决问题的方法即为"多元"。[②]

---

① [加]萨利姆·伊斯梅尔、[美]迈克尔·马隆、[美]尤里·范吉斯特:《指数型组织》,苏健译,浙江人民出版社2015年版。

② 钟威楠:《多元化战略下跨国并购的战略选择》,《中国外资》2019年第1期。

6. 坚韧而持续

指数思维指导工作从量变到质变需要一个过程，有时还是极其漫长的过程，直到奇点临近才能产生突变。因此，这种引发指数效益的突变，要经历潜伏、发展、潜伏……突变的过程。指数思维坚韧而持续的特征，有利于各项工作产生指数级增长效益。

7. 多元想法流

指数思维具有多元想法流，即在"能力—触达—意愿"三个层面设计活动思路来影响他人的行为决策。例如，如果你想为公司设计一条指数型的发展道路，一定要从"能力—触达—意愿"三个角度不断优化。在能力层面上，需要不断降低产品的使用门槛，让更多客户能够用上产品；在触达层面上，需要想办法连接更多的客户，让客户为你带来新的客户；而在意愿层面上，要设定一个宏大的变革目标（MTP），不断增强公司的想法流，让更多的客户认同你的理念，愿意主动参与到你做的这件事情中来。典型案例"煮石头汤"的故事便是多元想法流的集中体现。三个角度不断优化的同时，就是努力实现边际成本为零和撬动"杠杆资源"的过程。企业将很快实现指数型增长的目标，在高手林立的现代企业竞争中拥有一席之地。①

（三）指数思维原始模型

查理·芒格曾言："思维模型是你大脑中做决策的工具箱。你的工具箱越多，就越能做出最正确的决策。"② 具备上述七种特征的指数思维，可以根据需要基于原始模型（见图 4.2）开展有限多元的模型构建，形成多样化的指数型思维模型，进而产生多种思维方式。

图 4.2 为指数型思维原始模型公式，又称为复利模型，其中存在一个著名的复利公式：收益 = 本金 × （利率 + 1）^{期数}。芒格提出一个演绎公式：行动结果 = 认知 × $(1 + i)^n$。该公式反映出认知深度、认知效率与行动的互动关系，没有这种彼此影响和强化的互动关系，就不存在复利。很多人也许开始时"本金"较低，但当这些人通过提升利率（尤其是认知和行为层

---

① 《实现指数型增长的三大法则》，2019 年 4 月 17 日，和讯新闻，https：//news.hexun.com/2019-04-17/196860526.html。

② 《查理·芒格：分享 12 个顶级思维模型!》，2018 年 6 月 11 日，搜狐网，https：//www.sohu.com/a/235113805_99911517。

$$F=P(i+1)^n$$

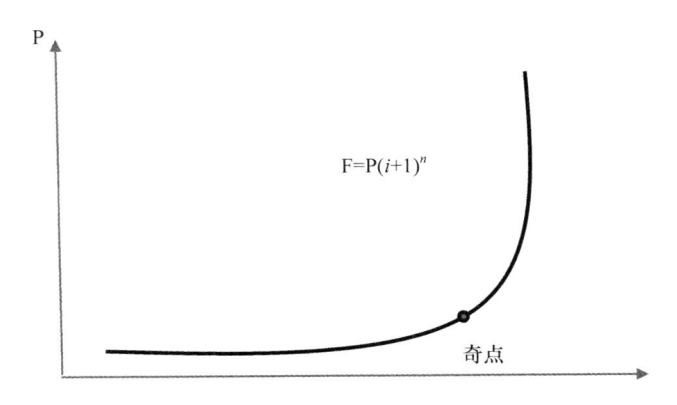

奇点

图 4.2　指数型思维原始模型公式（复利模型）

面）和执行次数来突破"本金"的影响，他们就会活得越来越好。[①]

结合指数思维要素，该模型在诸多领域均可演绎出全新的模型，例如教育领域可以演绎出新的公式，即教育现代化的产生与实现。

教育现代化 = 教育信息化 × $(1+i)^n$（i 表示与教育深度融合的技术应用效率）

该公式反映了教育信息化、技术应用效率与教育现代化的互动关系，其中 n 为时间，时间是教育现代化产生复利的催化剂。

（四）指数思维与传销

在对指数思维的理解中，指数级倍增效益不免会引起疑问：指数思维中的多点发散，以及其产生的效益是传销吗？传销算不算指数思维呢？回答这个问题需要深入理解指数思维以及传销的本质和特征。传销是一种通过组织发展成员，上线发展下线并要求其成员缴纳费用，以聚集获利的违法行为。传销的目的是少数人获利，前提却是牺牲大多数人的利益。传销的组织架构呈金字塔形，涉及人员及经费增长呈指数级倍增。参与其中的人往往以商品为诱饵发展下线，但并不关心产品质量和效益。总之，传销就是拉人头以获利，套取的财富呈金字塔指数级增长的骗局，不产生社会价值。传销实质上是一种典型的零和博弈，是不正当的商业，其损害的是

[①]《复利思维模型：拥抱人生的指数增长》，2018 年 4 月 10 日，芒格学院，https：//www.madewill.com/thinking-model/compound-thinking-model.html。

处于金字塔底的下线们的利益，必须抵制和严厉打击。

由上述分析可得出指数思维不是传销，但传销的利益最大化过程中产生了指数级激增效益。从技术论的角度而言，再次证明了指数思维本身无所谓好坏，对其利弊的认知就在于怎样应用它。

第二节 指数技术激发未来教育指数效应

一 指数技术

人们认为信息技术、智能技术、指数技术依次是前者的延伸和发展，实际上三者有本质的不同，比作突变或全面升级更为恰当。信息技术是工业革命的顶峰，人工智能跨越了这个顶峰，成为新革命的起点。信息主要是物理概念，智能则是拟生物概念。信息技术主要是解决人的体力问题，替代和扩展了人的体能，而智能技术主要替代和扩展人的脑力。[①] 指数技术是根据时间断代讲述教学技术的发展，区别于前两者的技术功用论。若以时间为技术发展的前因变量，指数技术可以囊括信息技术和智能技术，表示为二者的上位概念。

改革开放以来，中国教育发展历经了四个阶段，以投影、录音、电视技术为主流技术的视听教育阶段，以多媒体技术、网络技术为主流媒体技术的信息化教育阶段，以电子书包、移动无线设备为主流技术的教育信息化阶段（2010—2015 年），以人工智能、大数据、AR/VR 为代表的智能化教育阶段（2016—2017 年）。40 年间，技术的发展日新月异，以时间为横坐标，技术为纵坐标，新兴技术的出现呈指数级激增，未来还有更多的可能并充满不确定性。

指数技术就是基于计算能力、人工智能、传感器、机器人等聚合技术，融合多领域且改变世界的颠覆性技术，为世界带来指数级飞跃，改变着每个行业，教育领域也将迎来新机遇。例如，3D 打印、区块链、物联网、人工智能等技术都具有指数技术的特征。通过一个公式来理解指数技术，即指数技术 = 指数思维 + 新技术新媒体 + 创新实践。由此可见，指数

---

① 祝智庭等：《以指数思维引领智慧教育创新发展》，《电化教育研究》2019 年第 1 期。

技术并不是某一种特殊的技术，而是一类技术模型的应用状态描述，其构成主体是不同时代的新技术新媒体，在指数思维引导下开展创新实践的技术模态。

二　指数效应

（一）指数效应概述

指数效应本质上属于数乘法则，以典型的指数学习方程模型 $y = e^x$ 为基准（其中 y 为成效，x 为时间），是一种指数思维赋能的智慧教育价值倍增的教育现象。教育本身是一个充满非线性关系的复杂生态系统，存在各要素间的相互影响、相互渗透、相互作用等非线性关系，因此不能以简单的线性思维追求教育某一要素的单一发展。[①] 道家所谓"道生一、一生二、二生三、三生万物"，由一个点连续分裂为若干个点，且多点之间持续交流沟通，产生由点到面的扩散效应，便是指数效应。

（二）教育发展的指数效应

教育发展的指数效应可产生教学效益的最大化，在教学资源的建设、教学环境的创建、教师教学改革和学生学习绩效的提升等方面均可产生巨大的影响。这引起了学者们极大的研究兴趣。笔者通过行动研究和准实验研究，引导实验教师带动非实验教师投身教学改革活动，引发教师协作的指数效应，并且在此过程中不断产出辐射成果。[②]

指数技术的聚合注入、教育数据的快速积攒，使教育生态更加错综复杂，与技术相融合的新型教学工具、教学法、学习模式层出不穷。[③] 这里提到的新型教学工具并不是人工智能、物联网、移动技术、3D 打印、增强现实技术等指数技术本身，而是借助这些技术，结合教育学、心理学、神经科学、语言学、社会学、认知科学等领域的相关知识，开发智能教学关键技术。例如，基于过程检测和行为分析的智能推荐技术，基于情感判断和元认知模型的学情分析技术，基于业务监控和模拟预测的决策支持技术，还包括智能导学系统、智能代理、自动化测评系统、教育游

[①] 祝智庭等：《以指数思维引领智慧教育创新发展》，《电化教育研究》2019 年第 1 期。
[②] 杨滨：《教师教学能力指数型趋同发展培养模型构建研究——"互联网＋"新媒体环境下教师专业发展研究》，《电化教育研究》2020 年第 6 期。
[③] 祝智庭等：《以指数思维引领智慧教育创新发展》，《电化教育研究》2019 年第 1 期。

戏等。①

随着指数技术与教育的深度融合，技术支持下的教育领域出现了大量的"创新教学法"。英国开放大学 2019 年发布的《创新教学报告》指出，要用新技术赋能教学，包括机器人陪同学习、基于无人机的学习、行动学习、培养同理心、虚拟工作室、让思维可见、趣悦学习、通过奇观学习、基于低点的学习和去殖民化学习等。②

新兴技术发展不仅对教学工具、教学法产生跃升式影响，也衍生了一系列学习模式，如在线学习萌芽期、发展初期、发展深入期、发展新阶段分别催生出了远程教育、E-learning、网络学习、移动学习和微型学习等学习模式。③ 另外，MOOC、翻转课堂、混合学习、体验学习、具身学习、计算思维、实地学习、混龄学习、深度学习、自适应学习、个性化学习等接踵而至。

第三节 指数型教育新生态

指数技术的聚合融会，为世界的行业大发展带来了指数级飞跃，颠覆每个行业的同时，教育领域也必然迎来新的机遇和挑战。新兴指数技术与教育教学持续深度融合，引发教育理念、教育模式、教育评价、教育制度等的全面创新与深层变革。呈指数型发展的教育生态，将在环境、教育对象、实践者等要素指数型发展的基础上不断升级优化。受限于前期指数技术在教育领域应用的成熟度，现阶段的智慧教育仍停留在理论研究和小范围试点的量变阶段，存在大规模个性化教育、教学精准管理、教育高位均衡发展等问题。④ 人工智能时代，在指数技术的推动下，上述教育难题有望得到解决，智慧教育将进入指数教育发展新阶段，新的指数教育格局逐

---

① 郭炯、荣乾、郝建江：《国外人工智能教学应用研究综述》，《电化教育研究》2020 年第 2 期。
② 李青、闫宇：《新技术视域下的教学创新：从趣悦学习到机器人陪伴学习——英国开放大学〈创新教学报告〉(2019 版) 解读》，《远程教育杂志》2019 年第 2 期。
③ 晏齐宏、杜智涛、付宏：《国内在线学习主要模式演化的知识图谱分析》，《中国远程教育》2015 年第 9 期。
④ 钟晓流等：《第四次教育革命视域中的智慧教育生态构建》，《远程教育杂志》2015 年第 4 期。

渐形成。

一 指数型教育概述

指数思维的概念源于 Ray Kurzweil 与 X-Prize 的创始人 Peter Diamandis 共同建立了奇点大学（Singularity University），即利用指数技术应对在指数增长的科技下教育发展面临的各种不确定挑战。① 随着人工智能、计算能力、传感器、机器人等呈指数级增长的颠覆性技术与教育深度融合，"指数教育"一词进入人们的视野，引起了国内外学者的关注。祝智庭等认为，指数思维赋能智慧教育，全面升级教育的各要素，破解资源、精力分配不均的困局，评估更趋向全程化、多元化、多维度、主体化以及结果的可视化，为智慧教育的创新发展助力。利用指数思维，借助指数技术，试行指数学习，能够驾驭每个指数时代的变化，从容应对指数教育的未来发展，通过人机协同以优化教学过程与促进学习者美好发展。②

笔者认为，指数教育是以指数思维引领，借助指数技术产生扩散和辐射效应，在某个教学活动的迭代循环中驱动更多主体参加的教学活动。指数教育能够以点扩面，吸纳多主体趋同发展，在教育教学领域体现出指数型增长效益。③

基于前述观点分析，指数教育的目的逐步明确，即初步实现全纳教育，过渡至全民教育。全纳教育随着特殊教育的发展而出现，最初是指教育通过各种方式和途径来包容和接纳特殊儿童，实现入学机会平等。④ 随着全纳教育概念的广泛使用，其内涵早已超越了特殊教育的范畴，成为一种愿景，通过指数技术、创新教学法、差异化教学、完善政策等举措，实现满足所有学生学习需求，引发学生积极主动参与并动员同伴参与的教育。⑤ 全纳教育为实现全民教育奠定了基础，全民教育则为指数型教育的效益最大化提供了可能。

---

① 薛珊：《美国奇点大学技术创业教育的经验及启示》，《重庆文理学院学报》（自然科学版）2019 年第 7 期。
② 祝智庭等：《以指数思维引领智慧教育创新发展》，《电化教育研究》2019 年第 1 期。
③ 杨滨：《教师教学能力指数型趋同发展培养模型构建研究——"互联网+"新媒体环境下教师专业发展研究》，《电化教育研究》2020 年第 6 期。
④ 周满生：《全纳教育：概念及主要议题》，《教育研究》2008 年第 7 期。
⑤ 黄志成：《全纳教育：21 世纪全球教育研究新课题》，《全球教育展望》2001 年第 1 期。

二 指数型教育新生态

目前国内学者鲜有关注指数教育,而多在研究智慧教育。因此,对智慧教育发展过程中有关智慧教育生态构建的研究,能够为重构指数教育新生态提供依据和借鉴。

教育是个复杂的系统,根据不同的划分标准,其基本的构成要素不同。胡钦太等认为,工业革命4.0必将引发新一轮的教育变革,并描绘了智慧教育新格局,提出优化和升级教育系统内部的九要素,包括教育理念创新、教育教学流程重组、教与学方式变革、学习空间重构、教学质量评价方式优化、教育治理方式升级、人才培养模式创新、学习型社会形成及教育体制机制创新,以期在教育领域产生技术红利。[①]

钟晓流等认为,智慧教育是第四次教育革命的最新发展态势,并构建了基于移动互联与应用、物联网、云计算与服务、大数据分析等指数技术的新兴教育生态系统。[②] 赵兴龙从核心素养的角度探讨构建智慧教育体系,认为智慧教育生态系统由内核体系和支撑体系两部分组成,内核体系包括"课程走活""教师走网""学生走学",支撑体系包括大数据、云计算、物联网等指数技术与教育的融通。[③] 黄荣怀等通过对现代教育系统的构成要素进行逻辑演绎,提出了智慧教育系统三重境界,包括智慧学习环境、新型教学模式和现代教育制度,其中新型教学模式涵盖了教学模式、现代教师制度和数字一代学生。[④]

从上述研究中可以发现,智慧教育生态(体系)构建强调技术的支撑作用,这与指数思维不谋而合,强调指数技术的爆炸式增量效应。智慧教育生态系统涵盖的构成要素多种多样,但缺乏指数思维的融合指导,在实践推广层面效益不明显,这也是国内外智慧教育停留在理论研究和小范围

[①] 胡钦太、刘丽清、郑凯:《工业革命4.0背景下的智慧教育新格局》,《中国电化教育》2019年第3期。

[②] 钟晓流等:《第四次教育革命视域中的智慧教育生态构建》,《远程教育杂志》2015年第4期。

[③] 赵兴龙:《核心素养视角下的智慧教育体系构建》,《现代远程教育研究》2017年第3期。

[④] 黄荣怀:《智慧教育的三重境界:从环境、模式到体制》,《现代远程教育研究》2014年第6期;杨现民、余胜泉:《智慧教育体系架构与关键支撑技术》,《中国电化教育》2015年第1期。

试点的原因之一。① 因此，指数型教育必然是智慧教育的发展趋势，是智慧教育各要素指数型发展、产生指数级效益的必然结果。指数型教育生态（见图4.3）以智慧教育为基础，在指数思维（ET）引领下形成教育机构、社会、学习者；课程、教学、管理、评价；教育环境、教育政策、教育服务、教育技术等多个发散性子系统。每个子系统之间互联共生、互促发展，单个子系统内部也将动态形成多种要素，要素间相互联动，保持动态平衡。每种要素又受到不同因素的影响，如教育目的、教育观念、教育手段、教育内容、教育环境、教育技术、教育效果、教育评价、教育反馈、教育干扰等因素均会对上述三个相对独立的子系统产生影响。

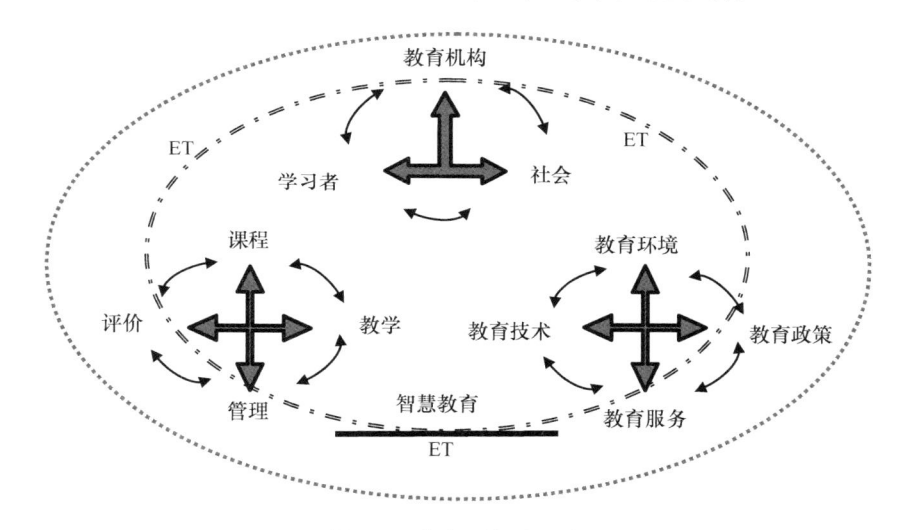

图4.3 指数型教育生态

三 指数教育与数字韧性

指数教育的发展会遵循图4.2所示指数型增长的趋势，在奇点来临之前和奇点来临之后的两个阶段，指数教育均面临挑战。在奇点来临之前，指数型增长的效益十分微弱，甚至这种微弱的变化需要持续很长一段时间；直到奇点来临，指数教育产生的教学效果才会呈现出指数级增长的巨大优势，可将该时期称为"静默期"。这段时间，需要有教育的韧性，需

---

① 胡钦太、刘丽清、郑凯：《工业革命4.0背景下的智慧教育新格局》，《中国电化教育》2019年第3期。

要持续开展指数型教育活动，静待奇点的到来。奇点来临之后的指数级增长并不是无限量的，增长趋势的保持与发展问题，也是指数教育长期、可持续发展的重要问题，该时期可称为"增长疲惫期"。数字韧性为指数教育的良性发展提供了途径，"韧性"（Resilience）一词本来是一个生态学术语，用于描述复杂的生态系统在适应外部变化的过程中所具有的稳定性与适应性。数字韧性是数字化时代的核心素质，其包括外部世界接触度、外部客体互动性、外部变革宽容性、外部变化的接纳度、面临风险抗挫度、积极心理转向度。① 指数教育需要从数字韧性中汲取养分，克服奇点来临前后"静默期"和"增长疲惫期"两个时段存在的问题。如图4.4所示，指数教育中教学各要素和各种影响因素互联、互动，通过教与学的变革等多种途径产生指数教育的数字韧性。

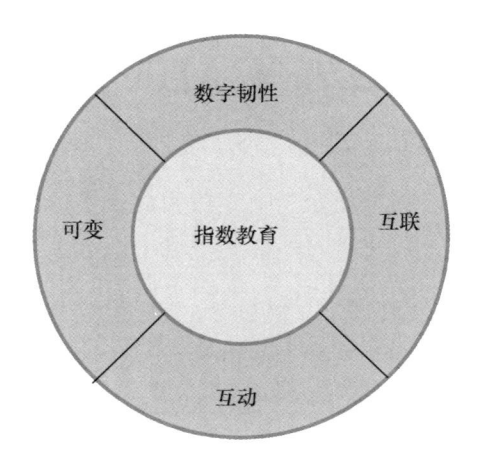

图 4.4　指数教育数字韧性要素

第四节　指数思维引领下的智慧学习环境构建②

《荀子·劝学》有云："蓬生麻中，不扶自直；白沙在涅，与之俱黑。"

---

① 祝智庭、沈书生：《数字韧性教育：赋能学生在日益复杂世界中幸福成长》，《现代远程教育研究》2020年第4期。
② 李军、杨滨：《指数型（ET）智慧学习环境多模态构建路向探究》，《电化教育研究》2021年第7期。

这是两千多年前，战国时期百科全书式人物荀子对"学习环境"重要性的认识。《三字经》中"昔孟母，择邻处"，讲述了"孟母三迁"的故事。孟子母亲多次搬家，只为选择更好的环境以促进孩子的成长与发展。自古以来，人们从未放弃对学习环境的关注，从被动地接受到主动地选择与改造，学习环境的演变见证着教与学的变迁。弗雷泽（Barry J. Fraser）和沃尔伯格（Hebert J. Walberg）认为"学习环境"是具有社会心理背景的学习发生的场所，在正式教育中，学习环境可以用学校或者教室的基调、文化、氛围或者气氛来描述。① 本书所指的学习环境是影响学习者学习的外部环境，是促进学习者主动建构知识意义和促进能力生成的外部条件。② 随着科学技术的不断进步，人类不断更替、重组与优化学习环境。当5G时代来临，人工智能赋能教育时，学习环境又将呈现出怎样的变化？怎样引领学习环境建设，才能满足新时代教学需求？需未雨绸缪深入思考，而针对学习环境的研究将是探讨5G时代人工智能与教育发展的逻辑起点。

一 人类学习环境的演变

建构主义认为，学习环境是一个支持和促进学习的场所，学习者可以在其中进行自由探索和自主学习。在此环境中，学生可以利用各种工具和信息资源来达到自己的学习目标。③ 钟启泉认为，学习环境是基于多种多样的物的要素、人的要素而形成的动态"信息环境"，以及借助所有感官（如学习者的视觉、听觉、触觉等）体验到的"信息总体"。④ 这是一种微观的学习环境认识论，是对以学为中心的课堂学习环境的精准描述。微观的学习环境往往容易和学习情境相混淆，其实学习环境与学习情境相互交融，精心设计的学习情境有助于多感官、多角度地激发学习者的学习兴趣，提升学习质量。学习情境可以通过学习环境来创设，社会实践中不乏各种情境，而教学中所关注的学习环境往往是对社会、家庭、学校情境的

---

① 转引自李葆萍等《智慧学习环境的研究现状和趋势——近十年国际期刊论文的内容分析》，《开放教育研究》2014年第10期。
② 王振灿：《关于图书馆学习环境的优化探析——以南京林业大学图书馆淮安分馆为例》，《魅力中国》2018年第48期。
③ 何克抗：《建构主义——革新传统教学的理论基础（上）》，《电化教育研究》1997年第3期。
④ 钟启泉：《学习环境设计：框架与课题》，《教育研究》2015年第1期。

多重聚合。于是我们可以横向分析，将家庭学习环境、学校学习环境、班级学习环境乃至社会学习环境分而论之，剖析学习环境的构成要素，在硬件、参与人、功能等要素中找到共性。不同的学习环境究竟是如何发展形成的，这需要纵向分析，在厘清学习环境与人类社会、科学技术、教育发展的千丝万缕的联系中把握学习环境的发展脉络。

（一）人类科技发展推动学习环境的变迁

人类的进化史就是适应自然、改造自然的历史，其中"科学技术"的创造与应用是人类进步的根本动力。从人类科技发展的维度，可以清晰地看到学习环境的演变过程（见图4.5）。随着技术的更替，人类历经了多轮信息革命。第一轮信息革命，语言成为人们学习和掌握的交流技能，此时团队生存环境是人类的主要学习环境，一切出自本能的学习活动均服务于生存需要。文字的创造与应用催生了第二轮信息革命，人类的学习有了"专属"的时空环境，文字编写生成了团队交流环境，人们把看到、想到的事与物，通过创造生成的高度抽象的文字记录下来，在团队内展开交流，抽象与创生在不断的交流中促进了学习。第三轮信息革命在造纸术、印刷术的支持下，深刻地影响着人们的生产、生活与学习方式，书籍的产生使得全社会生活环境衍生为人类的社会学习环境，文字、纸张、书籍实现了人们跨越时空的交流，学习的时空环境得到了极大的拓展。1901年，随着马可尼横跨大西洋无线电通信的成功，人类进入了第四轮信息革命。无线电技术创生了大众传播的学习环境，尤其是广播实现了语音的远程传播，解决了信息传输距离和延时的问题，远程学习初见端倪。影像传播技术的迅速崛起将人类带入第五轮信息革命，电视在满足人们视听享受的同时构建了远程学习环境。1995年，互联网进入人们的生活，第六轮信息革命席卷全球，网络学习环境逐步形成。远程、实时、双向互动、多媒体成为网络学习环境的显著特征。2014年，随着第四代移动通信系统（4G）网络业务的全面开通，"互联网+智能手机"成为网络学习环境的有效终端之一。移动互联、大数据正在激发网络学习环境的智能性，随之而来的智能感应、智能学习、智能推送都需要重构新的学习环境，遵循前六轮信息革命的技术路线，可以推测智能互联网时代必将掀起第七轮信息革命。第五代移动通信技术，即5G是新一轮信息革命的基础，是智能互联网的建设保障，"5G+人工智能"将创建安全、高效、方便的智慧学习环境。

这既是智能互联网的核心价值,① 也是智慧学习环境构建的基本准则。

```
团队生存环境        社会生活环境        远程学习环境        智慧学习环境
语言交流技术        造纸术、印刷术      影像传播技术        5G+人工智能
                                                          学习环境
  ①———②———③———④———⑤———⑥———⑦—————————→ 信息革命
     团队交流环境        大众传播环境        网络学习环境
        文字编写          无线电技术          互联网技术
```

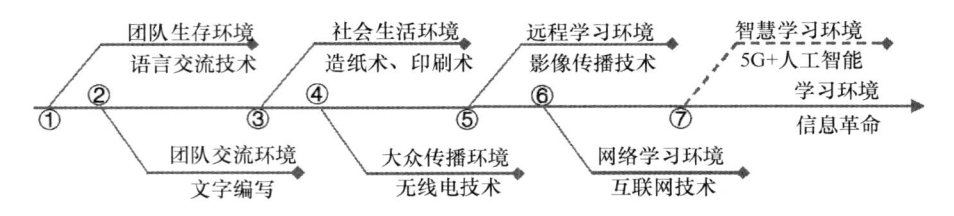

图 4.5 科学技术更替与学习环境演变

(二) 社会形态变迁与学习环境的演变

从原始社会开始,人类社会经历了不同的阶段。从社会生产力发展的角度,按照每个阶段的时代特征来划分人类社会的变迁,每个时代都产生了与之相适应的大学习环境(见图 4.6)。原始社会有成均之教,所依托的环境其实就是原始部落居住环境中的学习与交流环境,可以是一小块空地,或是一些简单设施场所,用来举行集会、召开会议,宣讲告示、规定、要求,以及采取某项行动前的动员、誓师等,具有显著的教育作用。② 形式虽然简单,但学习环境的构成要素完整。农业时代早期,家庭与社群聚居环境成为主要的学习环境;农业时代中后期,随着造纸术、印刷术、书籍的普及,家庭、社群学习环境在时间和空间上得到了拓展,成为主要的学习环境形态。在这期间,学校作为独立的学习环境逐渐形成,但只能为少数人提供服务。工业时代,学校成为社会学习环境的主要形态,可细分为学校学习环境和课堂学习环境。此时,家庭学习环境和社会学习环境依然存在,但只是对遵循工业化发展的学校环境的有益补充。进入信息时代,通信技术、计算机技术、信息技术的飞速发展,各种数字化终端设备为人们构建了学习的数字化环境。此时,家庭学习环境、社会学习环境与学校学习环境的界限逐渐模糊,人们利用各种设备在数字化学习环境中泛在学习。互联网时代,网络通信带给人们生活、学习等方方面面的巨大变革,人们拥有了互联互通的网络学习环境,数字地球联通为地球村。

---

① 项立刚:《5G 时代——什么是 5G,它将如何改变世界》,中国人民大学出版社 2019 年版,第 60 页。
② 《成均》,2016 年 6 月 23 日,在线汉语词典,http://xh.5156edu.com/html5/164678.html。

第四章 指数思维与教育

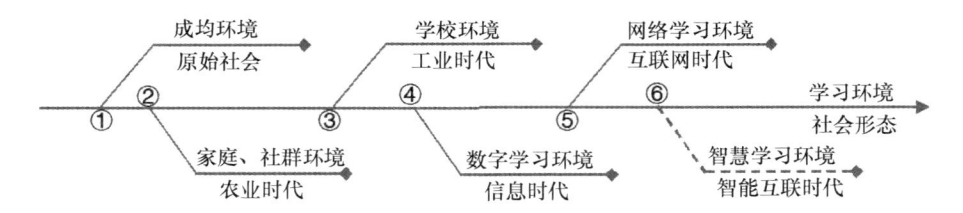

```
    成均环境           学校环境           网络学习环境
    原始社会           工业时代           互联网时代
       ╲              ╱   ╲              ╱   ╲              ╱          学习环境
        ①──②──────③──④──────⑤──⑥──────→
       ╱              ╲   ╱              ╲   ╱              ╲          社会形态
    家庭、社群环境       数字学习环境         智慧学习环境
    农业时代           信息时代           智能互联时代
```

图 4.6　人类社会形态变迁与学习环境演变

网络学习环境为学习者提供的不只是海量的资源，还有无限的时空延伸，使任何时间、任何地点便捷的互通与交流成为可能。"互联网＋"成为催动各行各业变革的新引擎。互联网的发展从传统互联网到移动互联网（以智能手机为终端）必将迎来智能互联时代，移动互联、智能学习、大数据、智能感应将共建虚实结合、人机协作的智慧学习环境。

（三）人类教育形态的变迁与学习环境的演变

人类的教育有三种基本形态，即家庭教育、社会教育和学校教育。三种教育形态既独立存在，又互相交融，都可构建不同的学习环境。从人类教育形态的变迁来看学习环境的演变，可以深切感悟学习环境的时空扩展与功能迭代（见图 4.7）。目前，已有诸多研究从学习环境的构建来分析教育，甚至用学习环境特征来定义当代教育。用教育形态来反观学习环境的演变，有利于新学习环境的设计与建构。

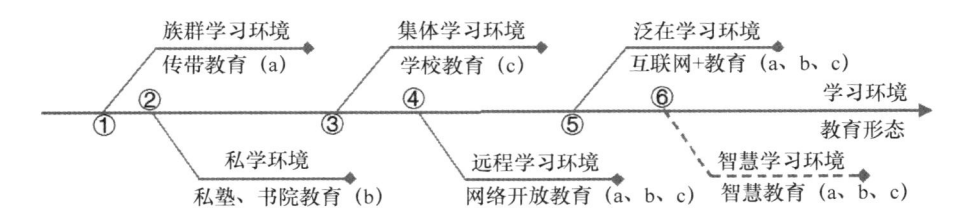

```
    族群学习环境         集体学习环境         泛在学习环境
    传带教育（a）        学校教育（c）        互联网+教育（a、b、c）
       ╲              ╱   ╲              ╱   ╲              ╱          学习环境
        ①──②──────③──④──────⑤──⑥──────→
       ╱              ╲   ╱              ╲   ╱              ╲          教育形态
    私学环境            远程学习环境         智慧学习环境
    私塾、书院教育（b）   网络开放教育（a、b、c） 智慧教育（a、b、c）
```

图 4.7　人类教育形态变迁与学习环境演变

注：a 代表家庭教育，b 代表社会教育，c 代表学校教育。

人类最早的教育是传带教育，教育信息以经验为主，口耳相传、言传身教，属于家庭教育，形成了族群学习环境。私塾是中国古代私人设立的教学场所，教书先生会根据每个学生的年龄、资质调整学习进度，因材施教；书院教育性质与私塾相似，均能为每个学生构建个体授业的私学环境。随着学校教育的出现，集体授业学习环境逐步形成，统一、规范的学习环境呈规模化发展。然而，学校教育所暴露出的一些问题，如时空限制、集体学习中缺乏因材施教的个性化学习等，可以通过网络开放教育所依托的远程学习环境予以补充，广播、电视等媒体成为远程学习环境中的主要信息载体。在移动通信领域，人们经历了1G模拟移动、2G数字通信、3G数据通信、4G数据业务互通，并迎来5G智能互联。[①] 4G为"互联网+"奠定了基础，"互联网+教育"为师生创设了教与学的网络学习空间，构建了泛在学习环境。5G为智慧教育插上了翅膀，智慧学习环境逐步形成，家庭教育、社会教育、学校教育将深度融合。

从科学技术、人类社会和教育发展三个维度推演人类学习环境的变化，均可发现人类必将迈入智能互联时代，这正是科技、社会、教育三方发展对重构学习环境的内在诉求。最终，必将在5G+AI支持下构建起智慧学习环境，并真正意义上实现融合家庭教育、社会教育和学校教育的智慧教育。

二 国内外针对学习环境的研究趋势

1965年《江苏教育》刊登文章《创造一个良好的学习环境》，描述了南京市某小学通过十四年校园绿化和对学生的绿化教育来创造良好的学习环境；同年12月，《人民教育》刊登《自己动手改造学校环境》一文，拉开了中国对学习环境研究与论述的帷幕。1986年，美国学者巴布·海登在《未来学校》中提到电子计算机、电视等最新设备和技术，对于提高教学质量的作用。1994年，汪洋摘译《组合式学校——21世纪的学习环境》，构想了一种动态灵活的21世纪学习环境——插件式学校，能够将未来技术支持的物理学习环境与机器人、计算机等相结合，实现随时随地学习。[②] 但20世纪研究有关学习环境的中文文献数量普遍较少，直到2008年才有所提升（507篇），但与同期相关外文文献数量相比（3049篇），差距较大（见图4.8）。进入21世纪，国内外有关学习环境的学术研究逐年递增，

---

① 项立刚：《5G时代——什么是5G，它将如何改变世界》，中国人民大学出版社2019年版，第67—94页。

② 汪洋：《组合式学校——21世纪的学习环境》，《中外技术情报》1994年第5期。

第四章　指数思维与教育

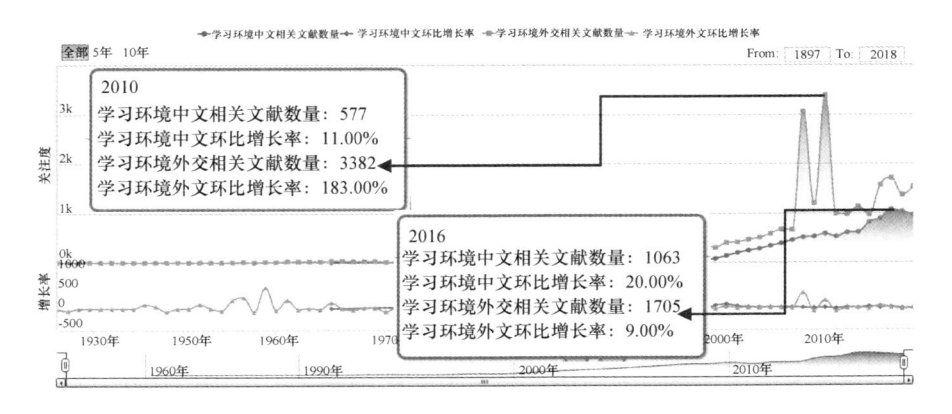

图 4.8　有关学习环境的学术关注的趋势

2010年外文文献数量达到高峰（3382篇），直到2016年相关中文文献数量才达到一个高峰值（1063篇）。图4.8中的数据，一方面反映出随着科学技术的发展，人们对学习环境的研究兴趣与日俱增，关注度逐年提高；另一方面反映出2016年对学习环境的学术关注度达到峰值，得益于当年科技的发展。2016年，人类在与生活密切相关的十大技术方面取得了突破性进展，其中除了免疫工程、动植物基因技术等，学习型机器人、语音交互技术、自动驾驶技术等均对学习环境的研究产生着深远的影响。随着人工智能的发展，人们开始关注智慧学习环境（见图4.9）。在被称为人工智能元年的2017年，智慧学习环境的学术关注度大幅提升，并一直呈增长态

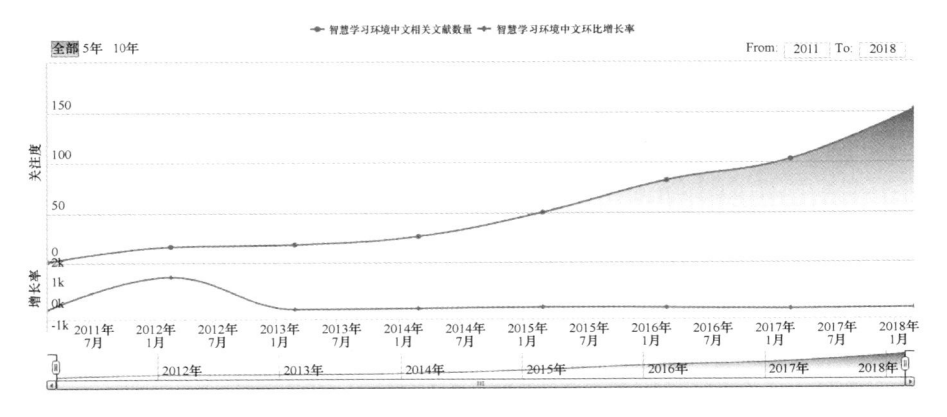

图 4.9　有关智慧学习环境的学术关注度趋势

势。由此可以大胆预测，随着5G时代的到来，AI技术必将掀起新一轮学习环境的研究高潮。

目前，不同学科针对学习环境的研究数量差异较大。如图4.10所示，教育理论与教育管理占比最大，而医学教育与医学边缘学科占比最小。反映出教育理论与教育管理层面对学习环境的关注度较高，其中不乏许多理论层面的探讨。同时，学科之间对学习环境的研究存在较大的差异，反映出实用性学习环境构建研究的不足。需要通过新技术的革新来改变学科层面对学习环境建设的认知度与参与度。在智慧学习环境的研究中依然存在学科差异，其中教育理论与教育管理占比仍然最大，而中国语言文字占比最小（见图4.11）。计算机软件及计算机应用始终位列第二，反映出当前学术界大量研究从软件设计及其应用的角度来考虑学习环境与智慧学习环境的构建。需要大力提升支持学习环境构建的硬件设计与开发能力。5G时代增强型高速移动宽带网、低功耗大连接物联网、低时延高可靠的网络通信①等多态服务设计的硬件架构，必将加速各学科在智能学习环境方面的研究，所形成的多模态5G时代的AI学习环境必将助力学科发展。

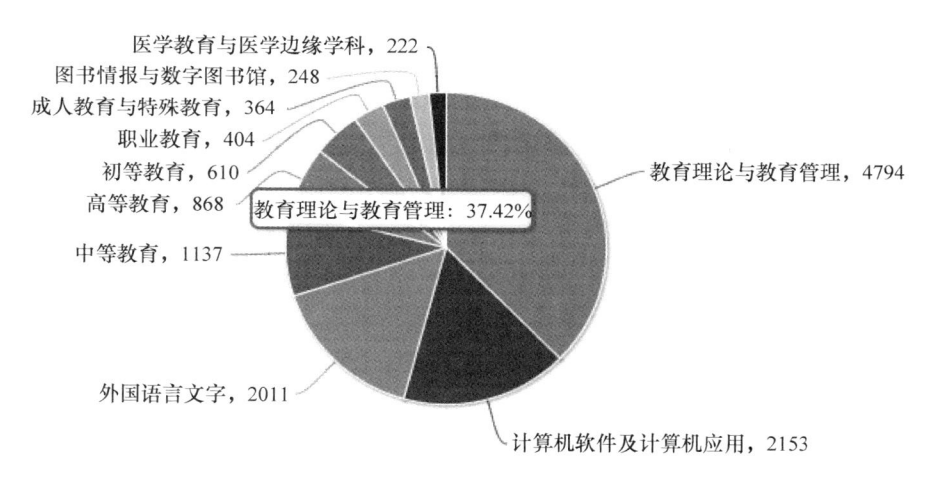

图4.10 学习环境研究文献的学科分布（单位：篇）

---

① 项立刚：《5G时代——什么是5G，它将如何改变世界》，中国人民大学出版社2019年版，第150页。

第四章　指数思维与教育

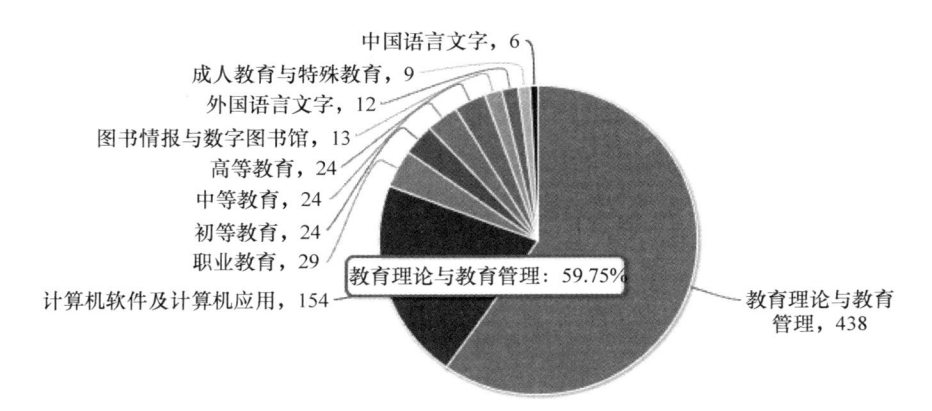

图 4.11　智慧学习环境研究文献的学科分布（单位：篇）

饼图数据：
- 中国语言文字，6
- 成人教育与特殊教育，9
- 外国语言文字，12
- 图书情报与数字图书馆，13
- 高等教育，24
- 中等教育，24
- 初等教育，24
- 职业教育，29
- 计算机软件及计算机应用，154
- 教育理论与教育管理，438（59.75%）

三　新时代学习环境建设之困境

教学总是发生于一定的学习环境之中，而学习环境的创设往往也是为满足某种教学而服务，两者共存、互需。每一次教学改革都伴随着学习环境的改良，似乎只要有良好的学习环境，就一定能够促进教学。但事与愿违，现实的学习环境在满足教学需求时，总显得力不从心。因为需求是动态的，而学习环境具有稳定性，二者之间存在供需矛盾。即教学改革在革新教学方法、教学模式的同时，需要灵活多样、适宜的学习环境，需要创设能够支持学生个别化学习、合作学习、提高学习绩效的学习环境。然而，目前常见的家庭学习环境、学校学习环境和社会学习环境等都无法满足新教改的动态需求。究其原因，主要存在以下四个方面的问题。

（一）学习环境建设中的线性思维

目前，学习环境构建的基本思路：首先进行学习环境用途分析，其次选择场地，然后配备设备，最后投入教学。这种线性建设思路过多的寄希望于设备的使用和技术功能的发挥，一旦投入教学，环境设施就很难改变。同时，忽视了教育者与学习者在环境建设中的作用，因而呈现出诸多弊端。例如，一些学校建设的智慧教室与普通计算机教室（计算机机房）发挥着同样的教学功能。因为它们是在相同思路下建设而成，其使用者（教师等）以同样的方法，用着同样的功能。因此需要跳出线性思维，探寻购、建、管三位一体的学习环境非线性建设路径，设计灵活多样的学习环境建设途径与方法，让学习环境建设优先于教与学的需求，为教学改革提供更加便利和宽广的空间。

（二）学习环境建设的单一模式

目前，学习环境的建设基本依靠政府、企事业单位、教育部门等机构的投入与实施，具体的学习环境应用者（教师、学生等）却很少有机会参与其中。学习环境一旦形成，应用者们就只能适应环境和改良环境。因此需要更新学习环境建设模式，给予学习环境使用者充足的建设权限，创设参与式多元学习环境建设模式，为师生共同构建多样化的学习环境提供条件。

（三）固化的学习环境设计

常见的学习环境，无论线上还是线下，都是一种固化的学习环境。所谓固化，就是使用者只能竭尽全力适应环境，基于环境变换教与学的方法，而无法根据需要创设学习环境。如果一种学习环境只适宜某种教与学，而环境本身无法灵活变动，那么这种固化的学习环境设计不利于教学创新，也不利于学习环境的更新升级。因此，要充分利用 AR、VR、XR 等技术，创设虚拟与真实学习环境相融合的虚实环境，在增强现实技术的帮助下构建可设计、可变的学习环境。如此，一个人、一台笔记本电脑，外加一套虚拟设备，就能构筑起一个个可灵活使用的多模态移动学习环境。

（四）学习环境孤岛窘境

现有的学习环境之间常以硬件环境而孤立，无法联通和信息共享，学习环境与师生之间无法联通与交互。各种学习环境构筑了一座座信息孤岛。例如，网络学习空间人人通建设已基本实现"一生一空间"，但要实现"生生有特色"任重而道远。其实，教师们也拥有不止一个网络空间，但空间之间信息不联通、互相不关联。这些环境带给师生的不是便利，而是负担和压力。因此，可以引入区块链技术，促进教育教学信息共享，构筑 5G 时代公开、安全、防篡改的全新教学资源数据库，助力联通学习环境，打破信息孤岛，实现学习环境的互联互通。

四 5G 赋能 AI 重构智慧学习环境

（一）人工智能发展简况

"人工智能"的概念是 1956 年夏天在美国达特茅斯会议上，由 10 位科学家共同商讨提出的。60 多年来，人工智能的发展经历了三次热潮。第

第四章 指数思维与教育　　79

一次热潮在 20 世纪 60 年代，人们关注的是自然语言的处理，标志性事件是 1962 年西洋跳棋程序战胜盲人跳棋高手。20 世纪 80—90 年代，对语音识别技术的关注掀起了人工智能研究的第二次热潮，标志性事件是 1997 年"深蓝"战胜国际象棋大师加里·卡斯帕罗夫。深度学习与大数据推动了人工智能研究的第三次热潮，标志性事件是 2016 年 AlphaGo 战胜世界围棋冠军李世石。① 三次热潮形成人们对人工智能的关注曲线，即人工智能在人们由冷至热，再冷再热的态度反复之中发展起来，并走入人们的生活。从影视剧中的科学幻想，到 2017 年 AlphaGo 战胜柯洁，这一切都得益于海量数据、强大算力与先进算法。2006 年的深度学习即深度神经网络理论，加速了自然语言处理、语音识别技术、图像识别技术等在机器学习领域的应用。人工智能的普及应用，均得益于深度学习技术带来的机器学习。机器学习能够发展出自己的直觉力，然后用直觉来行动。虽然在弱人工智能时代，这种直觉力具有很强的专属局限性，但随着 5G 时代的来临，通用人工智能必将成为研发主流，在更广泛的专业领域实现跨专业服务。

（二）5G 助力人工智能 + 教育

2020 年 7 月 27 日，华为轮值董事长郭平在 2020 共赢未来全球线上峰会的开幕致辞中指出，截至 7 月，全球 5G 用户已经超过 9000 万，全球 5G 部署已告一段落，下一阶段的重点是发展行业应用，释放 5G 网络红利。② 每当新技术新媒体引发医疗、家居、交通、金融等各个领域巨大变革之时，教育领域的变化似乎并没有人们预想的那样深刻，细思原因，主要在于网络延时、传输速率、网络带宽、终端能耗供给等一系列技术瓶颈制约了技术在教育领域的应用，但 5G 网络红利在行业的释放将会彻底突破上述瓶颈。

1. 5G 网络红利的基础特征

5G 网络红利的释放将改变人类社会，但其必须以六种特征为基础：（1）超高速。5G 理论值每个基站 20Gbps，每个用户可接近 1Gbps。③ 超高

---

① 李开复、王咏刚：《人工智能》，文化发展出版社 2017 年版，第 20—87 页。
② 《华为 2020 共赢未来全球线上峰会》，2020 年 7 月 28 日，新浪新闻，https：//news.sina.com.cn/o/2020-07-28/doc-iivhvpwx7948087.shtml。
③ 项立刚：《5G 时代——什么是 5G，它将如何改变世界》，中国人民大学出版社 2019 年版，第 93 页。

速不仅意味着可1秒下载超清电影，还能驱动大量产业革命。只有基于5G的超高速，理论层面的设计才能够真正落地。（2）泛在网。5G时代，通过微基站形成无处不在的泛在网，可与传感器、数字终端无线连接，开展地质地貌、空气质量等的全天候监控与测量。①（3）低功耗。5G可使人工智能终端能耗大幅减少，促进智能终端的常态化应用。低功耗可大幅延长设备使用时间，便于智能终端的大范围布置。②（4）低时延。5G通信（时延1—10毫秒）网络传输高可靠、低时延，使得无人驾驶汽车、无人机、远程外科手术等诸多技术的普及应用成为现实。③（5）万物互联。预计2025年中国移动终端用户中，既有移动终端如智能手机、PC等，还有日常生活用品如牙刷等，包括各种家电、公共设施都将接入5G网络。④万物互联带来的是真正的大数据、云计算和精准服务。（6）超级安全。上述五种特征勾勒出美好的5G时代，如果没有安全保障，世界将混乱不堪。安全体系的不断完善与重构，是保证5G网络超级安全的首要举措。只有让万物互联的移动终端成为安全终端，5G才能真正改变社会。

2. 5G时代人工智能支持下的教育发展

（1）人工智能教育应用

4G时代曾有专家对"智慧教育"发出过诘问："我们今天讨论智慧教育，难道还有愚笨教育吗？"显然，探讨人工智能在教育领域的深入应用更为重要。人工智能教育应用是人工智能与教育深度融合的产物，并且以人工智能在教育领域的场景化应用为特征，其目标是提高教育绩效，实现教育的最优化。一方面人工智能的发展需要教育系统为其输送人才，提供新的思想、理论与技术；另一方面，人工智能为教育的发展带来足以改变其业态、形态的新技术、新应用。人工智能对社会的影响日益加深，也对人的发展继而对教育的发展提出了全新要求。因此，AI时代的教育需要注重三个问题：如何设计与实施能够满足学生需要的个性化、定制教育；面临就业压力、失业危机，如何发展可持续化教育；如何建设兼顾全社会公

---

① 高婷婷、郭炯：《人工智能教育应用研究综述》，《现代教育技术》2019年第1期。
② 任友群：《人工智能的教育视角初探》，《远程教育杂志》2018年第5期。
③ 李开复、王咏刚：《人工智能》，文化发展出版社2017年版，第280页。
④ 褚乐阳、陈卫东、谭悦：《重塑体验：扩展现实（XR）技术及其教育应用展望——兼论"教育与新技术融合"的走向》，《远程教育杂志》2019年第1期。

平性的教育体系。

（2）5G + AI 助力教育发展

5G 能够促进人工智能与教育的深度融合。例如，涵盖了虚拟现实、混合现实、增强现实的 XR 技术（扩展现实）将会与人工智能技术、物联网技术高度融合，数字内容将以更为直观可感的形式出现在真实空间中[①]。这种集视觉、听觉、触觉、嗅觉于一体的扩展现实技术能够创设智慧学习环境，使学习者感受虚实无缝衔接的沉浸式教育体验。

总体而言，5G 时代的人工智能将在五个方面影响教育。第一，学习环境将呈现多模态发展、泛在分布的趋势，不同类型的智慧学习环境将会为不同的学习需求提供全方位的支持与服务。第二，强大的学习分析体系逐步形成，会更加精准而持续地变革教和学，支持优化教学设计，最终服务学习绩效的提升。第三，教与学的方式将更加灵活多样，在多模态智慧学习环境的支持下，会产生大量具有创新性的满足师生需求的新方式。第四，教与学的评价方式将更加多元，对学生的评价不只来源于学校，还有社区、家庭，甚至学生消费过的超市和书店。此时，考试成绩所占比例将越来越小，因为教师获取学生学习的过程性评价将越来越容易。同时，对教师的评价基于学生评价之上，不仅能精确量化教学工作业绩，且能通过长时间跟踪记录数据，反映出一名教师潜心育人、静待花开的幕后成绩。第五，学习路径呈非线性发展。在智慧学习环境中，AI 助理、AI 学伴等多种形式的人工智能终端将改变学生学习过程，使其不再是传统的线性发展，而是充分满足学生个性化和定制化学习的非线性发展过程。

（三）解困之策

针对新时代学习环境建设之困境，研究引入指数思维，利用 5G 赋能 AI 构建指数型多模态学习环境，通过三种策略解决上述问题。

策略一：重构指数型学习环境要素。

指数思维，既不是线性思维，也不是零和思维。指数型思维是指以次方的方式思考问题，使用指数技术从多元多变的情境数据中学习规律，自

[①] 褚乐阳、陈卫东、谭悦：《重塑体验：扩展现实（XR）技术及其教育应用展望——兼论"教育与新技术融合"的走向》，《远程教育杂志》2019 年第 1 期。

动发现模式并用于预测，其本质特征是多点发散。指数增长是常数的重复乘法，即指数级飞速增长。重构指数型学习环境要素，需要突破已有束缚，以需求为导向设计环境要素，每个要素又能生发新的要素，进而激发指数效应。例如，助教（人工、AI）、助理（实验、AI）、学伴、智能终端（手机、平板电脑、班牌）、云平台、可穿戴设备、物联网等。每种要素下均可激发出多个要素，进而组合形成多元学习环境，满足多样需求。

策略二：5G + AI 全场域智能化学习环境建设。

5G 助力人工智能，可有效突破学习环境孤岛，构建全场域智能化学习环境。借助人工智能技术、物联网技术以及各种感应终端，山川河流亦可传递大量数据，全场域联通将极大地提升学习环境的智能化水平。

策略三：5G + AI 助力学习环境多模态建设。

5G + AI 赋予教师和学生学习环境多点建设权限，全息投影技术、可穿戴设备、智能终端与智能应用、教育机器人、物联网等技术将大显神通，以指数级的速度创建浸入式学习环境、深度交互学习环境、全场域互联互通学习环境以及小私域智能学习环境，实现学习环境的多模态建设。

五　5G 时代人工智能多模态智慧学习环境的构建

学习环境设计是以每一个学习者的学习得以形成为目的，通过明晰当下学习者体验的学习环境，来协调整个学习活动的一种创造性实践。[1] 2015 年的《中国智慧学习环境白皮书》分析了智慧学习环境框架，指出一个完整的智慧学习系统以学习者为核心，从内到外包含学习者体验、数字学习支持技术、学习情境要素、教与学逻辑关系四个层次。在智慧学习环境中，人们能够进行 4A（Anyone、Anytime、Anywhere、Any style）3E（Experiencing、Exploring、Expressing）学习。智慧学习环境和学习过程密不可分，也包括物质和非物质两个方面。本研究将综合考虑学习情景、AI 时代的教育问题、教与学的需求、教与学方式的变革及师生体验、5G 时代的人工智能技术等多方因素，应用指数思维来创设 AI 支持下的学习环境，利用多样化的学习环境构成要素，通过开展多点发散的学习环境建设，为不同条件、不同需求的学习环境创建提供方向。

---

[1]　钟启泉：《学习环境设计：框架与课题》，《教育研究》2015 年第 1 期。

(一) 构建指数型智慧学习环境模型

构建学习环境可从物理构成及其构成要素关系两个维度展开，物理构成方面，已有研究指出，智慧学习环境基本结构包括数据库等基础数据存储模块、计算模型或者代理模块、用户数据采集模块、课程内容模块、智能决策模块以及用户交互模块等。① 目前，学习环境的物理构成在 5G + AI 的加持下，智慧学习环境更加适宜自主、合作、个性化学习的开展。指数思维强调多点发散，无形中催生了学习环境构成要素的指数型嬗变。因此，基于现有的物理基础设计指数型智慧学习环境（以下简称"ET 智慧学习环境"）的构建模型，有利于按需创设多模态智慧学习环境，克服传统学习环境的弊端。如图 4.12 所示，ET 智慧学习环境包含五个模块，可通过五个步骤来构建。第一步，要以学习者为中心建设需求分析模块，使

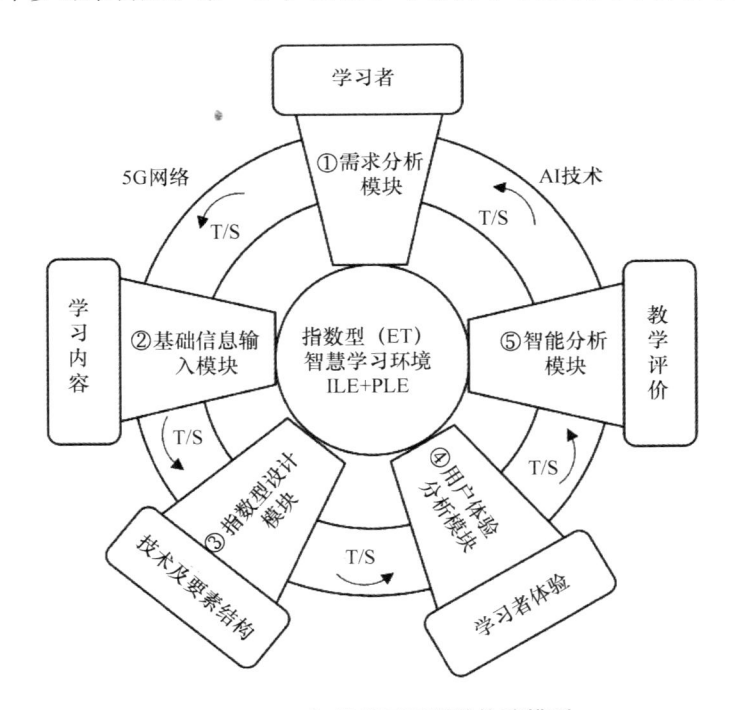

图 4.12 ET 智慧学习环境的构建模型

注：T 代表教师，S 代表学生。

---

① 黄荣怀、杨俊锋、胡永斌：《从数字学习环境到智慧学习环境——学习环境的变革与趋势》，《开放教育研究》2012 年第 2 期。

得学习环境的建设以需求为导向。第二步，需要创设基础信息输入模块，包括教与学的各种信息及过程性学习资料等。第三步，建设指数型设计模块，该模块包含信息化环境基础分析、信息技术应用分析、学习环境要素结构分析等。其中，学习环境要素结构随着技术的变化会不断更迭，发散性衍射出多种多样的学习环境结构。第四步，建设用户体验分析模块，详细获取学习者对学习环境的应用体验，并收集相关数据，以备智能分析应用。第五步，智能分析模块需要其他模块的过程性数据，借助AI技术进行智能分析，并将数据实时反馈至其他模块，同时为教学提供教学评价。该模型有利于以技术为作用点，发挥技术的指数级倍增效应，建构多模态学习环境。ET智慧学习环境＝非物质学习环境（Intangible Learning Environment，ILE）＋物理学习环境（Physical Learning Environment，PLE）。模块一、模块四、模块五构建ILE，模块二、模块三构建PLE。

（二）多模态指数型智慧学习环境

基于ET智慧学习环境构建模型，通过变换学习环境构成要素，根据用户需求可动态衍生建构多模态智慧学习环境。图4.13为五种衍生而成的学习环境案例，表4.1则阐明了衍生学习环境的要素。

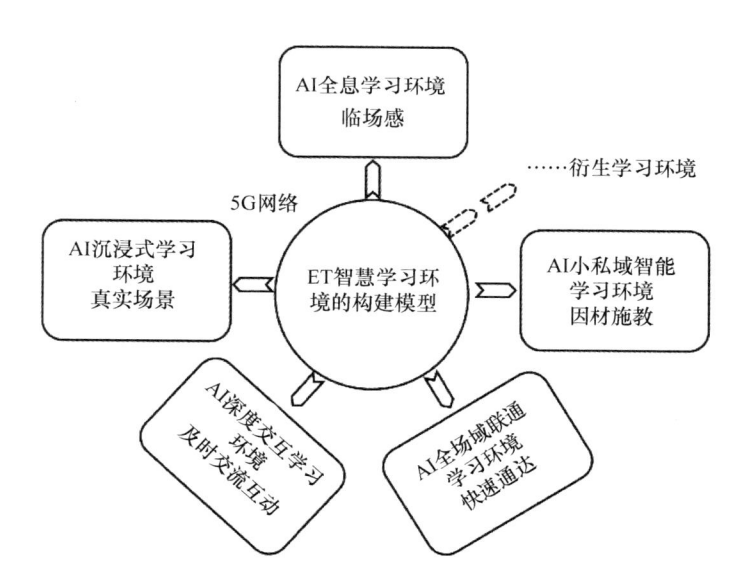

图4.13　基于ET智慧学习环境构建模型的学习环境衍生案例

第四章　指数思维与教育

表 4.1　基于 ET 智慧学习环境构建模型的衍生学习环境要素分析

	AI 全息学习环境	AI 沉浸式学习环境	AI 深度交互学习环境	AI 全场域联通学习环境	AI 小私域智能学习环境
需求分析	师生需要网络学习中的临场感	师生需要真实学习环境	学生需要深度学习	师生及家长需要信息互联互通	学生需要适宜个人发展的个性化学习环境
基础信息输入	建设教学资源及虚拟影像资料库	建设教学背景资源、场景物联	知识背景的深层挖掘	社会、家庭、学校、企业、场馆自然界万物互联	学习者特征分析、因材施教的教与学设计
指数型设计	发散型 AI 助教、AI 学伴、全息影像技术（HD）	AR、VR、XR+可穿戴设备、第六感系统等，模拟真实学习场景	人、机、物多模态交互，构建课内、课外交互学习环境	区块链技术实现教与学的数据分布式存储和点对点传播	智能学习用品互相联通，5G 切片技术构建服务云，保证信息高速传输与安全
用户体验分析	指数型多点汇集，分析应用体验				
智能分析	共性数据智能分析及个性化评价				

1.5G 时代的 AI 全息学习环境

20 世纪 40 年代全息投影技术就已经进入人们的视野，时至今日，该技术广泛应用于博物馆、纪念馆、展览馆、专卖店等场馆的场景再现。① 但由于制作成本高、投影需要全息板、图像实质上是视觉立体而非 3D 立体等问题，其一直无法推广应用于教育教学领域。5G 时代技术成本呈指数级下降，科幻影视作品中常见的全息影像技术（HD）将大放异彩，这种立体成像技术可使观看者从不同角度观察甚至进入影像内部。2014 年 5 月 19 日，HD 技术再现了已逝歌星迈克尔·杰克逊热舞的场景，技惊四座。②

---

① 赵亮：《三维全息影像成像原理和产品探析》，《科技信息》2011 年第 10 期。
② 莎莎：《全息技术：最具魅力的显示"悍将"》，《发明与创新·中学生》2014 年第 9 期。

应用场景：全息影像技术基于 5G 网络，结合人工智能终端、设备等能够增强教学实景应用，即 AR（增强现实技术）。利用智能终端、AI 学伴便可为学生在家构建虚实结合的学习环境，AI 家教既可以是智能机器，也可以是真人全息影像。AI 助教、AI 助理、实验助理、学习空间、实验耗材都可以通过全息影像技术与现实的学习环境相融合，为学习者创建虚实混合的学习环境。在"人工智能＋全息影像"的学习环境中，教师可以分身，资源可以共享，学习环境在虚实之中可灵活变化，使得教育多类型主体（学生、教师、家长、管理者等）相互配合，为教与学提供全方位的服务与支持。该学习环境中每一个个体既是学习者，也是创作者。同时，教与学的资源、教学效果等都将呈现指数级增长（见图 4.14）。

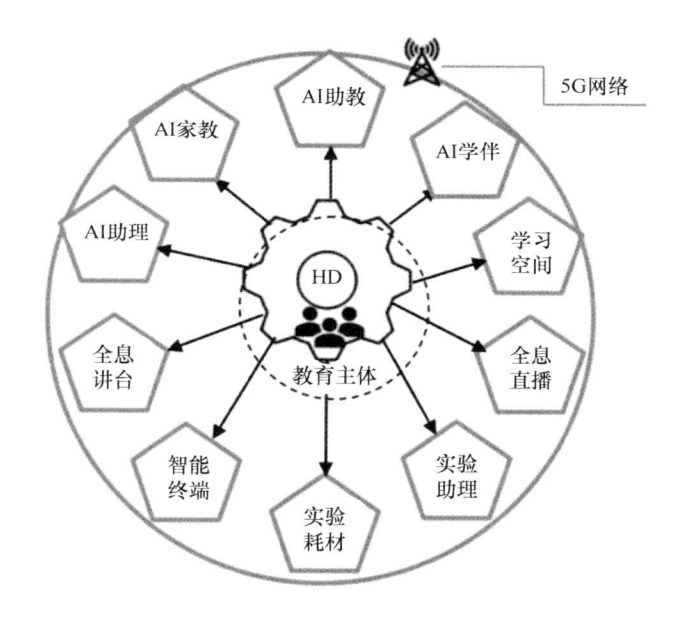

图 4.14 指数型 AI 全息学习环境要素结构

适宜学习：远程学习、个性化学习等。

2. 5G 时代的指数型 AI 沉浸式学习环境

沉浸式学习环境适用于语言类教学，为学习者创设语言环境，帮助学习者感知学习情景，体验学习过程（见图 4.15）。

应用场景：基于 5G 云平台的 AR、VR、XR 等智能技术，能够创设更

第四章 指数思维与教育

多的沉浸式学习环境，结合可穿戴设备如智能手环、智能鞋、谷歌眼镜、智能手表、第六感系统等，为地理、生物、科学等多学科教学提供便利。同时，通过边缘云服务器，可以大幅降低时延，使得虚拟环境与真实的教学场景无缝衔接，场景物联为学习者提供真实的临场感体验。

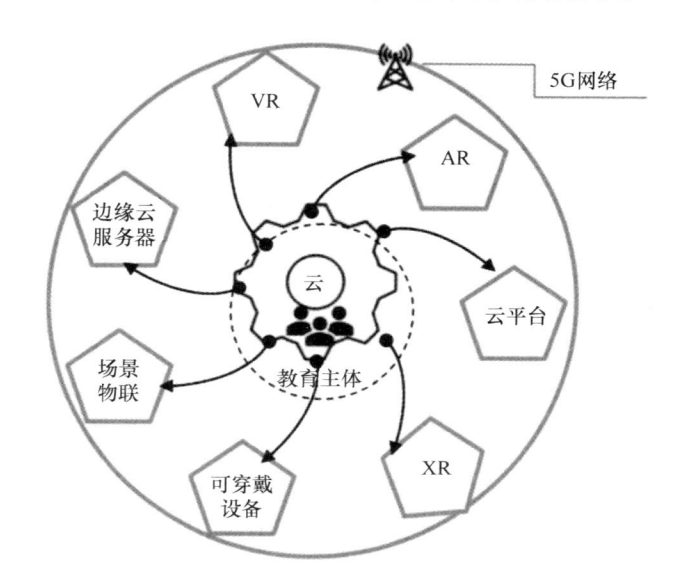

图 4.15 指数型 AI 沉浸式学习环境要素结构

适宜学习：个人自学、实验实践、语言类学习。

3. 5G 时代指数型 AI 深度交互学习环境

基于 5G 云平台可创建课堂内外深度交互学习环境。人工智能环境下的人—机、人—人及人—机—物等多模态人机交互，能够促进对知识与能力的深度学习与理解，在对深层知识的挖掘、传输、学习与吸收中，知识背景的深层挖掘对于知识的理解意义深远，并将由此引发深度学习（见图 4.16）。①

应用场景：班牌终端、移动展示终端、互动教学终端、录播设备和反馈终端等多应用于课内交互学习环境的构建，而智能平板电脑、智慧学习

---

① 杜娟、李兆君、郭丽文：《促进深度学习的信息化教学设计的策略研究》，《电化教育研究》2013 年第 10 期。

笔、边缘分布云平台、智能手机、教育机器人等既可用于课内，也可用于课外的交互学习环境中。教育机器人是由生产厂商专门开发的，以激发学生学习兴趣、培养学生综合能力为目标的机器人成品、套装或散件。它除了机器人机体本身之外，还有相应的控制软件和教学课本等。[①] 可根据不同学习环境的具体要求，对教育机器人进行设置。例如，通过 QBASIC 语言编程，直接指挥机器人或仿真虚拟通用机器人来完成任务。[②]

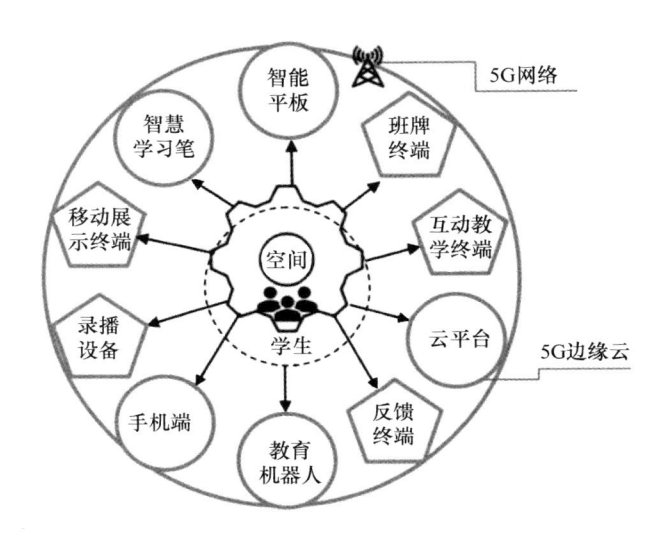

图 4.16　指数型 AI 深度交互学习环境要素结构

适宜学习：合作学习、研讨性学习、在线课堂学习。
4. 5G 时代指数型 AI 全场域联通学习环境

勒温的社会学场域理论认为，人的行为主要受到个体和环境两个变量的影响，所以学习行为必须建立在学习者和学习环境之上。5G 为人工智能插上翅膀的同时，也为学习者构建全场域互联互通学习环境提供了条件。所谓全场域联通，包括社会、家庭、学校、企业、场馆、研究机构、农村，甚至自然界的万物互联（见图 4.17）。

---

①　《教育机器人》，2020 年 5 月 7 日，搜狗百科，https：//baike.sogou.com/v10624068.htm?fromTitle=%E6%95%99%E8%82%B2%E6%9C%BA%E5%99%A8%E4%BA%BA。
②　《通用机器人》，2015 年 8 月 8 日，搜狗百科，https：//baike.sogou.com/v170476.htm;jsessionid=3AA117BC7901FC26AE6E90ADBDF85CBB。

应用场景：5G 是基础，AI 是动力，即基于 5G 网络全覆盖，借助人工智能技术、物联网技术以及各种感应终端，山川河流亦可传递大量数据，全场域联通将极大地提升学习环境的智能化水平。例如，5G 时代场馆建设将从硬件建设向数字化、网络化、智能化方向转变，为场馆智慧学习创造条件，"永不闭馆"的博物馆、科技馆成为现实。通过语音或视频平台、智能手机打造"流动博物馆、科技馆"。场馆智慧学习环境建设将更加个性化，强调学习体验，可利用区块链技术实现教与学的数据分布式存储和点对点传播。①

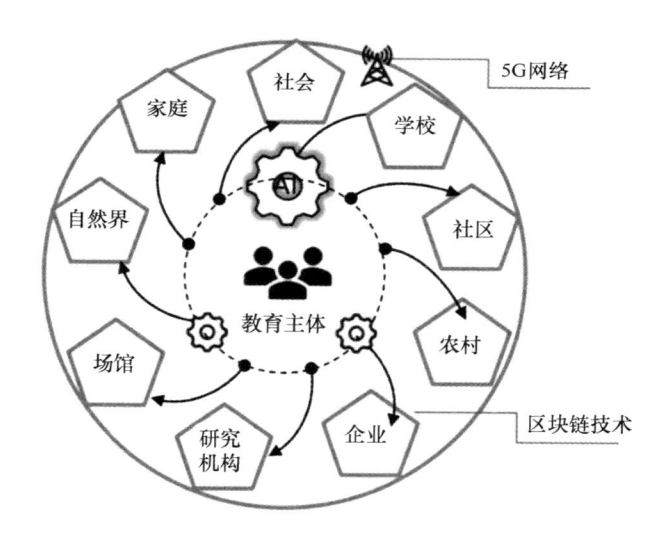

图 4.17　指数型 AI 全场域联通学习环境要素结构

适宜学习：研究性学习、实践体验性学习、专业技能学习。

5. 5G 时代指数型 AI 小私域智能学习环境

5G 时代的万物互联为学生构建极富个性化的小私域智能学习环境（见图 4.18）。智能桌椅、智能文具、智能书包、智能校服、智能护眼灯、智能笔等生活与学习用品互相联通，它们不再是简单的工具，而成为具有特定思维、能计算、能服务的动态学习资料，与助学机器人相结

---

① 詹青龙、杨梦佳、郭桂英：《CIT：一种智慧学习环境的设计范式》，《中国电化教育》2016 年第 6 期。

合，更能将诸多学习者数据及时分析与推送，为学习者提供小范围的助学服务。

应用场景：智能监控与家长的智能手机互联互通，是小私域智能学习环境对外联通的一个接口，其功能将远超监视，更多在于智能控制。小私域智能学习环境能够很好地解决智能学习环境的安全问题，重要的私属信息可以在该学习环境下安全流通与存储。利用5G网络切片技术，为小私域智能学习环境专设服务云，能够保证该学习环境内外信息的高速传输与安全交互。

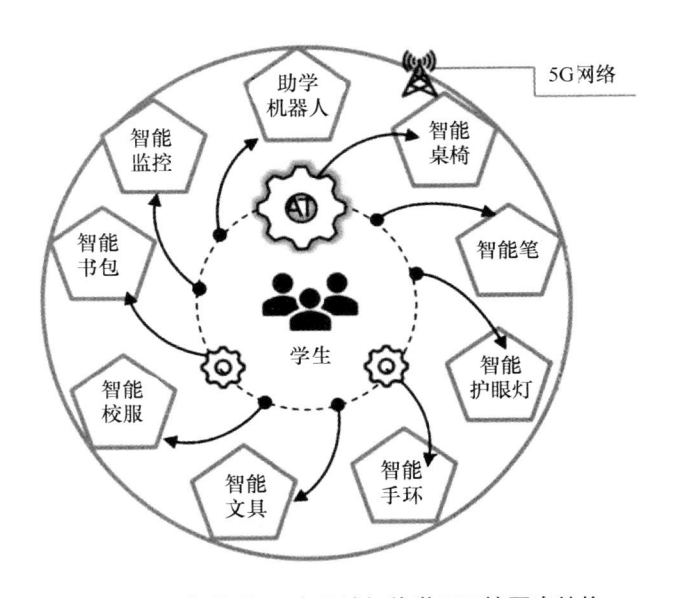

图4.18 指数型AI小私域智能学习环境要素结构

适宜学习：个人自学、专业学习、在线课堂学习。

从早期对校园环境的改造到利用新媒体、新技术实现开放式、智能化学习环境的构建，针对学习环境的研究始终随着科技的发展而演变，可以预测以人工智能为代表的新时代学习环境必将成为融合学校、家庭、社区、企业等多方要素的综合环境，成为5G时代人工智能支持下的新型教学生态的重要组成部分。但如何构建适合多种需求、具备不同功能和特长的学习环境，是困扰教育者的一大难题，指数思维为技术支持的学习环境建设探寻了突破口，5G+AI助力下的学习环境建设呈现出指数型发展趋势。多模态学习环境建设既是指数思维指导教育变革的具体表现，又为智慧学习环境建设提供了方向。

第五节 指数思维引领下的教师教育

中国教育体系的形成已有三千多年，但直至近代才有了专门从事教师教育的机构。鸦片战争之后，随着资产阶级维新教育的兴起，中国近代教育逐渐从重点办专门教育转向大力发展普通教育，因此产生了建立师范教育以培养大批合格师资的历史需求。从1896年梁启超发表《变法通议·论师范》、1896年创建的南洋公学，到1903年制定的《奏定学堂章程》，师范教育逐步成型。民国时期颁布了《师范教育令》（1921年）。中华人民共和国成立初期，教育部先后颁布了《师范学校暂行规程》《关于高等师范学校的规定》等文件，形成了"三级师范教育体系"，直到1999年教育部在《关于师范院校布局结构调整的几点意见》中明确由三级师范向二级师范过渡，中等师范学校逐渐被取消。同年6月，中共中央、国务院《关于深化教育改革 全面推进素质教育的决定》首次提出"教师教育"概念，正式取代"师范教育"。[①]

新时代，指数思维助力教育，重构教育新生态，结合5G技术构建多模态智慧学习环境。在教学环境发生巨大变革的同时，教师教育也进入了一个全新的历史阶段。指数思维将在四个方面发挥作用，建构指数型教师教育新生态。

一 指数思维优化培养目标

教师教育培养目标应融合职前、入职和职后三个阶段，而现有教师教育培养目标却将上述三阶段相割裂，甚至认为只要职前教育做好了，入职和职后教育无足轻重。教育部于2011年颁发了《教师教育课程标准（试行）》，2012年颁发了《幼儿园教师专业标准（试行）》《小学教师专业标

[①] 《中国教师教育发展历程》，2016年7月24日，百度文库，https://wenku.baidu.com/view/a274ebddf111f18582d05abd.html。

准（试行）》《中学教师专业标准（试行）》。但主要体现职前教师入职或合格教师的基本要求，而对于职后教师终身发展的各个阶段之间的梯度或阶段性目标、层次性目标的要求并不明显。高校与地方政府、地方教育行政管理部门、教研机构和中小学之间并没有实现职前培养—入职教育—职后培训各阶段教师发展（包括合格教师、学科骨干教师、卓越教师、名师、教育家）的阶段性和连续性方面的无缝对接。① 同时，培养目标中理论与实践相脱节，导致入职教育和职后教育流于形式。因此，培养目标的制定应考虑三个阶段相关联，利用指数思维的多点发散等特性，引导培养目标的制定兼顾三阶段。职前教育培养目标中设计入职教育和职后教育的引导目标，入职教育和职后教育培养目标需要兼顾职前教育培养目标的达成与深化，三阶段相对独立又实则相连，逐步建设形成指数思维优化的培养目标（见图4.19）。

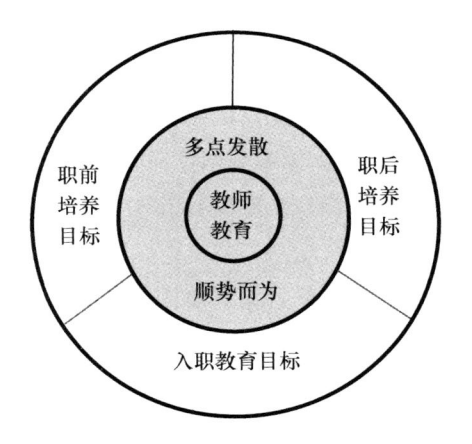

图4.19 指数思维优化培养目标

二 指数思维优化课程设置

目前，中国教师教育课程设置存在内容设置滞后、课程结构不合理、课程设置不连贯等问题，② 重理论轻实践的现象依然存在。调查发现，无论是师范毕业生还是在读师范生，都表示教育实践课程占比过低，不能满

---

① 刘义兵、付光槐：《教师教育一体化发展的体制机制创新》，《教育研究》2014年第1期。
② 张科：《我国教师教育一体化的反思与变革》，《中国成人教育》2016年第23期。

足自身专业发展的需求。① 利用指数思维，收集不同层次和发展阶段教师的实际需求和学习诉求，动态调整教育内容，形成科学合理的教师教育内容调整机制。即以每一位学习者为基点，反馈学习诉求，在反馈内容呈指数级增长中选定教学内容，解决课程内容滞后于学习需要的问题；以指数思维突破原有课程结构设计，以学习者能力培养为主线，结合中小学一线教学实际，设计"课程超市"，建立"课程套餐"，突破原有通识课程、学科专业课程、教师专业课程的设计框架，取消选修课、必修课、基础课、专业课等划分方式。为学生提供精准评估，结合学生自身特长与兴趣自主配套课程，解决课程结构不合理以及课程设置不连贯的问题。同时，由于课程设计以能力培养为出发点，内含师范生技能培养，强化了理论与实践的结合，适宜学生的个性化学习，以实现精准培养（见图4.20）。

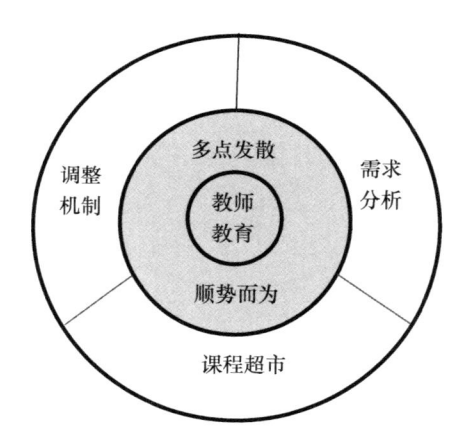

图 4.20 指数思维优化课程设置

三 指数思维升级教育管理

目前，中国教师教育管理分为职前、入职与职后三大块，管理比较混乱、多头负责。职前主要由师范院校及综合性大学的师范学院负责，入职与职后主要由一些进修机构来完成。② 这两种管理体制均以线性思维为主，无形中割裂了三个教师培养阶段。职前教育按部就班，开展通识教学、学

---

① 雷万鹏、黄旭中：《教师教育发展现状调查与政策启示——基于湖北省的实证调研》，《华中师范大学学报》（人文社会科学版）2017年第11期。

② 张科：《我国教师教育一体化的反思与变革》，《中国成人教育》2016年第23期。

科教学和教师技能教学,并未将入职学习与职后学习纳入教学体系。入职教育则中规中矩,在师范生毕业后,就职前开展教学活动,如岗前培训等。职后教育则依托大量教师培训项目开展,其中"国培计划"占比很大。指数思维有利于跳出线性思维框架,融合职前、入职与职后教育,实现系统组织、一体化管理。校企结合,师范院校与中小学校结合,入职与职后教育内容融入职前教育,对入职与职后教育给予职前教育中的理论指导,配备指导专家,以实现教育管理信息共享、教育效果呈指数级倍增(见图4.21)。

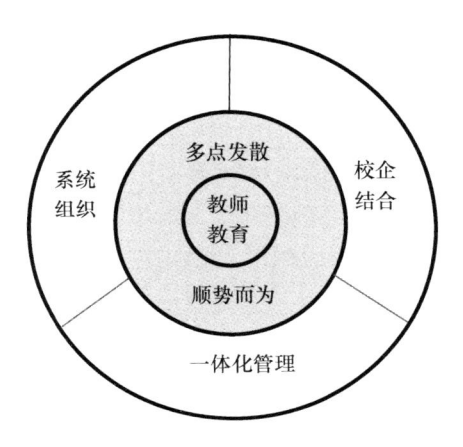

图 4.21 指数思维升级教育管理

四 指数思维强化师资队伍建设

中国教师教育师资队伍水平参差不齐,教师自主学习意识较弱,教师缺乏行业、企业的实践经验。[①] 目前高校教师教育队伍主要生活场域在高校,对中小学教学实际了解不深。[②] 通过现行简单培训、在校实习等活动,很难解决上述问题。可以利用指数思维培养教师教育师资队伍,充分挖掘每个师范生、在职教师的潜能,使其既是学习者,又是其他教师的标杆。学习者根据自身能力培养的不同需求,选择学习内容,对标标杆教师。正所谓"三人行,必有我师",指数思维让每一位介入教育者,都兼具授业

---

① 张科:《我国教师教育一体化的反思与变革》,《中国成人教育》2016年第23期。
② 雷万鹏、黄旭中:《教师教育发展现状调查与政策启示——基于湖北省的实证调研》,《华中师范大学学报》(人文社会科学版)2017年第11期。

者与学习者的双重身份。

本章小结

本章利用指数思维突破教师教学能力培养线性思维，将指数思维引入教育教学领域，成为本书的亮点之一。研究从人类思维入手，探寻了指数思维的概念，提出了指数思维的新定义，分析了指数思维的7种特征，并根据指数思维的原始模型演绎出教育领域的指数思维公式，即教育现代化 = 教育信息化 $\times (1+i)^n$（i 表示与教育深度融合的技术应用效率）。同时，研究界定了指数技术的含义，分析了指数技术激发教育的指数效应，构建了指数教育新生态。

从早期对校园环境的改造到利用新媒体、新技术实现开放式、智能化学习环境的构建，学习环境始终随着科技的发展而演变。可以预测以人工智能为代表的新时代学习环境必将成为融合学校、家庭、社区、企业等多方要素的综合环境，成为5G时代人工智能支持下的新型教育生态的重要组成部分。研究以指数思维引领技术发展，构建5G + AI助力下的学习环境，以五种智慧学习环境为例呈现出学习环境的指数型发展趋势。同时，从教师教育培养目标、课程设置、教育管理以及师资队伍建设四个方面探讨了指数思维引领下的教师教育发展，为教师教学能力指数型趋同发展模式的创设提供了依据。

学术共鸣

指数思维既是一种思维模式，也是一种方法论，其作用已经引发人类社会的巨大变革。众多独角兽公司在指数思维的引领下如雨后春笋般兴起，诸多行业的龙头企业也因为传统线性思维而付出了惨重的代价。我们需要深入思考指数思维如何引发教育领域的深度变革？在智慧教育、人工智能、创客教育、大数据等技术与教育相融合的今天，指数思维能否重构教育新生态，能否引发教师教学设计、教学资源开发、学生学习以及学习资源的生成等教育领域全方位变革，成为每一位教育工作者必须思考的时代命题。

第五章

全媒体环境下教师教学能力指数型趋同发展

> 问题不在于告诉他一个真理，而在于教他怎样去发现真理。①
> ——［法］卢梭

第一节 全媒体环境影响教师教学能力指数型趋同发展要素

前文通过文献综述，已经梳理出传统教学环境下影响教师教学能力协同发展的五种因素，即环境因素、个人因素、学习和实践活动、反思与评价、专业支持服务团队等。以此为基础，本章分析全媒体环境与影响教师教学能力协同发展因素的作用关系，为探究教师教学能力指数型趋同发展提供理论依据。

全媒体教学环境可以作用于影响教师教学能力协同发展的五种因素之中，有效克服协同发展中存在的诸多问题（见表5.1）。

第一，全媒体能够提供多样化的智慧平台和丰富的学习资源，能够通过即时通信工具提供及时评价服务，并能设计各种工具软件、应用App为教师教学发展创设优越的微型移动学习环境。

第二，互联网环境下的新媒体（如智能手机等）能够方便教师及时交流与共享信息，增强教师学习信念与动机，通过有效的同侪互学、互助，

---

① ［法］卢梭：《爱弥儿》，李平沤译，商务印书馆1978年版。

得以提升学习的积极性。

第三，全媒体能够最大化地发挥网络课程的优势，为教师创设泛在的学习环境，并提供课题研究的研讨平台和教研平台。

第四，全媒体使得教师学习与发展的过程性记录成为现实，在智能平台支持教师教与学的过程中，后台数据与资料为教师提供自我反思的素材，形成记录教师发展的动态档案，并能通过形式多样的教师互评促进教师反思。

第五，全媒体环境能够有效避免教师教学能力协同发展中专业支持服务团队无法持续跟进的弊端。专家或学习伙伴通过平台交流、互动，以促进教师之间的合作交流与学习、为教师提供长期跟进的教研指导，并通过平台与第三方广泛联盟为教师教学能力发展提供持久的技术支持与服务保障，通过各种即时通信工具的群服务功能，如微信群、QQ 群等，帮助教师与专家建立长期的合作关系，突破时空限制，为教师教学能力发展提供及时高效的答疑解难服务。

因此，只有在全媒体（如智能手机等）环境作用于影响教师教学能力协同发展的五大因素之中，才能从五个方面激发教师协同机制，促使教师教学能力发展，并逐步实现教师教学能力由协同发展升级为趋同发展。

表 5.1　**全媒体环境下影响教师教学能力协同发展的要素**

教学环境	影响教师教学能力趋同发展的要素（协同发展因素的全面升级）																	
	环境因素				个人因素				学习和实践活动			反思与评价				专业支持服务团队			
	网络平台	学习资源	工具	激励机制	学习信念	学习动机	情感	态度	网络课程	课题研究	合作教研	自我反思	经验交流	发展档案	教师互评	合作交流	教研指导	技术支持	答疑解难
互联网+新媒体	√	√	√	√	√	√	√	√	√	√	√	√	√	√	√	√	√	√	√
	智慧平台	丰富多样	灵活易用	及时评价	增强信念	激发动机	交流便捷	主动积极	泛在学习	研讨平台	教研平台	数据推送	资源共享	活动记录	多元评价	交流平台	长期跟进	广泛联盟	及时高效

第二节　全媒体环境下教师教学能力指数型趋同发展特性

教师教学能力趋同发展是协同发展的高级形态，在全媒体环境下的指数型趋同发展具备诸多独特性质，主要表现在七个方面。

一　自生性

教师在协同发展初期，需要通过专家引领、同伴互助、自主学习等多种形式来提升教学能力，但这种发展一般受到项目、课题等短期活动的支持，容易在结项后或培训结束后逐渐消逝。而教师教学能力趋同发展具有自生性，即教师教学能力随着教学的持续开展能够共同产生一种相似的发展态势，这种发展会持续留存于同伴之间，进而引发同伴间教学能力的趋同发展。

二　动态性

教师教学能力趋同发展是动态的，即在自生的基础上，不断发展到一定的水平，再突破平衡到达更高层次。动态性体现了教师教学能力趋同发展没有固定的发展目标，总是在一定"选择压"下朝着相似的方向、相似的趋势共同进步。

三　持续性

教师持续、常态化的教学能力发展是教师教学能力趋同发展的重要特征。近年来，虽然国家投入了大量的人力、财力开展各式各样的教师培训，但始终无法解决教师培养的长效性问题。趋同发展一旦形成，教师教学能力就会在一定"选择压"的作用下动态、自生、持续地发展，这种持续发展是在逐渐远离外力协作中的自然发展。持续性与自生性关系密切，持续性是自生性的基础和先决条件。只有在持续不断的学习活动中，教师教学能力才能产生长期、主动发展的动力，自生性又能保证教师教学能力长期、持续发展，因此两者都是教师教学能力趋同发展的显著特性。

四 及时性

互联网+新媒体的环境为教师教学能力的趋同发展提供了及时评价、及时推送数据、及时分享与交流等服务，因此趋同发展就产生倒逼效益，促使每个参与其中的教师都会受到其他教师的辐射影响，都能通过与其他教师交流与学习及时提升自身水平，不断更新知识结构，以达到教师间的趋同发展、共同进步。

五 智慧性

全媒体环境下教师教学能力的趋同发展具有智慧性，智慧性也是趋同发展与协同发展最为显著的区别特征之一。在教师教学能力趋同发展中，在相应智慧平台和智慧教育 App 的应用下，能够为参与其中的教师学习与交流提供智慧推送资源、智慧测评、智慧结对、智慧分析等服务。趋同发展中教师既是学习者，又是数据收集者与分析者，而协同发展中教师只是被动的学习者。

六 交融性

全媒体环境下教师教学能力的趋同发展具有很强的交融性，既能够将学校、企业、政府部门等多方面力量融合进趋同发展之中，形成教师教学能力发展实体联盟，也能将学者、专家、学习伙伴、教师自己融合为一个趋同发展学习共同体，在中小学、高职院校、大学之间实现跨界融合。同时，趋同发展还能融合教师教学发展环境，将家庭、社会、学校融为一体，为教师创造无缝链接的泛在学习与交流环境。

七 复利性

教师教学能力的趋同发展呈现出复利性，每位教师在教学能力培养过程中既表现为受益者，又是新一轮趋同发展的发起者。其中趋同发展的教师，其教学能力增长呈现出协同发展的指数级增长效益。

如图 5.1 所示，七种特性是教师教学能力基于互联网+新媒体环境趋同发展的结果。它们既是教师教学能力发展的表征，也是教师教学能力趋同培养的评价指标之一。

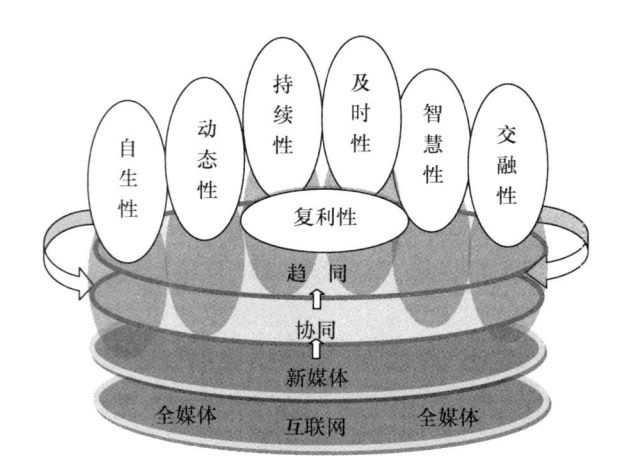

图 5.1　全媒体环境下教师教学能力趋同发展特性

第三节　全媒体环境下教师教学能力指数型趋同培养"选择压"

一　"选择压"概述

生物界趋同进化理论（Convergent Evolution）认为，不同的生物甚至在进化上相距甚远的生物，如果生活在条件相同的环境中，在同样"选择压"的作用下，有可能产生功能相同或十分相似的形态结构，以适应相同的条件。[①] 如第二章的概念界定，"选择压"是指在两个相对性状之间，一个性状被选择而生存下来的优势；或者在两个基因频率之间，一个比另一个更能生存下来的优势。[②]

二　生物"能力"形成机理

自然界生物的生存需求催生了动植物的各种能力，人类同其他物种一

[①] Simon Conway Morris ed., *The Runes of Evolution*, Templeton Press, 2015, pp. 11–12.
[②] 杨滨：《教师教学能力指数型趋同发展培养模型构建研究——"互联网+"新媒体环境下教师专业发展研究》，《电化教育研究》2020年第6期。

样，也必须形成某种能力以适应生存与社会文化的需求。而能力究竟是如何形成的，需要从自然界出发考量三个概念，即生态位、"选择压"、能力。吴伯凡的认知方法论中阐释了三者的关系，即每一个物质的本质都是一种生态位的表达，"生态位"并非物理概念，而是生存要素的定位。特定的要素决定了特定的生态位，特定的生态位决定了特定的物种。人类对一定生态位的理解，也是对物种生存要素的理解，即所谓的"认知"，特定的生态位下会产生特定的认知，进而决定特定的物种。人们选择的认知世界的方式，跟他所处的生存的位置有关；或者说，你的生存跟某种东西息息相关的时候，这种东西就自然成为了你的认知对象。反之，如果这个东西跟你的生存没什么关系，那么你就会忽略它。[①] 只有当物种处于特定的生态位，并具备强大而明晰的"选择压"时，它才能进化出特别的能力（见图 5.2）。因此，生态位、"选择压"是物种进化、形成能力的必要条件，而人类除了自然界的能力以外，还要形成具备文化属性的能力。人类的教育能力便是人类在一定的生态位中，在适应和改造自然的需求和人类发展的"选择压"中所形成的特有能力群。每个物种的生存成功与否，取决于物种所处的生态位。只有找到一个有"选择压"的生态位，然后不断打磨认知能力，才能让自己精进。

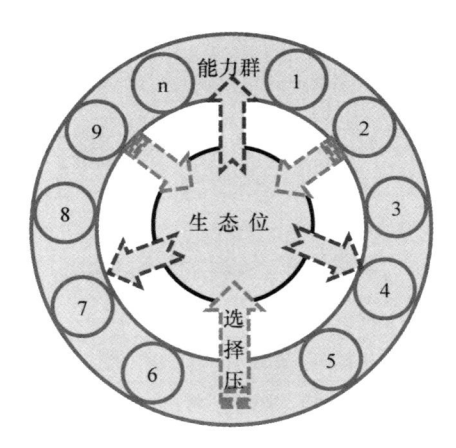

图 5.2　生物"能力"形成机理

---

① 《生态位与选择压》，2018 年 8 月 7 日，简书，https://www.jianshu.com/p/3434000d751d。

教师在教育中的"生态位"即为教师教学及专业发展的构成要素，这种生态位的表达正是教师教育的本质。"选择压"产生的动力来自趋同发展的受教育个体之间的差异，是目标状态与实际状态之间的差距，即为应然与实然之差距。这种差距并非越大越好，只有适宜的"选择压"才能够产生强大的动机，激发受教育个体之间的趋同进化。[①]

三 教师教育"选择压"的设计与激发

（一）教师教育"选择压"的设计

在教师教育中，参培教师与标杆教师之间过大的差距往往会消蚀"选择压"，产生消极作用，这种现象与维果茨基（Lev Vygotsky）的最近发展区理论不谋而合。"选择压"可以根据目标设计与激发，"选择压"的设计方式有很多，可以是问题支架，也可以是任务目标驱动，还可以是思维框架引导。总之，设计产生能驱动、引导学习者思考并行动的一切支架均能够成为教育"选择压"的载体。[②]

然而，教师教育"选择压"的设计需要以一定的支架为载体，一定的目标为标杆，在多个主体之间按照"中线"原则选取教育"选择压"基线，即多个个体中实际状况最良好、水平较高者为该教育"选择压"基线。个体基线的高低决定了"选择压"的强度，因此要以中等基线为准来设计各种支架，确保教师教育"选择压"的适宜强度。如表5.2所示，每个参与教育的受教育者都可以在一定的支架下产生教育"选择压"，但每个个体形成的"选择压"强度不同，我们需要选择中等强度来保证趋同进化的效果和效率。

表5.2　　　　　　　教师教育"选择压"设计要素

	目标标杆	强度	支架载体	"选择压"
学习者1	教师教育"选择压"基线	高、中、低	问题支架……	中
学习者2	教师教育"选择压"基线	高、中、低	任务目标……	中

---

① 郭绍青、杨滨：《高校微课"趋同进化"教学设计促进翻转课堂教学策略研究》，《中国电化教育》2014年第4期。

② 杨滨：《教师教学能力指数型趋同发展培养模型构建研究——"互联网+"新媒体环境下教师专业发展研究》，《电化教育研究》2020年第6期。

续表

	目标标杆	强度	支架载体	"选择压"
学习者3	教师教育"选择压"基线	高、中、低	思维框架……	中
学习者n	教师教育"选择压"基线	高、中、低	……	……

(二) 教师教育"选择压"的激发与应用

教师教育的教与学中"选择压"始终存在，其产生的动力来源于教育个体之间现实状态与期望状态之间的差异。这种差异要想形成动力促进学习个体间的趋同发展，首先需要正确地激发教育"选择压"。具体步骤如下。

1. 分析"选择压"基线

激发教师教育"选择压"的第一步是分析每个受教育者个体的优势，探寻目标标杆，可以是受教育个体内部的，也可以是外在优势明显的标杆样本。在本研究中就是分析参与教学的教师或教学名师的教学能力优势，为各自的优势设计一条基线，即基本准线，这条基线将为支架载体的选择提供依据。

2. "选择压"强度分析

接下来需要分析每个个体"选择压"的强度，该分析是多元化的，根据研究的不同分析也不尽相同。例如，当研究教师的教学能力之时，"选择压"基线分析就是针对每个教师的教学能力展开的。如果此时所有参与教学的教师教学能力均较弱，就需要在研究样本以外探寻更强的个体。只有找到教学能力更强的样本，才能产生我们所期望的高强度"选择压"。这种"选择压"是驱使教师教学能力趋同发展的重要因素。"选择压"设计点既可以是标杆教师中某一位教师的综合教学能力，也可以是教师教学能力中的某一种子能力。

3. 设计支架，为"选择压"创设载体

选定教学能力更强的样本，并非意味着高强度"选择压"已经形成。只有针对学习者"选择压"基线，设计适宜的教学支架，为高强度"选择压"提供载体，才能在教师教学能力趋同进化中发挥作用。例如，问题导向支架、任务驱动支架、思维引导支架等，这些支架的设计如同在多个教师之间或教师与标杆之间搭建了管桥，促使其教学能力在高强度"选择压"的作用下趋同发展。

4. "选择压"教学设计与应用

在教学设计中需要明确教育"选择压"的设计，具体表征是设计一个个高指向性、操作性强的教学支架，让这些教学支架在应用中产生"选择压"，对参与其中的教师教学能力发展产生积极的影响。有了载体，还需要设计相关任务，为学习者施加"选择压"。任务的设计要具体明确，具有可操作性，并且需要有严格的时间节点。参与者必须达成共识，共同遵守规范。

具体应用中需要注意，在教学目标设计中需要融入高强度"选择压"基线，让学习者感知差距，创造学习内驱力。同时，根据教师教学能力的构成，应用精心设计的教学支架，将高强度"选择压"作用于教师，使得分散的教师个体形成趋同发展态势。

以上四个步骤是教育"选择压"的激发与应用的基本过程，可以总结为"标杆寻基线、压力找载体、驱动需任务、实施要规范"。因此，可以在教师教学能力培养中适宜地激发教学"选择压"，这正是教师教学能力趋同发展的必要条件之一（见图5.3）。

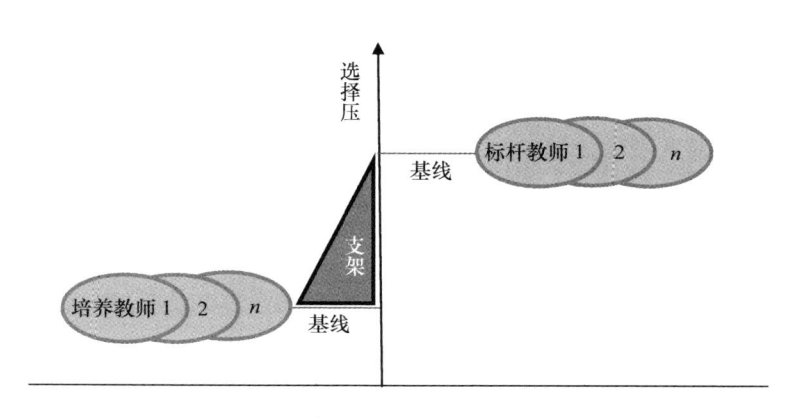

图 5.3 教师教育"选择压"示意

第四节 教师教学能力指数型趋同发展评价研究

一 教师教学能力发展评估

众多国家对教师教学能力的发展十分重视，科学评估教师教学能力发展成为教师培养的重要环节。国外针对教师教学能力评价体系的研究始于19世纪末期，美国学者克雷茨（H. E. Kratz）用问卷调查法研究优秀教师的素质。从20世纪20年代初开始，学者们编制了一些较为科学的测查量表，使用实证研究法对教师品质和人格展开系统研究。美国于1992年在国家咨询委员会（National Advisory Committee）的指导下，制定和出台了教师教学能力评价标准。建立了一整套针对教师课堂表现评价、课前初审、听课和课后访谈三个考试阶段19项标准的评价体系，每一个标准对应设置了4—6个相关问题，帮助评估者判断教师表现，称之为"提示问题"。评估者根据教师回答或者自己的观察对每项标准的达成情况打分，分数从低到高分为五档：1分、1.5分、2分、2.5分、3分，所有标准得分总和即为教师得分。[①]仔细分析该体系的19项评价标准，不难发现是对教师教学能力的具体细分，例如：课前，熟悉学生的背景和精力、明确适合的课堂学习目的、高效使用教学时间等均属于教学设计能力范畴；课中，设计适合学生的评价策略属于教学评价能力，为学生创设公平的学习环境及建立并维持与学生的和睦关系等属于处理师生关系的能力，建立课堂行为标准和保证课堂安全、适合学习、课堂监控反馈和调整等属于课堂监控能力，让学生理解教学内容、鼓励学生开拓思维属于教学讲授能力；课后，说明学习目标的满足程度，证明效能感，与同事建立专业联系、分享教学心得、协调教学活动，与学生的父母或监护人交流等属于教学反思与交流能力。

经济合作与发展组织（OECD）在多年PISA测试（国际学生评价项目）中发现，教师是所有影响学生发展的学校因素中最重要的因素。因此，OECD研发实施了"教师教学国际调查"（TALIS）项目，英文全称为"Teaching and Learning International Survey"，主要是通过对教师和校长的问卷调查，了解他们的工作条件、专业发展和学校环境，为各国提供可靠、及时和可比的信息，为各国教师发展提供政策改进依据和建议。TALIS 2018的工作周期为2016—2020年，共有48个国家或地区的近24万名教师参与。中国上海参与了调研工作，按国际标准抽样200所初中的4000位初

---

① 陈凡、吴跃文：《教师教学能力评价标准体系研究——以美国国家教师资格考试为例》，《教育理论与实践》2010年第9期。

中教师和 200 位初中校长，学校参与率达 99.0%，教师参与率达 99.4%。上海的样本学校涵盖了全市 16 个区的各类初中学校，具有很好的代表性。

调查显示，上海初中教师平均年龄为 39.4 岁，平均教龄达 16.7 年，呈现出年纪轻、教龄长的显著特点。上海教师大多把教师作为首选职业，比例达到 86.6%，远高于 OECD 的均值 66.5%。上海是教师课堂时间利用效率最高的地区之一。此外，上海教师参加过正式入职培训的比例也是所有地区中最高的，上海有 83.1% 的教师参加过正式入职培训。有关校长的报告显示，上海学校 100% 提供"带教活动"，是所有地区中的唯一。上海教师过去一年专业发展活动参与率达 99.3%，是所有地区中比例最高的，且参与的专业发展活动类型最多，达 6.4 种，OECD 均值为 3.9 种。上海基础教育所取得的成绩，归功于"以改进教学、追求卓越教学为重点的教研制度"。例如，上海"中青年骨干教师团队发展计划"，全市已建立 32 个团队，有效促进了不同学校间教师的均衡发展。上海教师参与最多的是课程和教学领域的专业发展主题活动，包括学科知识和理解、学科教学能力、课程知识、学生评价实践、个性化学习的教学方法、学生行为和课堂管理，参与率均在 80% 及以上，但涉及差异化、多元化、跨学科方面主题的专业发展活动较少。同时，TALIS2018 指出，上海教师在自主命题方面（55.6%）与 OECD 均值（77.2%）差异较大，在让学生使用信息通信技术完成项目作业和为学生布置"长作业"方面也有差距。报告显示，上海 20.8% 的教师经常为学生布置探究性"长作业"（OECD 均值为 28.6%），24.3% 的教师经常让学生使用信息通信技术（ICT）完成项目作业（OECD 均值为 52.7%）。其中，每周让学生用信息通信技术完成作业或者学习任务的老师比例为 15.2%，低于 OECD 均值的一半（OECD 均值为 38%）。[①]

教师教学国际调查（TALIS）项目是对教师教学能力发展评估的一种尝试，由于每个国家选样的不同，其样本仅能代表某一地区的教师发展水平。例如中国上海地区，由于其独特的经济条件和教育发展水平，有多项指标名列世界前茅。虽然这些成绩可以很好地代表上海地区教师教学能力

---

① 王洁、姜虹：《教师在职培训的趋势与分析——基于 TALIS 2018 结果的实证研究》，《比较教育学报》2020 年第 2 期。

情况，但部分上海经验并不具有可复制性。而调研项目中反映出的问题却具有一定的共性，值得分析。例如，调研结果所反映出来的，涉及差异化、多元化、跨学科方面主题的教师专业发展活动较少，不仅在上海地区存在，在中国其他沿海及内陆地区也有相同或相似的问题，以及教师在自主命题方面和让学生使用信息通信技术完成项目作业以及为学生布置"长作业"等方面均有较大的发展空间。

国内关于教师教学能力评价体系的研究始于 20 世纪 80 年代初，刘兆吉用实证法研究了 120 名优秀教师和模范班主任的心理品质。① 康锦堂系统阐述了中学教师的教学能力结构，研制出了中学教师一般教学能力测评表和全学科特殊教学能力测评表。② 徐建平以中小学教师为对象建构了教师胜任力模型，包括优秀教师胜任力特征和教师共有的胜任力特征。其中，优秀教师的胜任力包括进取心、责任感、理解他人、自我控制、专业知识与技能、情绪觉察能力、挑战与支持、自信心、概念性思考、自我测评和效率感 11 项特征，教师共有的胜任力包括组织管理能力、正直诚实、创造性、宽容性、团队协作、反思能力、职业偏好、沟通技能、尊敬他人、分析性思维和稳定的情绪 11 项特征。③ 王沛、胡发稳在基于万维网技术的中学教师教育教学能力测评系统研究中指出，教师教育教学能力由核心能力群和外生能力群两大部分构成。其中，核心能力群包括知识提取能力、教学监控能力和教学执行能力，外生能力群包括教学效能感、教学个性、教学动机和价值观。根据教育教学能力构成分析及教育测评原理，他们构建了教师教育教学能力测评指标体系，利用万维网技术平台研发了具有数据收集和测评统计功能的中小学教师教育教学能力网络测评系统。④

周琬謦在其博士学位论文《应用型大学教师教学能力评价体系研究》中详细梳理了已有的测评量表，包括 D. G. Ryans 编制的《教师行为分辨表》、B. Tuclunan 编制的《教师特征测试表》等。同时，从"中小学教师的教学能力评价指标体系""大学教师的教学能力评价指标体系""综合性

---

① 刘兆吉：《对 120 名优秀教师和模范班主任心理特点的初步分析》，《心理学报》1980 年第 3 期。
② 康锦堂：《教学能力结构及测评》，厦门大学出版社 1991 年版。
③ 徐建平：《教师胜任力模型与测评研究》，北京师范大学出版社 2004 年版。
④ 王沛、胡发稳：《基于万维网技术的教师教育教学能力测评系统及其启示》，《电化教育研究》2012 年第 9 期。

医院临床带教医生的教学能力评价指标体系"三个类属综述了中国现有的教师教学能力评价指标体系，并最终在已有研究的基础上构建了应用型大学教师教学能力评价体系，包括综合教学能力评价指标体系及其测评量表、课堂教学能力评价指标体系及其测评量表、实践教学能力评价指标体系及其测评量表。[①] 从周琬謦对已有研究的综述中能够发现，目前学界对中小学教师教学能力评价体系的研究历史较长、成果颇丰、结论相对比较成熟，对大学教师教学能力评价体系的研究历史较短、成果比较单薄、结论还有待进一步检验。因此，本研究将以上述研究所得共性问题为要素，探索有针对性的综合评价方法，用以科学、全面地评估教师教学能力的趋同发展。

二　教师教学能力趋同发展图景

协同是一种过程与方法，表明合作状态；趋同则是升级与进化，趋同发展是更高级的自适应进化。教师教学能力的趋同发展是经过多轮迭代后的自生状态，不同的教师群体由早期的协同发展逐步升级为趋同发展，由被动的培训学习升级为自发生成的能力发展，并逐步推动教师专业发展。总体来看，教师教学能力一旦形成趋同发展，其效果将如同水中涟漪层层迭代，图5.4显示出教师教学能力趋同发展趋势。教师教学能力经过不同的阶段逐渐发展，在教师教学能力发展的 V1 版，教师之间开始协同互助，实现教学能力协同发展；同时教师们在一定的教育"选择压"下，以标杆目标为准绳，持续进入 V2、V3……Vn 版。教师间的协作也逐渐进化为教师趋同，教师教学能力的趋同发展逐步显现。

教师教学能力趋同发展遵循指数规律，即在协同发展的初期，教师教学能力的提升并不明显，随着趋同发展的深入，教师教学能力呈现指数级增长态势，每个教师将自动寻找标杆，主动对标，其教学能力会迅速发展，其中作为学习者的教师很快就可以成为其他教师趋同发展的新标杆。本书所强调的"趋同"是指与标杆教师发展的趋同，并不一定与标杆一模一样，或者达到标杆一样的水平。例如，图5.4中如果以 T1 为标杆，当其

---

① 周琬謦：《应用型大学教师教学能力评价体系研究》，博士学位论文，厦门大学，2017年，第55页。

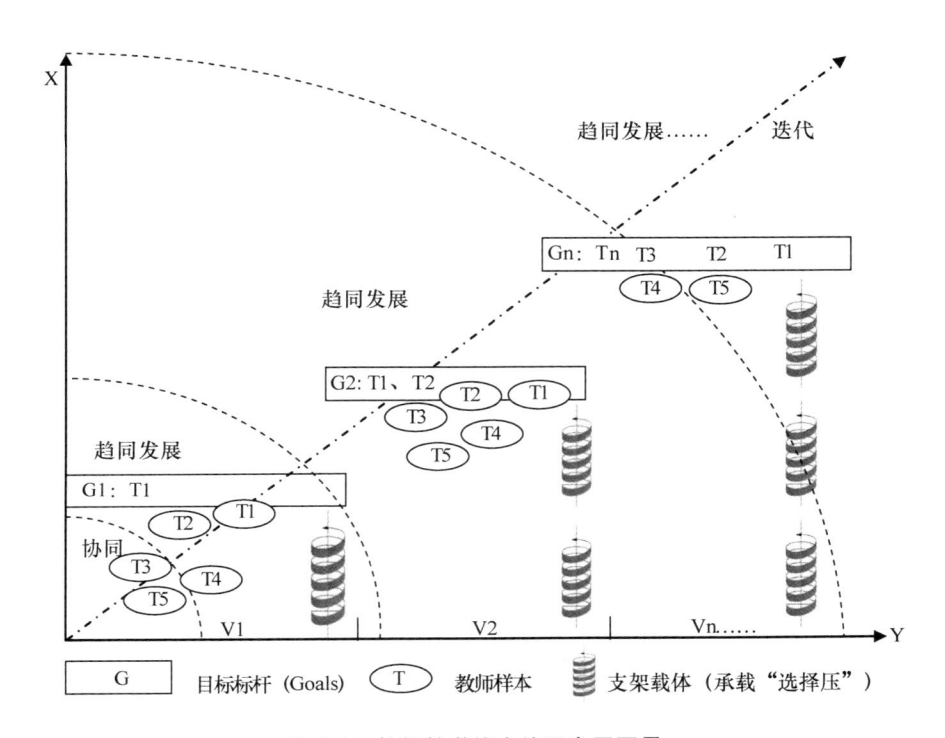

图 5.4 教师教学能力趋同发展图景

注：X 为教师教学能力，Y 为教师教学能力发展阶段。

从 V1 版本发展到 V2 版本时，T2、T3、T4、T5 均与其发展趋同到 V2 版本。当然，趋同的终极目标可以是发展至标杆水平甚至超越标杆，这就需要经历 n 个阶段的教师教学能力的发展，不断迭代。发展趋同使得教师教学能力提升的同时，还会形成自身的特色，保持了后来者的创新能力。

三　教师教学能力评价方法

究竟如何科学地评价一名教师的教学能力呢？针对该问题，在文献综述中已经做了详述，需要根据研究总结提炼的教师教学能力（包括九种子能力）来逐步细化教师教学能力的评测量化标准。同时，在教师学习过程中利用教师反思、同伴互评、学生反馈、教师访谈、教学观察等途径获取教师教学能力评价的质性资料。最后，通过量化指标和质性分析来综合评价教师的教学能力发展。

（一）评价标准

教师教学能力分别由九种子能力构成，如表 5.3 所示，每种能力均可通过量化评价（由字母 L 来表示）或质性评价（由字母 Z 来表示）来表征。

1. 教学研究能力——T1（10 分）

【说明】教学研究能力是教师反思教学、总结经验、提升教学能力的原动力，也是研究型教师发展的基础。一位教师的研究能力会长期影响教师教学能力的提升与发展。教学研究能力主要是指研究学生及教育实践的能力。教师的研究大多是结合自己的实践工作与对象开展的，因此教学研究能力也是高质量教育和教师自身专业能力不断发展的必要条件。[①] 其主要表征如下。

◇T1—1 积极反思教学并撰写相关教研论文（2.5 分 L）

◇T1—2 积极参与教学研讨，能够提出自己的观点和认识（2.5 分 Z）

◇T1—3 钻研学科知识、把握学科动态、积极外出参加学术及培训活动（2.5 分 L）

◇T1—4 积极发现问题，并有解决问题的实际行动（2.5 分 Z）

2. 教学设计能力——T2（25 分）

【说明】教学设计能力是教师教学能力的重要组成部分，教师教学设计能力就是使得教师能有效完成教学设计的一系列个人特征，如知识、技能、情感、动机、自我概念等。[②] 当前教师教学设计能力主要从以下几个环节考量。

◇T2—1 信息化教学设计（5 分 L）

◇T2—2 媒体开发与应用（5 分 L）

◇T2—3 学习者特征分析（5 分 LZ）

◇T2—4 教学内容设计（5 分 L）

◇T2—5 教学环节设计（5 分 LZ）

3. 同伴协作能力——T3（20 分）

【说明】美国教育学者卡瓦里尔（Robert Cavalier）等在计算机教学

[①] 叶澜：《新世纪教师专业素养初探》，《教育研究与实验》1998 年第 1 期。

[②] 齐媛、张生：《教师教学设计能力述评》，《现代教育技术》2009 年第 1 期。

中，对比个别化学习与协作学习的学习结果后指出了协作学习的优越性，即当确定了目标之后，在研究问题和互相帮助的行为方面，协作学习比个别化学习更有效。① 新时代教师之间的协作越来越频繁，协作成为教师之间互相理解、交流、分享的重要途径。具备同伴协作能力的主要表征如下。

◇T3—1 协同备课（5 分 Z）

◇T3—2 资源共享（5 分 Z）

◇T3—3 观摩互评（5 分 Z）

◇T3—4 合作设计（5 分 Z）

4. 教学改革的能力——T4（15 分）

【说明】教学改革的能力是教师变革教学活动、创新教学方法、提高教学质量的原动力，只有勤于思考、勇于教改、反复验证、总结经验、提炼方法，才能锻炼教学研究与教学设计能力。美国学者波斯纳（G. J. Posner）曾提出：教师的成长 = 经验 + 反思。他认为没有反思的经验，只是一种狭隘的经验。它最多也只是不成熟的零散的知识，绝不能上升为系统的理论及规律。这种反思是对教学过程、教学形式、教学情境主动地、积极地反思。因此，给予反思的教学改革能力成为影响教师教学能力发展的基础能力之一。拥有教学改革能力的表征如下。

◇T4—1 适应技术发展，教学中熟练应用新媒体、新技术（5 分 Z）

◇T4—2 反思教学，变革教学方法、改进学生学习方式（5 分 Z）

◇T4—3 积极参与教改项目与实验（5 分 Z）

5. 综合测评能力——T5（10 分）

【说明】综合测评能力指教师既能评价学生的学业和能力发展，又能客观测评自身和他人的教学以及开展自我发展测评。

◇T5—1 学生成绩测评（2.5 分 LZ）

◇T5—2 学生能力测评（2.5 分 LZ）

◇T5—3 教学评价（2.5 分 Z）

◇T5—4 自我发展评估（2.5 分 Z）

---

① 李芒：《论综合实践活动课程与教师的教学能力》，《教育研究》2002 年第 3 期。

6. 教学实施能力——T6（20分）

【说明】教学实施能力是指教师在教学设计的基础上，实现教学设计方案的能力，具体包括教师教学过程中讲授、操作、组织、监控、管理、反思、交往的能力。现代教育观念指导下的教学实施能力强调学校教学与社会的连续性，强调对学生进行生存能力和创造性的培养。不仅包括讲解能力和答疑能力，还有对基于问题式学习和合作学习的指导能力。[①] 教师教学实施能力的强弱，主要体现在以下方面。

◇T6—1 课堂讲授（2.5分L）

◇T6—2 软件、工具操作（2.5分L）

◇T6—3 课堂组织（2.5分L）

◇T6—4 课堂监控（2.5分L）

◇T6—5 课堂管理（2.5分L）

◇T6—6 教学反思（2.5分Z）

◇T6—7 教学交流与交互（2.5分Z）

◇T6—8 课外学习设计与指导（2.5分L）

7. 教学反思能力——T7（5分）

【说明】教师对自身教学及其他人教学过程的认知能力就是教学反思能力，是总结教学经验、改进教学方法和教学过程的必要能力。教学反思能力具体体现如下。

◇T7—1 自我评价（1.5分Z）

◇T7—2 教学评价（1.5分Z）

◇T7—3 学习者评价（2分Z）

8. 教学认知能力——T8（10分）

【说明】教学认知能力是指教师对行业知识、学科专业知识及教育专业知识的学习与理解的能力，可以从行业知识水平、学科知识水平及专业知识技能三个方面体现。

◇T8—1 行业知识水平（3分L）

◇T8—2 学科知识水平（3分L）

◇T8—3 专业知识技能（4分L）

---

① 陈丽、李芒、陈青：《论网络时代教师新的能力结构》，《中国电化教育》2003年第4期。

第五章 全媒体环境下教师教学能力指数型趋同发展

9. 教学自修能力——T9（10分）

【说明】具备教学自修能力的教师，具有个性化教学风格的形成能力，在人格魅力层面形成气质、感染力，能够不断产生教学效能感、职业自豪感和价值感。

◇T9—1 教学风格（2.5分 LZ）

◇T9—2 人格魅力（2.5分 LZ）

◇T9—3 教学效能感（2.5分 Z）

◇T9—4 职业自豪感和价值感（2.5分 Z）

根据上述教师教学能力的九种子能力构成，设计教师教学能力综合评价量表。如表5.3所示，从T1—T9，每种子能力均有具体的测评内容及其对教师教研、教学、自主学习与合作等方面的影响，以及可以采用的量化或质性评价的选择。每种子能力均可采用调查问卷、课堂观摩、材料分析和访谈等不同的方法来实施评价。

表5.3　　　　教师教学能力综合评价量表示例

	测评内容	评价等级	影响力	量化 L	质性 Z	工具/途径
教学研究能力（T1）	能够积极反思自身教学，有自己的见解和认识，能发现教学中的问题，有解决问题的实际行动，能够立足于教学开展研究活动并能总结经验，通过学术成果交流经验与方法	发表国家级论文2篇以上者为强（中文核心或CSSCI检索源期刊），发表国家级论文1篇或省级论文3篇及以上者为中，发表省级论文3篇以下者为弱	教师教研	√	√	调查问卷/访谈/材料分析
教学设计能力（T2）	能够熟练开展信息化教学设计、合理开发与应用新媒体、新技术并能科学分析学习者特征，有针对性地设计教学内容、设计教与学的过程	课堂观察结合材料分析，熟练掌握上述5项者为强，熟练掌握上述3项者为强为中，掌握3项及以下者为弱	教师教学	√	√	调查问卷/课堂观摩/材料分析

续表

	测评内容	评价等级	影响力	量化 L	质性 Z	工具/途径
同伴协作能力（T3）	能够熟练开展校内外同行协同备课、共享资源。能与同事合作共事、设计开展教学活动。经常开展线上、线下教学观摩与互评	上述活动1学期开展5次及以上者为强，3—5次为中，3次以下者为弱，活动次数可累计	教师教研 自主学习与合作		√	调查问卷/材料分析
教学改革能力（T4）	能够主动适应技术发展，教学中熟练应用新媒体、新技术。积极参与教改项目与实验。具备变革教学方法、改进学习方式的能力	1学期开展活动3项者为强，2项者为中，1项及以下者为弱，单项活动次数不累计	教师教研		√	调查问卷/访谈/材料分析
综合测评能力（T5）	能够熟练测评学生成绩、有效测评学生能力，能够积极准确、科学地开展教学评价，并对自我发展有清晰的认识	上述认识清晰、具体、明确且有自己的见解者为强，有一定认识者为中，表述不清者为弱	教师教学 教师教研 自主学习与合作	√	√	访谈/材料分析
教学实施能力（T6）	课堂讲授清晰，技巧娴熟，能够熟练操作与应用教学软件及操作工具。课堂组织合理有序，课堂监控及时到位。课堂管理科学高效，能将教学反思反馈至教学，并熟练开展教学交流与交互。注重课外学习设计	根据课堂观察量表评价	教师教学	√	√	课堂观摩
教学反思能力（T7）	能够科学、客观地开展自我评价，尤其对自身的教学风格有明确认识。能够对他人教学进行科学合理地评价，并能给出有效建议。能够熟练地对学生展开多元评价，科学高效	结合调查文件和访谈描述，达到3项及以上者为强，达到2项为中，1项及以下者为弱	教师教学 教师教研 自主学习与合作		√	调查问卷/访谈

第五章　全媒体环境下教师教学能力指数型趋同发展

续表

	测评内容	评价等级	影响力	量化 L	质性 Z	工具/途径
教学认知能力（T8）	能够熟知行业发展现状。掌握相关先进行业知识和学科知识。具备较强的专业技能	根据问卷评定，培训或学习项目数达到3项及以上者为强，达到2项者为中，1项及以下者为弱	教师教学教研	√		调查问卷/课堂观摩
教学自修能力（T9）	已形成鲜明的教学风格。能够通过自身的人格魅力感染和教育学生。能在教学中体验较强的教学成就感具有明确的职业自豪感和价值感	根据课堂观察结合访谈描述，达到3项及以上者为强，达到2项者为中，1项及以下者为弱	教师自主学习与合作	√	√	调查问卷/访谈

（二）评价方法

针对教师教学能力发展的评价，是一个多种评价方法综合应用的系统过程，包括课堂观察、网络空间观察、过程性资料分析（备课资料、教研资料、研究成果等）、调查研究、师生访谈等多种形式。质量结合的评价方法既可以获得准确科学的测评数据，又可以通过质性分析获悉教师教学能力发展深层次的原因和状况，为促进教师教学能力趋同发展提供科学依据。质性研究充满浓烈的人文关怀，以质朴的情怀探究事物的本质和问题的根源，同时辅以量化研究的手段和方法形成高度可信的研究新理念，而且在不断发现新问题的同时质性研究也将不断深化。[①]

四　教师教学能力趋同发展评价方法

由于目前针对教师教学能力趋同发展的认识不统一，需要参照教师教学能力的评价方法，给予巧妙的设计来合理体现教师教学能力的趋同发展。这种趋同是发展的趋同，而非简单的协同。

---

① 杨滨、任新英：《对质、量结合的人文关怀式研究法初探——以中小学课堂学习方式改革的质性研究为例》，《现代教育技术》2010年第8期。

(一) 评价指标

教师教学能力的趋同发展评价是基于教师教学能力的评价基础之上的，主要考虑教师教学能力发展的趋同状况，可以从教师教学能力的九个子能力方面来予以分析，其发展的基点依然是自身的能力水平，不同的能力趋同表征受标杆的影响。以表5.3教师教学能力综合评价量表为基础，设计教师教学能力趋同发展评价量表（见表5.4），详细反映教师教学研究能力、教学设计能力、同伴协作能力等子能力发展的趋同表征。同时在持续研修时长、合作对象、自主继续教育、自主研修、自主对标、教学能力的整体提升等方面的发展，也将是教师教学能力趋同发展的表征内容之一。

表5.4 **教师教学能力趋同发展评价量表示例**

	影响面	趋同发展表征	量化评价（L）	质性评价（Z）	工具/途径
教学研究能力（T1）	教师教研	◇有研究成果（论文、教程等） ◇积极参与教研活动、能够提出自己的观点和认识	√	√	评价量表/观察、访谈、材料分析
教学设计能力（T2）	教师教学	◇独立开展信息化教学设计 ◇能够独立将新媒体、新技术应用于教学 ◇能够熟练开展学习者特征分析、教学内容设计以及教学环节设计	√	√	评价量表/课堂观摩、材料分析
同伴协作能力（T3）	教师教研 教师自主学习与合作	◇多点协同备课（多时空） ◇多点资源共享（多时空） ◇主动观摩并互评课程 ◇主动邀请伙伴合作设计课程		√	调查问卷/现场观摩
教学改革能力（T4）	教师教研	◇适应技术发展，灵活应用新媒体、新技术变革教学方法，改进学生学习方式 ◇主持或参与教改项目与实验		√	评价量表/访谈、材料分析

续表

	影响面	趋同发展表征	量化评价（L）	质性评价（Z）	工具/途径
综合测评能力（T5）	教师教学 教师教研 教师自主学习与合作	◇学生成绩多元测评 ◇学生能力多元测评 ◇自主教学评价 ◇自我发展规划与评价	√	√	评价量表/访谈、材料分析
教学实施能力（T6）	教师教学	◇课堂讲授思路清晰、方法得当，对教学内容有研究 ◇能够灵活应用多种软件、工具促进教学 ◇能够有效组织、监控和管理课堂 ◇能够开展教学反思 ◇注重教学交流与交互 ◇教学中有明显的课外设计	√	√	调查问卷/课堂观摩
教学反思能力（T7）	教师教学 教师教研 教师自主学习与合作	◇能够有序开展自我评价 ◇开展教学及学习者评价		√	评价量表/访谈、材料分析
教学认知能力（T8）	教师教学 教师教研 教师自主学习与合作	◇主动阅读专业、学科及教育类相关书籍 ◇能将所学灵活应用于教学	√		调查问卷/课堂观摩、材料分析
教学自修能力（T9）	教师自主学习与合作	◇主动学习与研修 ◇形成一定的教学风格 ◇提升教学效能感 ◇具有职业自豪感和价值感	√	√	评价量表/访谈、材料分析

（二）评价方法

评价教师教学能力发展的趋同状况，首先要对教师的初始教学能力进行评估，评估标准如表 5.3 所示，为每个参与实验的教师提供一份针对教学能力的数字画像，同时也要对标杆教师进行评估，量化标杆教师与实验教师之间的差距。经过全媒体环境下教师教学能力的趋同培养之后，对同一样本教师的教学能力进行再次评估，依据表5.4考量其是否能够分别解决某些共性的教学问题，是否能够独立开展相似的教学信息化设计，是否能够利用新媒体、新技术来变革教与学的过程。同时，需要考察参与实验的教师在合作能力、自主学习能力、研修时长等方面的变化与发展。评价数据的获取可以通过调查问卷、课堂观摩、空间观察、材料分析等完成。

本章小结

教师教学能力发展评价，既是教师教学能力培养的重要环节，也是研究成果有效性的验证手段。研究从全媒体环境影响教师教学能力趋同发展的因素入手，分析了教师教学能力趋同发展的特性，详细分析了全媒体环境下教师教学能力趋同发展的"选择压"，从生物能力形成的机理入手，提出了教育"选择压"设计与激发的方法。同时，从教师教学能力评价方法入手，研究设计了教师教学能力综合评价量表，对教师教学能力的9种子能力评测提出了明确的测评内容和途径。以此为基础，创新性的提出了教师教学能力趋同发展评价方法，设计了教师教学能力趋同发展评价量表，为后续研究提供了测评依据。

学术共鸣

"趋同发展"是"协同发展"的高级形式，其概念虽然来自生物学领域，但依然适合解释教育现象。教师教学能力趋同发展最显著的特征就是其教学能力长期、可持续的自主发展，该特征与自然界中一定"选择压"下的生物进化类似。如今，教师有大量的机会参加各种类型的培训与学习活动，轰轰烈烈的学习之后，当再次回归日常教学时，教师在教学习惯、教学方法等方面是否会面临"一切回到了原点"的尴尬。究竟怎样才能保持和延续教师在培训与学习中的热情，对此您有何见解呢？欢迎与笔者交流，在交流与讨论的过程中就可能经历"协同"向"趋同"发展的变化。

第六章

全媒体环境下教师教学能力趋同培养模型构建

科学就是整理事实，以便从中得出普遍的规律或结论。[①]

——［英］查尔斯·达尔文

第一节　模型构建基础

本章将采用理论演绎法，即在教学理论和学习理论的指导下，基于一定的实践需要推导出全媒体环境下教师教学能力趋同培养模型，设计该模型的教学应用模式，然后在教学实践中开展多类型教学实验，逐步验证和修正，不断完善模型。具体设计步骤如下（见图6.1）。

一　全媒体环境下影响教师教学能力趋同发展的要素

第五章详细阐述了全媒体环境下影响教师教学能力趋同发展的要素，影响教师教学能力发展的五种因素（环境因素、个人因素、学习和实践活动、反思与评价、专业支持服务团队）包含了十九种趋同发展要素，即网络平台、学习资源开发、工具应用、激励机制、学习信念、学习动机、情感、态度、网络课程、课题研究、合作教研、自我反思、经验交流、发展档案、教师互评、合作交流、教研指导、技术支持和答疑解惑。同时，也包含了十九种应对策略，为新媒体、新技术促进教师教学能力提升找到了

[①]　［英］查尔斯·达尔文：《物种起源》，苗德岁译，译林出版社2016年版。

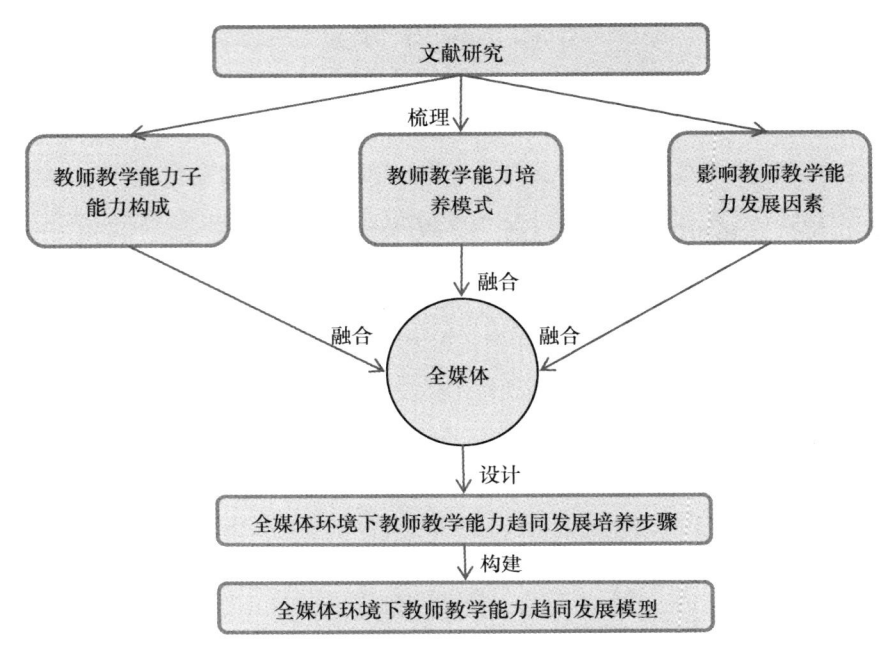

图 6.1　全媒体环境下教师教学能力趋同发展研究框架

切入点。全媒体环境下影响教师教学能力趋同发展的要素分析是教师教学能力趋同培养的理论基础。

二　综合评价教师教学能力发展以及教学能力趋同发展

前文通过大量文献综述，分析提出教师教学能力的九种子能力结构。为了准确度量教师教学能力的发展，本研究制定了《教师教学能力综合评价量表》（见表5.3）、《教师教学能力趋同发展评价量表》（见表5.4），分别通过质性和量化手段分析了教师教学能力九种子能力的发展状况以及教学能力发展的趋同表征，为后续实验研究的开展提供了测量依据。综合评价标准将作用于教师教学能力趋同培养的评价反馈环节。

三　设计"选择压"支架激发策略促进教师教学能力趋同发展

为促进教师教学能力趋同发展，研究设计提出了"选择压"支架，其实质是一种激发教学能力发展的策略和方法。根据生物学趋同进化理论，样本教师在一定的任务"选择压"下，其教学能力会较为快速地发展且具有趋同趋势。"选择压"支架设计将成为教师教学能力趋同培养的核心驱动环节。

四 多层次、多类型教学改革探索为教师教学能力趋同发展模型提供实践依据

从教学中的实际问题出发，探寻模型构建的实践依据。目前，已经探索总结了三种类型的实践体："互联网＋智能手机环境下的码课①教学实验研究""基于智慧平台的智慧教学实践研究""基于中小学创客教育的校本课程开发与设计研究"。其中既有高校课堂教学实践，又有中小学校本课程教学实践。三种实践类型将成为教师教学能力趋同培养的实践载体。

五 教师教学能力趋同发展模型修正

本研究采用专家函询和教学实践两种方法对模型展开修正，专家函询采用电话访谈和电子邮件咨询相结合的方式；教学实践采用行动研究，穿插准实验研究，将所构建的教师教学能力趋同发展模型应用于教学实践。通过对不同学校、不同学段教师在具体教学实践中的观察，包括学习空间行为观察、课堂观察以及能力测试等，收集量化数据并从多个方面来验证模型的有效性，最后根据行动研究结果进一步修正和完善教师教学能力趋同发展模型。

第二节　趋同培养模型构建

一 全媒体环境下教师教学能力趋同培养关键环节分析

结合上述研究来系统思考与分析全媒体环境下如何促使教师教学能力构成中各子能力的发展，需要经历哪些关键环节。其中，每个关键环节都能够反映出教师教学能力趋同发展模型的实施步骤。

---

① 码课即通过扫描二维码上课，一种基于二维码技术的全新教学模式。

（一）入门前测定能力
◇教师初始教学能力测定
◇分析教师教学能力强项和弱项
（二）探寻标杆找方向
◇有针对性的寻找标杆教师
◇确定教师自身发展方向
（三）问题诊断定课题
◇分析教师教学能力发展中存在的问题
◇对照标杆分析教师教学能力发展影响要素
◇确定能够驱动教师开展教学改革的具体课题
（四）精选媒体用技术
◇根据需要选择适宜媒体
◇积极探索应用技术解决问题
（五）方案巧设"选择压"
◇精心设计培养方案
◇提供支架创设"选择压"
（六）实践应用有指导
◇根据方案设计开展多类型、多层次教学实践应用
◇分析应用效果、总结经验
（七）测评反馈修方案
◇实施教师教学能力趋同发展测评
◇进行教师教学能力趋同发展分析、提出培养方案修订建议

二 构建全媒体环境下教师教学能力趋同发展模型

钟志贤提出，可将教学模式视为一种教学程序与相对稳定的教学步骤，教师可以依据教学模式开展教学活动，提升教学效果。[①] 本研究亦将教师教学能力趋同发展模型视为一种相对稳定的教学程序与步骤，可以为教师呈现教学能力趋同发展的稳定应用方法和过程。结合分析上述 7 个关键环节，研究构建了全媒体环境下教师教学能力趋同发展模型（简称

---

① 钟志贤：《信息化教学模式》，北京师范大学出版社 2006 年版，第 77 页。

TACD 模型）如图 6.2 所示。

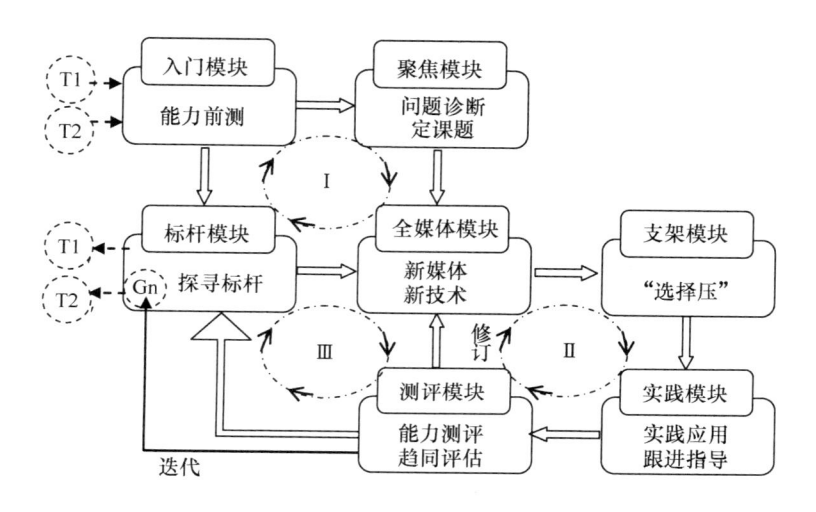

图 6.2 全媒体环境下教师教学能力趋同培养模型

注：T 为培养教师，G 为标杆教师。

TACD（Teaching Ability Converged Development）模型中的七个环节，其实是独立的七个模块，相互之间能够形成三个内循环（Ⅰ、Ⅱ、Ⅲ）。如图 6.2 所示，第Ⅰ个循环在教师教学能力培养之初，在入门模块、聚焦模块、标杆模块与全媒体模块四个模块之间发生与发展。在对教师已经具备的教学能力初步测定的基础之上，需要开展教师教学能力强弱项分析和能力发展要素分析。确定能够驱动教师开展教学研究的适宜课题，并同步探寻标杆教师，尤其是在某些子能力方面较强的教师。结合这两个方面的分析，选择适宜的媒体与技术，支持教师教学能力的发展。第Ⅱ个循环在教师教学能力培养的中期，在全媒体模块、支架模块、实践模块与测评模块四个模块之间发生与发展。在新媒体、新技术支持下的教师需要设计"选择压"支架，按照教育"选择压"的设计与激发策略，实施四个步骤的教育"选择压"的激发与应用，即"标杆寻基线、压力找载体、驱动需任务、实施要规范"。带有教育"选择压"的相关教师进入实践模块，开展多层次、多类型的教学实践应用，一轮实验结束后开启测评模块，对教师教学能力发展状况进行科学测评，分析趋同发展水平。测评结果的一个分支会反馈至全媒体模块，对媒体与技术的选择应用产生影响，进而改进"选择压"的设计。测评结果的另一支反馈信息在修订标杆选择的同时将开启第Ⅲ个循环，即在标杆模块、全媒体模块、测评模块三个模块之间发生与发展的终期循环。该模型中的三轮内循环贯穿教师教学能力培养的始终，是教师教学能力趋同发展的内驱力。图 6.2 中的教师 T_1、T_2……T_n 经过多轮迭代培养，其教学能力与标杆教师 G_1、G_2……G_n 的教学能力发展呈现出趋同趋势，真正实现标杆教师引领培养教师教学能力发展的愿景。

三 全媒体环境下教师教学能力趋同发展模型验证与修订

该模型是通过归纳法与演绎法结合而成，对其验证与修订可分为两个步骤：第一步，专家函询修订模型；第二步，实验修正模型。

（一）专家函询

首先对全媒体环境下教师教学能力趋同发展模型的可用性和有效性进行专家函询，主要采用电话、QQ 交谈和电子邮件等方式与多位专家展开交流，通过汇总和吸收专家意见来初步修订模型。

1. 选定专家

本研究分别从教育学、心理学、教育技术学领域各选取 3 位专家，并在中小学选取在创客教育、编程教育等方面具有教学实践经验的教师 6 人，共计 9 人。

2. 设计与实施访谈

笔者基于模型的七大模块设计了访谈工具，用以收集专家意见，主要验证模型的合理性，希望专家从自身专业的角度出发，对模型构建要素、流程结构等提出改进意见。

3. 专家反馈意见

9 位专家对全媒体环境下教师教学能力趋同发展模型给予了充分肯定，一致认为该模型能够凸显教师教学能力趋同发展的全过程，每个内循环都是模型运行的内驱力。同时，专家提出了宝贵的修改意见。

（1）该模型应体现出基于互联网的大环境下的建构。

第六章　全媒体环境下教师教学能力趋同培养模型构建

（2）聚焦模块应该突出问题，使得实施过程中指向性更加明确。

（3）支架模块的"选择压"设计不仅要考虑媒体技术的应用，还应该关注问题的产生与解决。建议在支架模块与问题模块之间建立回路。

（4）增设第Ⅳ个内循环，即在问题模块、全媒体模块和支架模块之间形成内循环，遵循发现问题、分析问题、解决问题的思路，从教师所遇到的教育问题和自身的教学问题出发，本着高效解决问题的原则选择适宜的新媒体、新技术，并创设相应的项目或活动，制造适度"选择压"以促进问题的解决。为了便于后期模型的应用，可调整内循环的顺序，按照第一至第四象限来划定循环序号。

（5）建议在探寻目标中细化过程，即分析如何探寻适合自己的目标。既有教师分析，也有学情分析。可以分不同级别的学校和不同生源，以及不同学历背景的教师展开多标杆对比研究。

（6）四个内循环必须通达且合理，故而全媒体模块与标杆模块及测评模块之间需改为双向箭头，更深层的表达媒体技术的更新对标杆的选择以及教师教学能力测评的影响。

（7）建议根据实际流程，明确第二象限的第Ⅱ个内循环必须在其他三个内循环完成的基础上开展，其循环方向应改为逆时针方向，进而更加准确地表达支架模块对问题及全媒体等模块的影响。

（8）考虑到该模型将指导不同的教师开展教学能力提升培养，会根据需要衍生出不同的培养模式，因此建议将模块以关键环节来代替，以使得整个模型的流程更加清晰。例如，"入门模块"可改为"能力初评"，"聚焦模块"可改为"聚焦问题"，"标杆模块"可改为"标杆定标"，"支架模块"可改为"支架产压"，"实践模块"可改为"实践应用"，"测评模块"可改为"测评反馈"。

（9）模型需要体现教师教学能力的趋同，根据专家反馈意见修订模型如图6.3所示。

（二）实验修正

本研究对专家初步修订的模型进行具体化应用设计，并实际应用于教学实践，开展多轮迭代的准实验研究，根据实验结果，总结经验并不断修正模型，以使其趋于原型。计划开展长期而持续的研究，在研究的现阶段

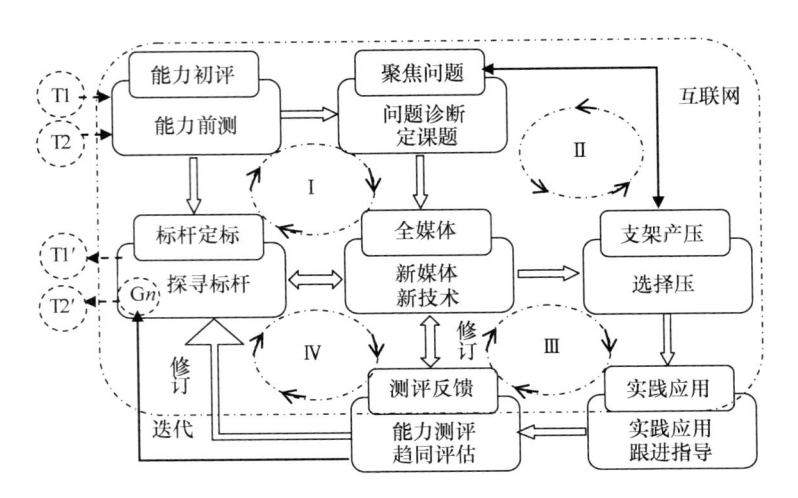

图6.3　专家修订版全媒体环境下教师教学能力趋同培养模型

注：T为培养教师，G为标杆教师。

开展了"互联网+智能手机"环境下的码课教学实验，后续研究阶段将开展指数思维引领下的智慧平台教学实践研究以及基于中小学创客教育的校本课程实验研究。每一阶段将在修订后模型的指导下尝试不同类型的教学过程，探索多模态教师教学能力趋同发展的有效模式，总结实践经验，以便推广应用。

本章小结

在文献研究的基础上，本章根据教师教学能力趋同培养关键环节，构建了全媒体环境下教师教学能力趋同培养模型。同时，对模型进行了详细的解读，并在专家函询的基础上对模型进行了初次修订。

学术共鸣

教育建模，其实质是探寻研究之要素，并指出各要素之间相互关系的过程。教育研究中所构建的模型抑或模式均可理解为要素及其关系的表征。一个良好的教育模型，应该清晰表达研究者所提出的核心要素，并能简明扼要地反映各要素之间的关系，为进一步开展教学实践提供行动框架。就本章所构建的模型，请读者阅读理解模型含义，如有疑问或思考，欢迎与笔者交流、分享经验和认知。

第七章

全媒体环境下教师教学能力趋同培养模型应用研究

> 我平生从来没有做出过一次偶然的发明。我的一切发明都是经过深思熟虑和严格试验的结果。[①]
>
> ——［美］爱迪生

第一节 基于 TACD 模型的教师指数型趋同发展模式

TACD 模型是教师教学能力趋同发展培养的总设计框架,教师的教学能力必须在不断改进的教学实验中培养。因此,有必要构建符合 TACD 模型且能够培养教师教学能力的具体教学模式,即构建基于 TACD 模型的适于教学实践的教师教学能力趋同发展模式。该模式应该能够指导一线教师开展具体的教学实践活动,而能力的培养是内隐于模式具体教学活动之中的。如图 7.1 所示,该模式具备四个具体的环节。

第一环节,培训测试。参与实验的 A、B 校教师在开展教学之前,需进行简单的培训,其中包括教师教学能力前测,即给每位教师的教学能力给予评价,使教师明白自身的能力现状,进而明确自身发展目标。

第二环节,施压设计。在专家指导下开展教学研讨,此时的"选择压"来自教师教学一线存在的诸多问题,把发现与解决教学问题作为提升

[①] 李云玲:《爱迪生》,光明日报出版社 2009 年版。

第七章 全媒体环境下教师教学能力趋同培养模型应用研究

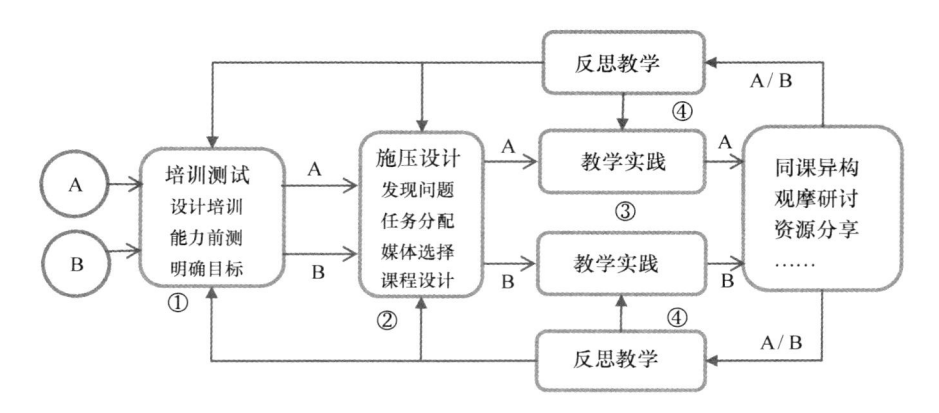

图 7.1 基于 TACD 模型的教师教学能力指数型趋同发展模式

教师教学能力的"选择压",进而集体研讨课程设计方案、明确任务分配、选择媒体与技术。通过该环节,多校教师能够跨校形成共识,选择能够解决教学问题的方法与模式,并在一定的"选择压"下产生强大的专业发展内驱力。

第三环节,教学实践。A、B 校教师跨校形成共识之后,将分别进入教学实践。教师们将共同研讨制定的教学方法与模式应用于教学,同时不定期开展同课异构、观摩研讨、互置课堂、资源分享等教学活动。

第四环节,反思教学。每个学期的末期,教师们开展网络反思与研讨,及时将教学改革中出现的问题和修订建议反馈至前三个环节,不断修正教学方法,形成稳定而有效的教学模式。此时,A、B 校每一个实验教师都是教学模式的构建者、应用者和修订者,每一位教师的教学成果都会随着每一轮教学实验的开展而传播与分享。教师在一轮教学实验之后,会逐步形成以教改设计能力为主的教学能力群。另外,反思与研讨过程还会同步激活教师持续开展教学改革的动力细胞,帮助教师形成自主教学能力提升的专业发展意识,并在具体的某种教学子能力的发展中产生指数级增长效益,即每一位教师都可以既是学习者又是其他教师的标杆。由此,从根本上找到并克服了大量传统教师培训活动无法长期跟进与持续开展的弊端。

第二节 基于 TACD 模型的教学实践研究

一 实验设计

（一）基本信息

实验课题："互联网+智能手机"环境下的码课教学实验研究

实验对象：参与实验的教师

实验目的：

（1）验证 TACD 模型对培养教师教学能力趋同发展的有效性并修正模型。

（2）总结 TACD 模型的教学应用模式及其应用方法和策略。

实验假设：

（1）基于 TACD 模型设计、实施的教改课题，能有效提升教师教学能力（或某些子能力）。

（2）通过教学实验，参与其中的实验教师的教学能力（或某些子能力）均有所提升。

（3）通过教改课题的实施，参与课题的教师的教学能力均向着标杆教师的水准发展，并与标杆教师有相似的提升（趋同发展）。

（二）实验变量

自变量 X：全媒体环境下教师教学能力趋同发展模型的教学应用

因变量 Y：教师教学能力

干扰变量：教师态度、影响教师能力发展的内外因素等

本次准实验研究中，采用不相等实验组控制组前后测准实验设计模式，即通过教师能力前测，从两校各选取无显著差异的 5 位教师，共计 10 位，其中每校从 5 位教师中随机选定 3 位教师为实验组教师，2 位教师为对照组教师，总计有 6 位教师参与实验，受到实验干预，总计 4 位教师不予实验干预。以此来确保实验样本的对等性，尽可能提高准实验研究的内在效度，削弱干扰变量的影响。

（三）研究方法

本研究采用质量结合的综合研究法，即准实验研究+行动研究。

（四）研究内容

（1）基于 TACD 模型开展"互联网+智能手机"环境下的码课教学设计。

（2）基于 TACD 模型开展"互联网+智能手机"环境下的码课教学实践。

（3）评测基于 TACD 模型同课异构教师的教学能力发展。

（4）研究基于 TACD 模型的"互联网+智能手机"环境下的码课教学对于提升教师教学能力的效果。

（5）总结基于 TACD 模型的教师教学能力提升模式与经验方法。

（五）研究过程

（1）实验样本的选择。

（2）样本能力评估。

（3）选定标杆教师及目标分析。

（4）问题分析与聚焦。

（5）"互联网+智能手机"环境下的码课教学设计。

（6）"互联网+智能手机"环境下的码课教学实践。

（7）实验教师能力发展测评（包括实验相关数据分析）。

（8）对标分析，总结经验、修订模型。

二 实验样本的选择

（一）选取研究样本

本项研究以河南省博士后科研项目"'互联网+智能手机'环境下的高校码课教学实证研究"为依托，选择课题研究样本 A 大学和 B 大学（以下简称"A 校""B 校"）开展教学准实验研究和行动研究。为了提高准实验研究的内在效度，必须选择教学能力初始水平相差不大的教师组成实验组与对照组。因此，笔者选择 A 校，应用教师教学能力综合测评工具（调查问卷、访谈提纲等）对担任过《现代教育技术》公共课的 8 位教师进行教学能力前测。研究依据现有教师教学能力评价指标，设计开发了教师教学能力调查问卷，应用 SPSS19.0 对该问卷的信度系数进行分析，其信度系数为 0.701（见表 7.1），表明该问卷信度良好，有进一步分析的价值。计划从两所学校各选取 5 位教师（共计 10 位）参与课题实验研究活动。

表7.1　　　　　　　　教师教学能力调查问卷信度系数

可靠性统计量	Cronbach's Alpha	N of Items
数值	0.701	16

1. A校实验组、对照组的选择

表7.2为A校样本教师教学能力综合测评成绩（百分制）。

表7.2　　　　　A校样本教师教学能力综合测评成绩均值

样本教师	A1	A2	A3	A4	A5	A6	A7	A8
平均分	47.5	45.5	33	59	77	32.5	57	34.5

本研究在文献研究的基础上设计了教师教学能力综合测评量表，其中数据分别来源于教师教学能力发展调查问卷、课堂观察及材料分析以及访谈分析，通过质量结合的手段综合测评教师教学能力，对应的教师教学能力水平如表7.3所示。

表7.3　　　　　　　　　教师教学能力水平等级

等级	教师教学能力水平	测试得分
三级水平	善于思考、创新和交流的教育者	90—100分
二级水平	善于设计和改革的教育者	70—89分
一级水平	一般水平的教学者	40—70分
低于一级	低水平的教学者	40分以下

在测评的8个教师样本中，根据表7.2所反映的成绩，可将教学能力水平测评得分40分以下的剔除——A3、A6、A8。选择教师教学能力水平在一级及以上的教师5位，作为实验组和对照组，开展实验研究活动。数据显示，A校A1、A2、A4、A5、A7 5位教师的分值处于一级水平以上（见表7.2）。因此，选择这5位教师开展实验研究。由于A1、A2分值相近，A4、A7分值相近，4位教师均处于同一能力水平——一级水平；A5分值最高，能力水平处于二级水平，故计划在这5位教师中，选择A1、

A2 组成实验组，A4、A7 组成对照组，A5 拟定为标杆样本。

2. B 校实验组与对照组的选择

在测评的 8 个教师样本中，根据表 7.4 所反映的成绩，可将教学能力水平测评得分 40 分以下的教师剔除，选择教学能力水平在一级及以上的教师 5 名，作为实验组和对照组，开展实验研究活动。数据显示，B 校 B1、B2、B3、B4、B8 5 位教师的分值处于一级水平以上（见表 7.4）。

表 7.4　　　　　　B 校样本教师教学能力综合测评成绩均值

样本教师	B1	B2	B3	B4	B5	B6	B7	B8
平均分	60.5	41.5	60	63	33.5	36	38	45.5

因此，综合考虑教师教学能力综合测评和其能力水平分布情况，将 B 校的 B2、B8 两位教师组成实验组，B1、B3 两位教师组成对照组。由于 B4 也处于一级水平，故而不能拟定为标杆教师，可纳入对照组参与实验。因此，B 组标杆只能探寻子能力标杆。

综上所述，本研究在两个样本学校中共选择实验组 4 位教师，对照组 5 位教师，拟定标杆教师 1 位，合计 10 位教师参与实验研究（见表 7.5）。

表 7.5　　　　　　　　样本学校教师抽样统计

样本学校	实验组教师	对照组教师	标杆
A 校	A1、A2	A4、A7	A5 + 子能力标杆
B 校	B2、B8	B1、B3、B4	

（二）确定标杆教师

10 位参与实验的教师中，虽然拟定了 1 位教师为标杆教师，但不能满足 A、B 校对标杆教师的需求，需要深入挖掘教师子能力标杆，以期通过实验教师教学子能力的对标发展，促进教师教学能力的整体提升。

1. 实验样本能力分析

对所选的样本教师的教学能力等级进行统分，根据能力等级状况，选择标杆教师。此处标杆教师的选择需要指数思维引导，即多点遴选标杆，可以是整体教学能力标杆，也可以是某一子能力标杆。表 7.6 中详细标注 10 位教师各自的教学能力水平，及其可能成为标杆的子能力。能力等级共分为四级（见表7.3），每个教师教学子能力中较佳子能力项和欠缺子能力项均需按照能力编号分别注明，表中带有星号（★）的为标杆项。A5得分77，处于二级水平，可在整体能力方面做标杆教师。除了A2、B2两位教师以外，其他教师分别从T1—1到T9—4的子能力项中存在较佳能力项和标杆能力项。例如，B1的标杆子能力便是T5—4。

表7.6　　　　　　　　　　实验样本能力分析对照

样本教师	能力等级				子能力水平	
	低于一级	一级	二级	三级	较佳能力项	标杆能力项
A1		47.5			T1—3/T7—1/T7—2	T1—3
A2		45.5				
A4		59			T1—3/T2—2/T2—2 T4—1/T5—3/T6—2	T2—2/T4—1/T6—2
A5★			77		T3—2/T3—3/T5—1 T5—2/T6—2/T8—3	T3—2/T3—3/T5—1 T5—2/T6—2/T8—3
A7		57			T1—1/T2—2/T4—2 T8—2	T1—1/T8—2
B1		60.5			T1—3/T5—4/T6—1 T7—1/T9—3/T9—4	T5—4
B2		41.5				
B3		60			T2—3/T5—1/T6—1 T7—1/T7—2	T7—2
B4		63			T2—2/T4—3/T6—2	T4—3
B8		45.5			T3—2/T6—2	
标杆遴选	能力等级共分为四级，每个教师的教学能力子能力最高得分项需注明（按照编号）					

2. 标杆能力发展趋向

两所样本学校的教师在教学能力及其子能力等方面可互为标杆，如图7.2所示，A、B校样本教师在教学能力的不同方面各具有优势。研究选择某一子能力最优者及教学能力综合最优者为标杆，以其为参照确定标杆能力发展趋向。例如，A1、A2、B2、B8均可以以A5为标杆，也可以分别选

第七章 全媒体环境下教师教学能力趋同培养模型应用研究

择 A4、A7、B1、B3、B4 的子能力为标杆。

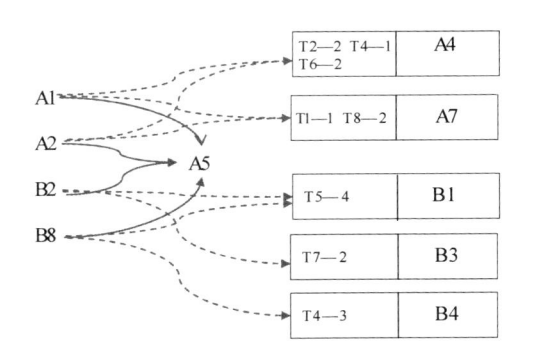

图 7.2 研究样本标杆指向关系

3. 实验教师教学能力发展目标

根据研究样本标杆指向关系（见图 7.2），可确定实验教师教学能力发展目标如表 7.7 所示，两校实验组教师分别从教学能力等级和子能力发展两个方面确定具体的发展目标。计划教学能力等级由一级上升为二级，子能力目标分别对应于其他教师的较佳子能力。

表 7.7　　　　　　　　**实验教师教学能力发展目标对照**

样本教师	能力等级目标及子能力发展目标		
	现状等级	目标等级	子能力发展目标（较佳子能力）
A1	一	二	T1—1/T2—2/T4—1/T8—2
A2	一	二	T1—1/T2—2/T4—1/T8—2
B2	一	二	T5—4/T7—2/T4—3
B8	一	二	T5—4/T7—2/T4—3

（三）"选择压"设计

实验组教师的"选择压"由智慧学习平台与码课支持下的翻转课堂教学结合而产生。首先分析实验组教师的生态位，深入剖析教师教学中所面临的困难，以"问题"为导向，解决教师的真问题，促使教师进入一种不可不变的教学改革生态位。智慧学习平台主要包括"雨课堂""超星学习通""蓝墨云班课"等智能应用 App。学习平台由教师灵活选择，而翻转课堂则是实验组教师通用的教学方法，要求教师开发与课程相关的码课资源，通过线上、线下的扫码学习来支持翻转课堂教学活动的开展。

三 研究时间及活动安排

本研究计划用时一年半（三个学期），根据实验需要开展多轮实验教学活动，以验证TACD模型的有效性，并对模型进行多次修订。具体研究时间及活动安排如表7.8所示。研究分为三个阶段，第一阶段为实验前预备阶段（2017年9月—12月），研究组进入样本学校（A、B校）开展第一阶段的教学实践研究。选取样本教师，综合考虑教师年龄、学历、教龄等各个方面的相似性，为了减少不同课程对实验的干扰，两校均以《现代教育技术》公共课为实验课程，选择其中实施过项目学习的班级开展教学实验。主要对样本学校的教师进行整体观察与测验，通过教师教学能力综合测评选取样本，分为实验组和对照组，通过教师访谈获悉相关信息。第二阶段为第一轮教学实践具体实施阶段（2018年1月—10月），主要组织实验组教师开展基于TACD模型的全媒体环境下的教学改革，对照组则在传统教学环境下采用相同的学习方式开展教学活动，不予实验干预，引导教师开展行动研究并穿插准实验研究活动。第三阶段为总结阶段（2018年11月—2019年1月），主要分析行动研究中教师的变化、总结全媒体环境下教学改革经验，验证TACD模型对提升教师教学能力的有效性，并对模型进行第二次修订（首次修订为专家修订，见图6.3）。

表7.8　　　　　　　　研究时间及活动安排

时间	研究活动
2017年9月—2019年1月	研究样本的确定，细化研究计划，任务分配
	实验工具的开发、实验设计
	基于TACD模型，设计能有效提升教师教学能力的教学模式，并通过实验验证其有效性，进而对模型进行修订（主要设计码课教学）
	总结教学活动经验，修订TACD模型，进一步验证模型的有效性，并对模型进行多次修订，提出基于TACD模型的教师教学能力发展的有效应用模式和教学方法与策略

四 教学实验内容及过程

(一) 教学实验内容

本项实验均选取 A、B 校《现代教育技术》公共课展开观察与测评。在近一个学期的教学中,研究人员与实验组教师一起进行教学设计,充分利用新媒体、新技术变革教学过程,利用智慧学习平台助力教学。同时,对参加实验的教师的教学能力进行观测,通过数据对照标杆教师的能力项,分析实验组教师教学能力的发展状况,从而总结经验,为后续教师教学能力趋同发展的长期研究提供基础与支持。

(二) 教学实验过程

教学实验过程遵循图 7.1 的流程,具体分析如下。

(1) 教师教学能力测评,实施实验分组、确定标杆及培训。通过对参与实验的 A、B 校教师教学能力的前测,给予教学能力评价,使教师明白自身的能力现状,明确发展目标。

(2) "选择压"设计。从教学一线存在的问题入手,以教学问题的主动化解为教师教学能力提升的"选择压"。本项实验将基于智能手机对高校课堂教学的干扰问题,开展"互联网+智能手机"环境下的码课教学设计;如何提高智能手机这种全媒体在教学中的设计应用效率,成为实验组教师的"选择压"。在这种"选择压"下,实验组教师可以灵活选择智慧学习平台,组织与设计课程教学内容。

(3) 实施教学与教研。实验组教师同步开展"互联网+智能手机"环境下的码课教学实践,将共同研讨制定的码课教学模式应用于实践,同时不定期开展同课异构、观摩研讨、互置课堂、资源分享等教学活动,以及实验组教师教学能力发展测评。学期末开展教师教学能力发展测评,其中包括课堂观察、实验相关数据分析等。

对标分析,趋同发展。教师们开展网络反思与研讨,及时将码课教学中出现的问题和修订建议反馈至前几个环节,不断修正教学方法,形成稳定而有效的码课教学模式。两校实验组教师成为教学模式的构建者、应用者和修订者,教学成果会随着每一轮教学实验的开展而传播与分享。教师在一轮教学实验之后,会逐步形成以教改设计能力为主的教学能力群。在总结经验与策略的过程中,实验组教师自主教学能力提升的专业发展意识逐步形成，教师的某种教学子能力与标杆教师趋同发展。其中的每一位教师既是学习者，又会成为其他教师的标杆。在多标杆的影响下，教师的教学能力发展必将呈指数级增长。

五 基于TACD模型的教学行动研究

行动研究中蕴含着"为行动而研究，在行动中研究，由行动者研究"的独特理念。① 行动研究的主体是一线教师或者一线教师与教育研究者的结合，因此本研究以公共课《现代教育技术》为基础，开展行动研究，其中穿插准实验研究，不断修正模式。经过计划、行动、观察与反思的螺旋上升式的经验总结路向并结合实验数据，分析教师教学能力趋同培养的迭代过程。

（一）行动研究目标

本研究的目标之一是验证TACD模型在培养教师教学能力方面的有效性，探索全媒体在教学中的应用对培养教师教学能力的支持作用。通过样本学校教学一线的行动实践来反思教学效果，改进教学活动设计，探究模型存在的问题，以期能够修正模型，总结模型的应用策略。

（二）行动研究准备工作

在开展行动研究之前，必须对样本学校参与实验的教师给予技术应用等方面的培训，教师需要在研究人员的指导下开展行动研究，具体准备工作如下。

（1）对实验组教师进行码课教学设计培训。

（2）对实验组教师进行智慧学习平台教学应用等方面的培训。

（3）对实验组教师的教学设计与内容进行研讨与修订，并形成清晰的"选择压"，以教学任务的形式下达至任课教师。

（4）设计行动研究观察量表。

（三）数据收集工具

1. 教师教学能力综合评价量表

本研究通过教师教学能力综合评价量表来评测教师教学能力的发展（见表5.3）。量化了教师教学能力所囊括的九种子能力，明确了每种子能

---

① 朱雁：《行动研究之类型及模式》，《中学数学月刊》2014年第10期。

力对教师发展的影响,规范了教师教学能力评价的工具与途径。

2. 教师教学能力综合评测记分表

教师教学能力综合评价记分表(见表7.9)与教师教学能力综合评价量表一起用于评测教师教学能力的发展。

表7.9　　　　　　　**教师教学能力综合评测记分表示例**

教师编号:＿＿＿＿＿＿　　教师性别:男□　女□

		实验过程(√选)							
	测评内容	前				后			
		强	中	弱	小计	强	中	弱	小计
教学研究能力	积极反思教学并撰写相关论文(2.5分L)	2.5	1.5	0.5		2.5	1.5	0.5	
	积极参与教学研讨,能够提出自己的观点和认识(2.5分Z)	2.5	1.5	0.5		2.5	1.5	0.5	
	钻研学科知识、把握学科动态、参加学术及培训活动(2.5分L)	2.5	1.5	0.5		2.5	1.5	0.5	
	积极发现问题,并有解决问题的实际行动(2.5分Z)	2.5	1.5	0.5		2.5	1.5	0.5	
教学设计能力	信息化教学设计(5分L)	5	3	1		5	3	1	
	媒体开发与应用(5分L)	5	3	1		5	3	1	
	学习者特征分析(5分LZ)	5	3	1		5	3	1	
	教学内容设计(5分L)	5	3	1		5	3	1	
	教学环节设计(5分LZ)	5	3	1		5	3	1	
同伴协作能力	协同备课(5分Z)	5	3	1		5	3	1	
	资源共享(5分LZ)	5	3	1		5	3	1	
	观摩互评(5分Z)	5	3	1		5	3	1	
	合作设计(5分Z)	5	3	1		5	3	1	
教学改革能力	适应技术发展,教学中熟练应用新媒体、新技术(5分Z)	5	3	1		5	3	1	
	变革教学方法、改进学生学习方式(5分Z)	5	3	1		5	3	1	
	积极参与教改项目与实验(5分LZ)	5	3	1		5	3	1	

续表

测评内容		实验过程（√选）							
		前				后			
		强	中	弱	小计	强	中	弱	小计
综合测评能力	学生成绩测评（2.5分LZ）	2.5	1.5	0.5		2.5	1.5	0.5	
	学生能力测评（2.5分LZ）	2.5	1.5	0.5		2.5	1.5	0.5	
	教学评价（2.5分Z）	2.5	1.5	0.5		2.5	1.5	0.5	
	自我发展（2.5分Z）	2.5	1.5	0.5		2.5	1.5	0.5	
教学实施能力	课堂讲授（2.5分L）	2.5	1.5	0.5		2.5	1.5	0.5	
	软件、工具操作（2.5分L）	2.5	1.5	0.5		2.5	1.5	0.5	
	课堂组织（2.5分L）	2.5	1.5	0.5		2.5	1.5	0.5	
	课堂监控（2.5分L）	2.5	1.5	0.5		2.5	1.5	0.5	
	课堂管理（2.5分L）	2.5	1.5	0.5		2.5	1.5	0.5	
	教学反思（2.5分L）	2.5	1.5	0.5		2.5	1.5	0.5	
	教学交流与交互（2.5分Z）	2.5	1.5	0.5		2.5	1.5	0.5	
	课外学习设计（2.5分L）	2.5	1.5	0.5		2.5	1.5	0.5	
教学反思能力	自我评价（1.5分Z）	1.5	1	0.5		1.5	1	0.5	
	教学评价（1.5分Z）	1.5	1	0.5		1.5	1	0.5	
	学习者评价（2分Z）	2	1	0.5		2	1	0.5	
教学认知能力	行业知识水平（3分L）	3	2	1		3	2	1	
	学科知识水平（3分L）	3	2	1		3	2	1	
	专业知识技能（4分L）	4	2	1		4	2	1	
教学自修能力	教学风格（2.5分LZ）	2.5	1.5	0.5		2.5	1.5	0.5	
	人格魅力（2.5分LZ）	2.5	1.5	0.5		2.5	1.5	0.5	
	教学效能感（2.5分Z）	2.5	1.5	0.5		2.5	1.5	0.5	
	职业自豪感和价值感（2.5分Z）	2.5	1.5	0.5		2.5	1.5	0.5	
总分									

3. 课堂观察量表

针对教师教学实施能力和教学设计能力的评测，笔者设计开发了课堂观察及材料分析量表（见表7.10），结合教案及相关教学材料的分析，为教师教学子能力的评测提供量化数据。

表 7.10　课堂观察及材料分析量表示例（结合教案、材料分析）

教师编号：_____　　教师性别：男□　女□

教学设计能力	实验前			实验后		
	熟练	一般	模糊	熟练	一般	模糊
	5	3	1	5	3	1
信息化教学设计（5分L）						
媒体开发与应用（5分L）						
学习者特征分析（5分LZ）						
教学内容设计（5分L）						
教学环节设计（5分LZ）						
适应技术发展，熟练应用新媒体新技术教学（5分Z）						
教学实施能力	强	中	弱	强	中	弱
	2.5	1.5	0.5	2.5	1.5	0.5
课堂讲授（2.5分L）						
软件、工具操作（2.5分L）						
课堂组织（2.5分L）						
课堂监控（2.5分L）						
课堂管理（2.5分L）						
教学反思（2.5分Z）						
教学交流与交互（2.5分Z）						
课外学习设计（2.5分L）						
教学风格（2.5分LZ）						
人格魅力（2.5分LZ）						

4. 访谈工具

本研究设计了教师访谈提纲（见表7.11），用质性研究的方法分析行动研究中教师教学能力的发展。实验前通过访谈来了解教师教学能力发展状况，包括教师教研能力、教学反思能力、科研能力、教学改革的能力等多个方面。实验后利用访谈来了解教师实施全媒体（智能手机）环境下的码课教学的感受，以及实验后教师教学能力的发展状况，包括教改能力和教学反思能力等。

表 7.11　　　　　教师访谈提纲（前、后期修订版）

	实验前	实验后
访谈目的	（1）了解教师教学能力发展现状，尤其部分子能力的发展现状 （2）了解教师教学反思能力发展状况 （3）了解教师教学改革与研究能力现状	（1）了解教师对码课教学的认识和感受 （2）了解教师教学能力的发展状况 （3）了解教师教学改革能力、教学反思能力、教学研究能力的发展与变化
访谈内容	（1）您认为自己目前的专业知识与技能现状如何？您对专业发展有何规划？（将来更愿意在哪些方面发展？） （2）您觉得自己所讲授的课程会对学生的哪些能力产生影响？ （3）您在教学过程中针对哪些问题展开过教改活动？ （4）您在教学之前是如何分析学生、设计教学环节的？ （5）您目前主持或参与过哪些教改项目？这些项目主要解决哪些问题？ （6）您采取过哪些方法来变革自身的教学方式和学生的学习方式？ （7）您觉得目前的教学中，教和学两方面存在哪些问题和不足？ （8）在您的职业生涯中有哪些事情令您感到自豪，并能获得成就感？	（1）您认为码课教学对提升学生的学习质量有帮助吗？ （2）您觉得智慧学习平台，能否带给您教学智慧与帮助呢？ （3）您在这一个学期的教与学中都有哪些收获？ （4）您觉得码课教学有助于解决当下的哪些问题？ （5）您目前主持或参与过哪些教改项目？这些项目主要解决哪些问题？ （6）您采取过哪些方法来变革自身的教学方式和学生的学习方式？ （7）您觉得目前的教学中教和学两方面存在哪些问题和不足？ （8）在您的职业生涯中有哪些事情令您感到自豪，并能获得成就感？

5. 调查问卷

依据行动研究的需要，笔者借鉴多套有关教师教学能力的调查问卷，并根据实际研究的需求进行了优化，设计了教师教学能力调查问题。笔者依据分层整群抽样，在 A、B 校各选取了公共课程《现代教育技术》的 10 位教师开展了问卷试测（共计 20 位），发放问卷 16 份，回收有效问卷 16 份，有效问卷回收率为 100%。根据试测填答情况对问卷进行修正，调整后的问卷信度系数为 0.701（见表 7.1），说明调整后的问卷信度较好，具有可研究的价值。通过调查问卷对教师教学能力的发展进行统计和相关性检验，用以了解教师教学能力的发展状况。

六 基于 TACD 模型的教学实践案例

本研究应用基于 TACD 模型的教师指数型趋同发展模式（见图 7.1），从目前高校课堂教学存在的现实问题入手，本着利用全媒体解决教学问题的宗旨，研究选用目前最为广泛使用的全媒体——智能手机开展教学实践。通过"互联网＋智能手机"环境下的码课教学设计及码课教学实践来提升教师教学能力。

（一）设计背景

"互联网＋智能手机"带给人们无限可能的同时，也引发了高校课堂教学的诸多问题。目前，手机犹如一座大山横亘在大学生与教师之间，却又无法回避。许多教师面对这座大山一筹莫展，如何将大学生的注意力从手机转移到课堂教学中，就成为教师必须要面对和解答的时代考题。

本研究案例是基于"互联网＋智能手机"构建的数字化环境，借助翻转课堂教学理念，以二维码为微课资源传播中介，开展基于"码课"的高校课堂教学研究，以期能为教师解决教学问题提供帮助，在变革高校课堂教与学的同时来提升教师的教学能力。A、B 两校实验组教师均按照基于 TACD 模型的教师指数型趋同发展模式开展码课教学设计，实施码课教学。

（二）"选择压"——新时代教师必须回答的现实问题：大学生课堂手机应用的利与弊

1. 大学生手机应用现状调研

随着国家科技的发展、经济实力的逐步提升，中国已进入 5G 通信时代，移动通信已悄然融入人们生活的方方面面。在人们移动互联的过程中，智能手机扮演着重要的角色，当它遇到互联网，其功能就远不止于通话，人们可以通过手机进行娱乐、休闲、电子商务、学习与交流等。据工信部统计，截至 2020 年 10 月末，中国移动电话用户总数达到 16 亿户，手机上网用户数达 13.17 亿户。[①] 70% 以上的在线教育用户分布在手机端，移动教育正逐步成为在线教育主流。"互联网＋智能手机"的时代已经来

[①] 工信部运行监测协调局：《2020 年 1—11 月通信业经济运行情况分析》，《通信企业管理》2021 年第 1 期。

临,各行各业因此而发生着前所未有的变革。高等教育也必须面对诸多新问题。今天的大学生几乎每人一部手机,食堂吃饭、宿舍睡觉甚至校园漫步时手机均不离手,校园低头族比比皆是,课堂自然也成为学生应用手机的场所之一。由于智能手机的功能繁多、信息来源广泛、不便于监管,因此各中小学校曾明令禁止学生在校使用手机。高校教师对大学生课堂上玩手机也颇感头疼,屡禁不止。显然,对于大学生而言,手机带来的诸多诱惑远远大于课堂知识。当前学生上课玩手机,已然成为不可回避的问题。然而手机只是一个移动媒介,一个借助互联网实现多媒体功能的综合媒介,其多媒性注定了手机要比以往任何一种媒介更具有吸引力。[①] 将这种新媒体拒于高校课堂之外,显然并非明智之举。为更加详细地了解当代大学生手机应用现状,笔者对所在院校的四个学院学生应用手机的情况进行了问卷调查,共选择样本学生1010人,其中传媒学院255人、文学院344人、数学与信息工程学院212人、化学与环境学院199人。样本选取中既有文科生也有理科生,同时兼顾了大学一至四年级的学生,样本具有一定的代表性。发放问卷1010份,回收1008份,其中有效问卷986份,问卷有效率为97.8%。

问卷发放前,先行选取了部分学生,对问卷进行了试调查(发放90份,回收85份),根据填答情况对问卷进行了修正,删除原问卷中3—1、10、16—2、16—3、19、23—2等与本研究相关度不高的题目,提高整个问卷的信度系数,调整后的问卷信度系数为0.877(见表7.12),说明调整后的问卷信度良好,具有可研究的价值。

表7.12　　　　大学生手机应用现状调查问卷信度系数

可靠性统计量	Cronbach's Alpha	Cronbach's Alpha Based on Standardized Items	N of Items
数值	0.877	0.974	85

研究从手机普及率、使用频率、常规用途、学生对手机的心理依赖程度,以及学生对手机的认识等维度,对大学生应用手机的现状进行了问卷调查和数据分析,具体数据以及分析结论如下。

---

① 焦兵兵:《手机媒体的信息把关研究》,硕士学位论文,河南大学,2012年,第5页。

(1) 大学生的手机普及率很高

数据显示,回收的986份有效问卷中,拥有1个手机的学生为900人,拥有1个以上手机的学生为82人,没有手机的学生为4人。没有手机的情况分为两种,即手机丢失和计划购买。手机的拥有率高达99.6%,并且大学生所使用的手机均为智能手机。因此,本研究中所指的手机均默认为智能手机。

(2) 大学生手机使用基本情况

拥有手机的学生每天使用手机的频率为100%,其中每天打电话10个以上的学生占45%,每天会通过手机上网的学生比例为96%。学生们平均每月的电话费为36元(不包括无线流量费),他们均购买了手机流量,所购买手机的价位主要集中在1000—2000元,反映出目前大学生在手机方面的消费比较理性。

(3) 大学生应用手机的常规活动

目前,大学生应用手机的常规活动包括打电话、看新闻、查邮件、网络购物、查阅资料、看视频(包括看影视剧、视频聊天等)、玩游戏、听音乐、上QQ、看微信和刷朋友圈、看微博、看小说等。[①] 同时,要求学生自己对上述活动的频次进行由高到低的排序,即根据自己每天进行上述活动的次数多少排序。数据显示,频次数居于前三位的活动有看微信和刷朋友圈、看新闻、上QQ。显然,电话通信已经不是大学生应用手机的高频次活动,有40%的学生应用手机打电话的频次在应用手机的常规活动中排倒数第二,排倒数第一的活动是应用手机查阅资料。工信部统计数据显示,2017年1—3月,全国移动电话去话通话时长同比下降4.8%,[②] 反映出在基于手机的社交媒体和各种手机应用已经具备通话和视频功能的前提下,大学生使用手机的即时通信功能开展社会活动很普遍。学生应用手机开展学习的活动普遍偏少,服务娱乐、生活、休闲的频次较高。其中,应用手机开展专业课学习的频次几乎为零。

(4) 心理依赖程度

在对大学生的问卷调查多选题——"一天没有手机你会怎样?"的问

---

① 戴友榆、冯小楠:《应用计划行为理论探讨我国大学生观影意愿:兼论手机App体验的调节效果》,环渤海高校本科教育质量提升高峰论坛论文,2017年。

② 《2017年我国1—4月份移动电话用户数量统计》,2017年6月15日,中国报告网,http://data.chinabaogao.com/dianxin/2017/06152U6122017.html。

答数据统计中发现，75%的学生认为没有手机就好像丢了什么，无所事事；38%的学生觉得比较难受，六神无主；40%的学生只是想用手机看时间；60%的学生会有些着急；只有5%的学生一天不看手机也没有明显的不适。

对学生应用手机的时段统计中显示，在上课时、吃饭时、入睡前、醒来后、如厕时、行走时以及候车时都会看手机的学生占35%，有78%的学生在上课时会看手机、40%的学生在吃饭时会看手机，在入睡前、醒来后、如厕时看手机的学生占70%以上。

上述数据表明，当前大部分学生已经对手机产生了心理依赖，离开手机就不知道该干什么。[①] 结合手机应用的活动分析发现，78%的学生在上课时会看手机，但几乎没有学生是应用手机开展专业课学习的，这样手机就无形中给常规的课堂教学带来了巨大的负面影响，会引发一系列问题。如何正确疏导这股由新媒体新技术带给教育的洪流，使其恰如其分地灌溉"教育之田"正是本研究的难点之一。

（5）对手机的认识

针对大学生对手机的认识调查分为利弊两个方面。有32%的学生认为手机有利于扩大社交面、联系亲情；有66%的学生认为手机方便了自己购物和旅行；有28%的学生认为手机辅助自己学习与工作，例如及时查看邮件、外联事务等。也有65%的学生意识到手机会影响视力、分散注意力；有21%的学生担心手机会泄露自己的隐私；有16%的学生认为手机会使人上当受骗。

虽然大学生们已经认识到了手机的各种利与弊，并对手机的危害有一定的认识，但为什么仍有大部分学生会上课玩手机呢？并对手机的学习功能视而不见呢？这一系列的问题成为研究深入推进的原动力。大学生们目前对手机的初步认识，已经为本研究所开展的教学设计奠定了心理基础。

（6）大学生应用手机的相关性分析

目前，主要从手机普及率、手机消费、常规活动、心理依赖和对手机的认识五个方面考察大学生对手机的应用，同时对被调查学生的性别、年

---

① 黄树伟：《中学生手机依赖的心理机制与干预研究》，《教育界》2019年第6期。

龄、性格、家庭条件、学业成绩五种因素与上述五个方面的相关性进行统计分析（见表7.13）。

表7.13　　　　　　　　大学生应用手机的相关性统计

		性别	年龄	性格	家庭条件	学业成绩
手机普及率	Pearson 相关性	0.071	0.066	0.071	0.077	0.069
	显著性（双侧）	0.076	0.068	0.076	0.079	0.071
手机消费	Pearson 相关性	0.057	0.062	0.071	0.618*	0.067
	显著性（双侧）	0.059	0.061	0.076	0.000	0.069
常规活动	Pearson 相关性	0.644*	0.056	0.737**	0.621*	0.640*
	显著性（双侧）	0.061	0.059	0.000	0.000	0.000
心理依赖	Pearson 相关性	0.622*	0.068	0.767**	0.635*	0.071
	显著性（双侧）	0.011	0.071	0.003	0.014	0.076
对手机的认识	Pearson 相关性	0.067	0.073	0.773**	0.065	0.067
	显著性（双侧）	0.069	0.075	0.000	0.068	0.069
	N	986	986	986	986	986

注：*表示在0.05水平（双侧）上显著相关，**表示在0.01水平（双侧）上显著相关。

数据显示，手机普及率与上述五种因素没有相关性，手机消费与家庭条件显著相关，应用手机的常规活动受学生性别、性格和学业成绩的影响明显，男女学生和不同性格以及家庭条件不同的学生均与对手机的心理依赖显著相关，而学生的性格与对手机的认识显著相关。反映出，家庭条件会对学生的手机消费产生影响，条件越好的学生消费越高，其对手机的心理依赖也越强烈。对手机的常规应用活动中，男生普遍认为玩游戏、看新闻、打电话是他们应用手机最多的活动，女生认为网络购物、看视频（电视、电影、小视频等）、听音乐是她们应用手机最多的活动。性格内向的学生更喜欢看新闻、看微博、看小说，同时对手机的依赖性更强；性格外向的学生更喜欢上QQ、看微信和刷朋友圈以及打电话。学业成绩排在全班前十位的学生，其最多的活动为打电话、看新闻、查邮件。男女学生对手机的依赖程度有所不同，男生表现出对手机更强的依赖性。数据显示出一个奇特现象，即不同性格的学生对手机的认识有差别，性格外向的学生对应用手机的利弊关系认识不到位，而性格内向的学生虽然对手机有更强的心理依赖，但对手机的认识很全面。这种现象背后的问题值得我们深思。

2. 手机带给高校课堂教学的挑战与机遇

根据上述调查数据分析，可将大学生应用手机的现状总结为"宁可食无肉，不可没手机"。因而，禁止大学生课堂携带手机是不现实的，我们需要清醒地认识到学生上课使用手机的利与弊，才能进一步设计如何利用手机的多种功能促进高校课堂教学改革，提升课堂教学质量。

（1）手机带给高校课堂教学的危害

目前，人们更多关注到手机带给学生的负面影响，例如影响视力等，聚焦到高校课堂教学，主要有以下几种认识。

①手机会分散学生注意力，影响对知识的理解。

②手机会干扰教师的教学活动，减弱教师的授课热情。

③手机影响整个班级的课堂学习氛围，产生从众效应。

④手机会阻扰师生及生生之间的课堂交流，产生人际交往的数字鸿沟。

（2）手机带给高校课堂教学的利益

同时，我们认识到手机能够带给高校课堂教学改革诸多的便利，集中体现在以下几个方面。

①手机的合理应用能够改变课堂教学的主体，变教师中心为学生中心，变教师"教"为教师辅助下学生的"学"。

②利用手机学习的泛在性，将学生课前预习与课后复习整合进课堂。帮助学生将正式学习与非正式学习无缝衔接。

③利用手机的移动性，将课堂教学与移动学习相融合。

④利用手机的个性化应用程序（App），帮助学生进行个性化学习，辅助教师开展个性化教学。

⑤"互联网+智能手机"营造数字化学习环境，助力学生自主、合作和探究学习，在培养学生各种能力方面作用突出。

针对大学生应用手机的现状和手机带给高校课堂教学的机遇与挑战，本研究拟通过手机扫码上课的形式，深化高校翻转课堂教学。此处的"翻转课堂"是指翻转课堂的教学理念，而不是教学形式，不是强化课前、课后的活动设计，而是落实课前、课后的学习活动，凸显课外知识的积累和课内知识的消化吸收过程。这种课堂教学理念的翻转，才是真正引发高校课堂教学改革的核心动力。

（三）实验教师教学能力前测

根据本研究开发的教师教学能力测评标准，对参与实验的教师教学能力进行测评，包括综合能力水平及子能力发展水平，选择教学能力或子能力水平较高者为标杆教师，并根据能力水平划分实验组与对照组。教师教学能力前测既是实验研究的基础，也为实验效果的验证提供了参考指标。

（四）应用"码课"促进高校翻转课堂教学设计

1. 什么是"码课"？

"码课"即扫码上课，是指应用手机扫一下二维码，课程内容就会呈现在手机屏幕上，方便学生随时随地学习；书本内容以二维码的方式呈现，则称之为"码书"。"码课码书"是由高质量学习研究中心首席专家、平冈中学校长刘静波和"微课程"专家李玉平老师等共同提出的概念，以"码课码书"为载体的教学改革将颠覆学生传统的学习方式。

2. 码课能够解决高校课堂教学中的哪些问题？

合理设计、制作码课，并在课堂教学中引入码课，能够将全媒体与传统教学活动和教学设计相融合。以码课为核心，可以形成双圈互联结构（见图7.3）。码课成为一种连通载体，能够有效整合现有以手机为基础的各种软件、应用程序App，构成码课"朋友圈"（Ⅰ），圈中每个成员都是课堂教学中码课教学的载体或副手。微课是码课的最小单元，是码课的核心内容；微信、QQ等即时通信工具是码课传播的主要途径；手机应用App是对码课内容的有益补充与拓展；互联网是码课获取资源的窗口和交流途径。同时，码课在"朋友圈"的基础上，逐步应用并形成功能圈（Ⅱ），彰显码课的教学应用功能，包括设计发布任务，激励教与学，推送资源，分享经验，开展"一对一"教学，帮助学生移动学习，有效链接预习与复习环节，促进学生自主、合作、探究学习，加深师生间的交流与理解。

码课让学生们的手机在上课时有了用武之地，码课中学习与交流分享的过程疏导和减弱了手机对课堂教学的干扰，解决了手机分散学生注意力等一系列问题，利用手机的移动性和便捷性，促进了高校课堂中"一对一"移动教学的改革尝试。双圈互联结构的核心是码课，轴线是教师的码课教学设计和学生的码课学习。码课的双圈互联结构是动态开放的，随着新媒体、新技术支持下的全媒体不断创新与整合，码课"朋友圈"会逐渐扩大，产生更多更完善的教学服务功能，其功能圈也会相应扩展，进而形成动态的码课 DAS（Design And Study）双圈结构。

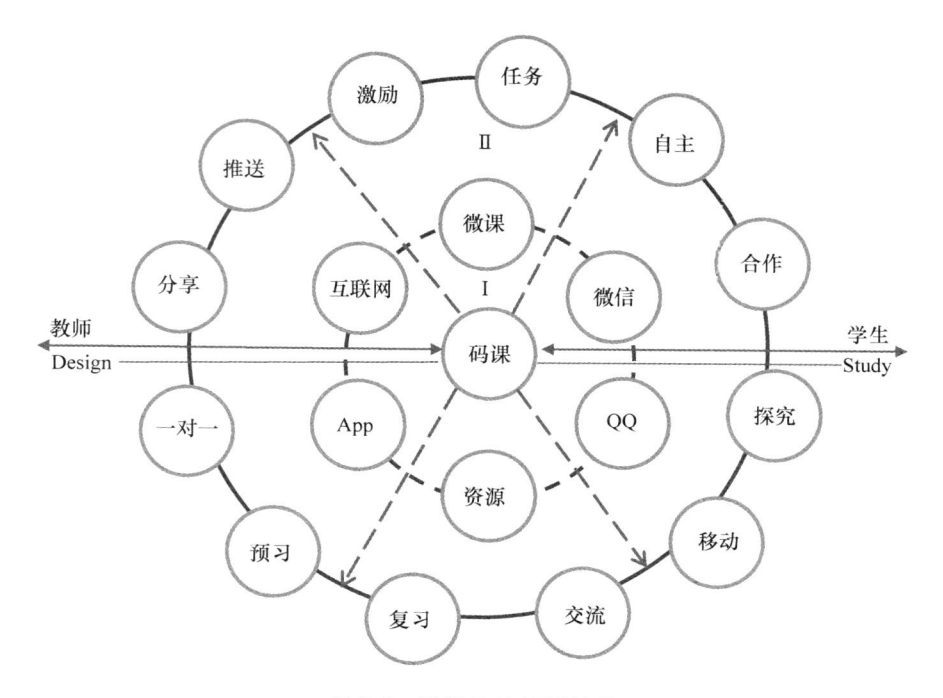

图 7.3　码课 DAS 双圈结构

注：Ⅰ表示朋友圈，Ⅱ表示功能圈。

3. 应用"码课"促进高校翻转课堂教学实践

笔者基于码课 DAS 双圈结构，开展了两个学期的实证研究，用以验证码课教学在高校课堂教学中的应用效果，并深入分析设计与组织开展码课教学的教师，其教学能力的发展状况，对比标杆教师探寻趋同发展规律。

（1）实验设计

【实验课程】《现代教育技术》

【实验对象】A、B 校 2017 级教育技术学专业学生

【研究方法】以准实验研究为主，辅以现场观察和访谈等质性研究

【研究时间】2017 学年第一学期、2018 学年第一学期

（2）实验过程

实验以《现代教育技术》课程内容需要来设计节点，每个节点开展一轮码课教学，每学期开展6—8轮实验教学。

第一轮实验教学的具体步骤如下。

第一步：精选课程相关教学内容。

第二步：教师制作微课，创作二维码，为开展码课教学做准备。

第三步：确定2017级甲班为实验班、乙班为对照班，开展实验教学。

2017级甲班和乙班由同一位老师授课（研究选取的实验组教师），甲班学生扫码上课，开展基于码课的翻转课堂教学；乙班学生采用微课支持下的翻转课堂教学。两个班级均采用翻转课堂教学理念设计教学活动。甲班和乙班教学的区别在于，实验班（甲班）学生所学微课以码课的形式呈现，利用互联网与智能手机所创建的移动学习环境，在课前、课中、课后扫码学习知识，课堂中交流问题。对照班（乙班）则采取课前公布微课，课中交流问题的传统翻转课堂教学方式开展教学活动。

第四步：数据收集与分析。数据收集与分析过程中主要采用质量结合的方法：①应用课堂观察和访谈等质性研究方法分析甲、乙班学生的学习状态和学习效果。②观察学生上课手机的用途。③观察学生上课回答问题的情况。④访谈甲、乙班的学生，了解微课创作和上课的情况。⑤调查问卷，量化评价学生学习状况。通过上述途径获悉学生的实际学习状况，有质性分析材料也有量化统计数据，形成相关分析报告，为进一步修订实验方案提供依据。

第五步：分析码课应用效果，修订码课制作方法和实施策略。

通过上述五个步骤，完成第一轮实验教学，码课应用效果分析及码课创作方法和实施策略的修正为下一轮实验提供支持，迭代进行上述研究。

4. 应用"码课"促进高校翻转课堂教学实验过程

第一轮准实验教学的实验过程如图7.4所示，首先选择适合开展翻转课堂教学的内容，然后设计码课（制作微课，转换为二维码），选定实验对象，扫码上课，然后通过观察、访谈等质性方法对照实验班分析码课应用效果，发现问题，修正微课设计方法和实施策略，为开展下一轮教学实验做好准备。

上述实验教学码课设计囊括了实验课程的核心内容，每次开发的码课

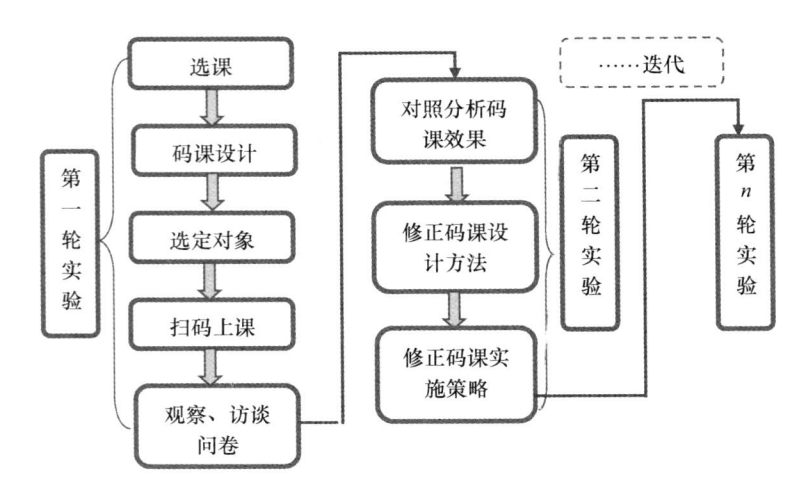

```
           ┌──选课
           │   ↓
第         │  码课设计        对照分析码课效果        ┌─── ……迭代
一         │   ↓                   ↓                │
轮         │  选定对象        修正码课设计方法     第二轮实验    第n轮实验
实         │   ↓                   ↓
验         │  扫码上课        修正码课实施策略
           │   ↓                   ↑
           └──观察、访谈问卷─────────┘
```

图 7.4　准实验研究迭代设计实施流程

时长均在三分钟左右。第一轮码课由主讲教师开发，共开发了 5 节码课；从第二轮开始，由教师辅助学生开发码课；实验班学生分为 10 组，针对相同的内容，每组分别开发自己的码课，然后在课前、课中或课后通过微信群分享码课，并互相评价（见表 7.14）。

表 7.14　2017 级码课实验设计

轮次	章节	码课内容	码课时长	码课数	创作主体
第一轮	第二章第二节	微课教学设计	2 分 50 秒	5	教师
第二轮	第三章第二节	多媒体课件场景转换制作	3 分 10 秒	10	学生 + 教师
第三轮	第三章第三节	多媒体课件 H5 页面制作	3 分 20 秒	10	学生 + 教师
第四轮	第三章第四节	多媒体课件动画制作	2 分 45 秒	10	学生 + 教师
第五轮	第四章第二节	PS 图像编辑	2 分 40 秒	10	学生 + 教师
第六轮	第四章第三节	在线图片处理	3 分 15 秒	10	学生 + 教师
第七轮	第四章第五节	视音频编辑	3 分 25 秒	10	学生 + 教师
第八轮	第六章第一节	思维可视化：思维导图	3 分 50 秒	10	学生 + 教师

（五）应用"码课"实施高校翻转课堂教学的步骤

笔者通过码课教学实验，总结提炼了应用"码课"实施高校翻转课堂教学的三大步骤，每个步骤又分为若干环节（见图 7.5）。

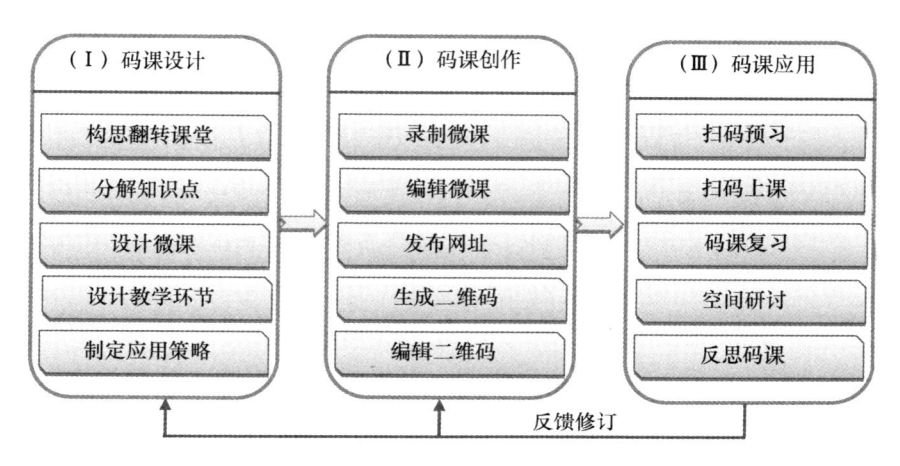

第七章 全媒体环境下教师教学能力趋同培养模型应用研究

```
┌─────────────────┐    ┌─────────────────┐    ┌─────────────────┐
│ （Ⅰ）码课设计    │    │ （Ⅱ）码课创作    │    │ （Ⅲ）码课应用    │
│  构思翻转课堂    │    │   录制微课      │    │   扫码预习      │
│  分解知识点     │ →  │   编辑微课      │ →  │   扫码上课      │
│  设计微课       │    │   发布网址      │    │   码课复习      │
│  设计教学环节    │    │   生成二维码    │    │   空间研讨      │
│  制定应用策略    │    │   编辑二维码    │    │   反思码课      │
└─────────────────┘    └─────────────────┘    └─────────────────┘
         ↑                     ↑         反馈修订        │
         └─────────────────────┴────────────────────────┘
```

图 7.5　高校码课教学设计步骤

步骤一：码课设计

码课设计主要包括五个环节。

（1）构思翻转课堂

构思翻转课堂即构思翻转课堂教学内容。一门课中不是所有内容都适合开展翻转课堂教学，因而有针对性地选择适合应用微课解决重难点的知识点，应用翻转课堂教学理念设计教学过程，才能发挥码课解决教学重难点问题的优势。要针对课程内容进行翻转课堂设计，将一些重要的知识选为码课内容。

（2）分解知识点

将选好的码课内容分解为小的知识点，每次讲解时长在3分钟左右，分解知识点的过程也是教师设计码课节点的过程。

（3）设计微课

将选好的知识点以微课的形式展开教学设计，精选音视频资料，制作讲解PPT或录制讲解视频。

（4）设计教学环节

设计微课在翻转课堂中的教学应用过程，重点设计利用"互联网＋智能手机"的移动学习环境中微课在课前、课中、课后的应用设计。

（5）制定应用策略

可以结合学生的专业特长，让学生参与到部分微课的设计过程中，灵活设计微课的制作与应用策略，充分调动学生的积极性，发挥学生的创造力。

步骤二：码课创作

码课创作主要包括五个环节。

（1）录制微课

对设计好的微课进行录制，可以采取多种途径，较常见的有三种方式：第一种应用手机的视频功能录课；第二种利用各种录屏软件，一边讲解 PPT 一边录制，如优酷录屏、超级快捕、拍大师等；第三种就是利用摄像机等直接录制讲授过程。

（2）编辑微课

通过手机下载软件，如小影、美摄等，对录制好的微课进行快速编辑，可以添加字幕、设置特效、添设背景音乐等；也可以利用专业的非编软件编辑微课，如 Premiere、EDUIS 等。

（3）发布网址

将编辑好的微课视频，应用手机软件或计算机发布到网上，例如可以发布到优酷视频，等待审核通过后，即可获得微课视频网址。

（4）生成二维码

选择二维码生成网站，将微课视频的地址信息生成二维码。例如，可以在百度中搜索"草料二维码"，打开"草料二维码生成器"应用"草料二维码"中的网址二维码功能，将发布到网络的微课视频的网址生成二维码。

（5）编辑二维码

可以将生成的二维码下载成图片格式或复制到 WORD 中，也可通过美化工具让自己的二维码更具有个性。例如，可以利用"草料二维码"中的美化工具为二维码设计多种多样的前景、背景色，也可以在二维码中嵌入所需的文字或图形。值得一提的是，可以将已经生成的二维码转化为活码，活码是对一个分配的短网址进行编码，扫描后跳转到这个网址。[①]

---

① 王映康、罗文俊：《云存储环境下多用户可搜索加密方案》，《电信科学》2012 年第 11 期。

步骤三：码课应用

码课应用主要包括五个环节。

（1）扫码预习

将课程二维码在课前公布，利用班级 QQ 群、微信群等社交平台共享二维码。学生利用课余时间，随时随地扫码预习。学生在课外充分利用码课学习知识，发现问题，利用课堂时间答疑解惑，这正是翻转课堂理念的集中体现。

（2）扫码上课

学生分组完成码课后，就可以扫码上课了，每组的作品都可以在课堂上展示。此时学生通过码课的制作，对所学知识已经很熟悉。课堂内的学习将聚焦于不同思想和观点，创作的灵感由此而发。

（3）码课复习

课后，学生可以根据自己的时间随时随地扫码复习，便捷的二维码服务，方便了学生对知识点的回顾。

（4）空间研讨

这里的空间主要指手机联通的互联网空间，例如微信群、QQ 群等，以班级空间为单位开展讨论，分享成果。

（5）反思码课

一轮教学结束后，需要组织学生反思码课设计，改进方法和策略。教师也要反思整个翻转课堂设计，优化码课制作过程，切实用码课解决课程的重难点问题。

（六）实验结果

本研究主要通过访谈、课堂观察和调查问卷分析三种方式，对比分析参与码课学习的学生与未通过码课开展学习的对照班学生的学习发展状况。

1. 学生访谈

每一轮码课实验教学之后，笔者都会随机选择实验班学生展开访谈，了解学生真实的码课学习心得。访谈分为现场访谈和网络 QQ 交谈两种形式，通过对访谈笔记的整理，以及对比按照传统教学方式授课的对照班学生的学习状况，可以得出以下结论。

（1）实验班学生

①学生通过制作码课，学会了一系列相关软件和手机 App，如录屏软件，包括手机应用小影或美摄等，许多学生反映自己应用软件的能力得到了提升。

②在分小组开发码课的过程中，部分学生之间的合作并不愉快。组内学生的参与度存在较大差异，部分学生学习积极性不高、主动性不够。

③学生开发码课的过程中会产生很多疑问，部分学生反映通过码课的制作，自己上课会提问了，有了问题就能够与老师和同学展开交流。这种由学生自主提出问题的现象在对照班很少出现。

④学生反映，当把自己创作的码课分享给别人，别人扫码学习时，自己觉得特别高兴，很有成就感，激发了自己创作微课的兴趣。

⑤学生们普遍谈到这种学习方式很新颖，改变了自己上课应用手机的习惯，比上课禁止拿手机更人性化。

⑥制作码课提升了学生的学习兴趣，在开发码课的过程中，学生自学了相关学习内容，并发现了学习中的问题。在分享码课的过程中，学生对发现的问题进行了交流，认真制作码课的学生都感到自己学到了知识。

⑦参与实验的学生一致认为，码课制作提高了自己的动手操作能力，克服了自己学习上的惰性。

⑧学生认为课外学习码课，将自己的疑惑记录下来，上课时讨论问题，这种学习形式效率很高，自己对一些知识点不仅理解得深，而且很快就记住了。

⑨学生反映扫码上课的形式很新颖，能够帮助自己在课堂中集中注意力。

（2）对照班学生

采用同样翻转课堂教学理念开展教学活动的对照班学生，则反映出以下学习情况。

①学生通过制作微课，自主学会了一些软件，如录屏软件，包括 Camtasia studio、优酷录屏等，学生普遍反映自己应用软件的能力得到了提升。

②在分小组开发微课的过程中，组内学生的参与度存在较大差异。

③学生反映制作微课比较枯燥，做三个以上就感觉没有兴趣了。

第七章　全媒体环境下教师教学能力趋同培养模型应用研究

④部分学生谈到，在开发微课的过程中，自学到了知识。
⑤学生认为，微课教学中需要教师的及时关注。
⑥部分学生反映课外缺少大量的时间来观看微课。

2. 课堂观察

（1）实验班学生开展码课学习之后，课堂学习状态发生了以下变化。
①课堂中手机的应用趋于一致，即大部分时间在扫码上课。
②学生们上课能够提出问题了，能够开展实实在在的课堂讨论。
③课堂氛围发生了变化，学生们注意力集中，学习热情高涨，学生的发言率明显提升。
④课堂教学主体发生了变化，由以教师为主体的授导教学转变为以学生为主体的答疑教学。

（2）对照班学生，课堂学习观察如下。
①课堂中依然有许多学生玩手机。
②认真制作微课的学生，上课能提出问题，但学生间对各自所制作微课的共享不足，课外没有充分地互学微课，故而无法开展实实在在的课堂讨论。
③课堂氛围发生了变化，在随堂观看学生们制作的微课时，学生的注意力集中，学习热情高涨。

（3）实验班与对照班软件操作技能对比分析

普通的翻转课堂教学方式是教师先演示相关实例，再由各小组学生模仿制作。虽然也有微课，但各组间微课的交流互动实时性不强，学生往往只熟悉本组的操作实例。为改变学生间孤立的学习现状，笔者特意设计由教师引导，学生分小组创作码课，课前分享码课成果，课堂扫码演示的教学方式，帮助学生开展基于码课的自学、讨论和交流。

通过八轮的实验教学，学生们不仅能制作出优秀的码课，并能将课本当中的实例进行编创，探索不同的创作方法。同样的教学内容，对照班的学生却无法发生这种知识的迁移，只能是机械地学习微课。

因此，通过码课学习，有利于将微课学习常态化和灵活化，强化了学生们的软件实操能力，促使学生在微课学习和实例制作的过程中积极展开思考和主动交流。

3. 调研数据分析

为了客观评价码课教学效果，研究针对实验班与对照班学生开展了学生码课学习效果调研，设计了《互联网＋智能手机环境下的码课教学应用效果调查问卷》（见图7.6），问卷从学生学习活动体验、技术支持体验、学习情感体验、艺术素养发展等维度对样本学校教育技术专业的学生展开调查研究。

图 7.6　码课教学应用效果调查问卷二维码

本研究收获网络填答问卷105份。采用SPSS19.0进行数据分析，问卷的信度系数为0.903（见表7.15），表明该问卷信度很好，有进一步分析的价值。

表 7.15　互联网＋智能手机环境下的码课教学应用效果调查问卷信度系数

可靠性统计量	Cronbach's Alpha	N of Items
数值	0.903	97

就学生学习活动体验而言，实验班学生在学习码课的过程中展开了积极的协作学习，一个小组中每个学生分别承担了文本创作（73.33%）、PPT制作（71.67%）、录屏（81.67%）、配音（75%）、生成二维码（61.67%）等相关任务。数据显示，有73.33%的学生能熟练地创作码课，并有65%的学生通过码课学习掌握了3个以上软件的使用方法；40%的学生认为码课对其专业知识的学习帮助很大。

学生在技术支持体验方面，实验班与对照班学生均能将微信、QQ等即时通信工具应用于学习之中，但实验班学生综合应用软件的能力更强

（见图7.7）。

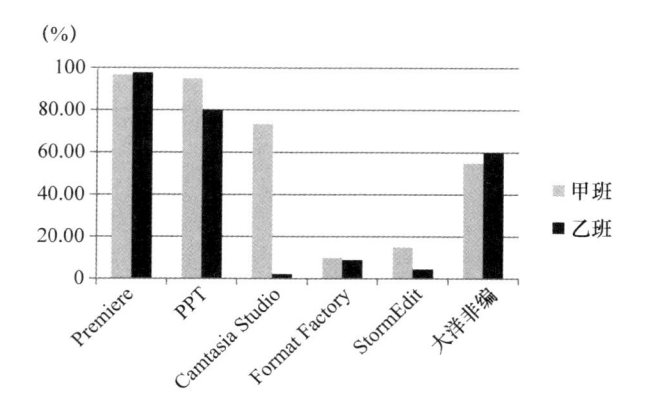

图7.7　实验班与对照班学生软件学习对比

学生的学习情感体验方面，实验班学生在发现问题的频率、软件学习的通识能力等方面明显优于对照班学生（见图7.8）。实验班学生在逐步获得自我效能感的同时，专业自信也更加充分。同时也反映出，甲班和乙班学生对软件学习的兴趣均较高，实验班学生掌握新软件使用方法的能力更强。如图7.7所示，实验班学生在学习Camtasia Studio时表现出明显的优势；但在常规非线性编辑软件（Premiere）的学习上，实验班学生反而不如对照班学生，反映出学生对常规软件的学习比较重视，兴趣浓厚，投入

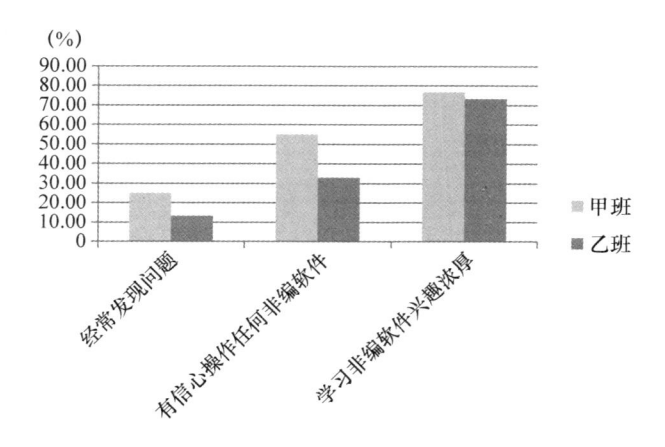

图7.8　实验班与对照班学生学习体验对比

的学习时间和精力也会更多。

实验班学生的合作学习和自主学习体验更加丰富，其中有67.33%的学生能做到互听意见、协商工作；78.33%的学生学习兴趣浓厚；73.33%的学生喜欢合作学习，能认真完成教师布置的实践任务；65%的学生喜欢创作微课，能够有效驱动自己，主动学习知识；58.33%的学生喜欢通过扫码与同学分享成果。这些积极的学习情感体验均会正向激励学生自主学习，而码课教学为学生们提供了优良的学习环境。

在艺术素养发展方面，通过微课学习，实验班与对照班学生对摄影艺术均产生了兴趣，并逐步开始有意识地发现"美"；但在分析影片中的特效应用、画面设计、微视频配音、配乐以及镜头意识等方面，实验班学生的表现要优于对照班。因为微课成为码课的过程也需要学生设计，起初码课的二维码只是单一色彩的黑色码，随着学生自己开始创作码课资料，不同小组将课程要素和知识点内涵设计进码课图标，部分小组还将设计的团队徽标做进二维码，一个个独具创意、五颜六色的二维码正是学生艺术素养发展的外在表征。

同时，对实验班与对照班学生在多个方面的问卷调查数据，应用SPSS19.0进行独立样本T检验，将测试得分均值存在显著性差异的题目归纳整理如下（见表7.16）。

表7.16　　　　实验班、对照班独立样本T检验统计量

题号	班级	N	均值	标准差	均值的标准误
19—1	实验班	60	0.62	0.490	0.063
	对照班	45	0.27	0.447	0.067
19—2	实验班	60	0.47	0.503	0.065
	对照班	45	0.22	0.420	0.063
23—1	实验班	60	2.20	1.299	0.168
	对照班	45	1.60	1.053	0.157
23—3	实验班	60	4.18	1.112	0.144
	对照班	45	3.42	1.406	0.210
24—1—3	实验班	60	0.12	0.324	0.042
	对照班	45	0.00	0.000	0.000

续表

题号	班级	N	均值	标准差	均值的标准误
27—2	实验班	60	0.95	0.220	0.028
	对照班	45	0.80	0.405	0.060
27—3	实验班	60	0.73	0.446	0.058
	对照班	45	0.02	0.149	0.022

表 7.16 显示,实验班的测试得分均值在七个题目中均明显高于对照班,接下来分析两个班级的均值差异是否具有统计的显著性。根据假设方差相等的 Levene 检验,表 7.17 中七个题目的 P(Sig.)值均小于 0.05,故而拒绝原假设,表明样本总体方差不相等。接着分析假设方差不相等时 T 检验的结果,表 7.17 显示 P(Sig.)值均小于 0.05,故而拒绝原假设,即实验组和对照组间学生七个题目作答测试平均值存在显著性差异。

从样本 T 检验的置信区间来看,区间不跨零,反映出实验组和对照组间学生在七个题目上存在显著性差异。

表 7.17　　　　实验班、对照班独立样本 T 检验

题号	假设方差	方差方程的 Levene 检验		均值方程的 t 检验						
		F	Sig.	t	df	Sig.(双侧)	均值差值	标准误差值	差分的95%置信区间	
									下限	上限
19—1	相等	6.570	0.012	3.757	103	0.000	0.350	0.093	0.165	0.535
	不相等			3.807	99.055	0.000	0.350	0.092	0.168	0.532
19—2	相等	24.838	0.000	2.640	103	0.010	0.244	0.093	0.061	0.428
	不相等			2.708	101.742	0.008	0.244	0.090	0.065	0.423
23—1	相等	9.387	0.003	2.535	103	0.013	0.600	0.237	0.131	1.069
	不相等			2.612	102.339	0.010	0.600	0.230	0.144	1.056
23—3	相等	7.064	0.009	3.097	103	0.003	0.761	0.246	0.274	1.249
	不相等			2.996	81.590	0.004	0.761	0.254	0.256	1.267
24—1—3	相等	30.958	0.000	2.415	103	0.018	0.117	0.048	0.021	0.212
	不相等			2.791	59.000	0.007	0.117	0.042	0.033	0.200

续表

题号	假设方差	方差方程的Levene检验		均值方程的t检验						
		F	Sig.	t	df	Sig.（双侧）	均值差值	标准误差值	差分的95%置信区间	
									下限	上限
27—2	相等	27.361	0.000	2.435	103	0.017	0.150	0.062	0.028	0.272
	不相等			2.251	63.325	0.028	0.150	0.067	0.017	0.283
27—3	相等	92.839	0.000	10.265	103	0.000	0.711	0.069	0.574	0.849
	不相等			11.523	75.639	0.000	0.711	0.062	0.588	0.834

根据检测结果可知，实验班学生在课程学习中遇到困难和问题时，更容易同伴互助或请教老师（题19—1、题19—2）；在与同伴或老师展开交流时，实验班学生使用QQ和微博的频率更高（题23—1、题23—3）；实验班学生更能熟练操作Premiere、会声会影等视频编辑类软件（题24—1—3）；在一个学期的学习中，实验班学生在PPT和Camstudio等第三方软件应用方面明显优于对照班（题27—2、题27—3）。

（七）行动研究结果——教师教学能力发展测评

行动研究的目的是在实际教学活动中，对基于TACD模型的教学——"'互联网+智能手机'环境下的码课教学设计与实践"进行反思，分析参与其中的实验组教师的教学能力发展状况，实验数据和反思经验将为二次修订TACD模型提供依据。基于TACD模型的码课教学，可谓"一箭双雕"，在变革课堂教学方式、提升学生学习绩效的同时，教师的教学能力也在提升。

1. 教师教学能力发展综合测评

在本次行动研究中，主要从以下四个方面对教学实验之后的教师教学能力发展状况展开分析（见图7.9）。

第一，通过调查问卷，从多个维度了解教师九种教学子能力的发展状况。

第二，通过教师访谈，获悉教师在应用全媒体开展教学改革实验中的所思所想，以及经验心得。

第三，通过课堂观察，分析教师课堂教学中所表现出的教学能力发展状况。

第四，通过学生评价，侧面反映教师教学能力发展状况。

图 7.9 教师教学能力发展评价综合分析维度

实验组教师分别开展码课教学实验之后，笔者对四位实验教师分别开展了教学能力综合评测，主要的方法是教师问卷调查和课堂观察。同时，对未受到实验干预的对照组教师和标杆教师均进行了教学能力综合测评（后测），表 7.18 反映出 A、B 两校样本教师实验前后教学能力综合测评的成绩均值以及所处的能力级别。数据显示，实验前后，实验组、对照组教师教学能力测评成绩都有提升。整体而言，实验组教师教学能力提升增值大于对照组，与标杆样本之间的差距也最小。实验组教师的教学能力水平均由一级升级为二级，对照组只有一个样本即 A7 教学能力提升增值较大，其能力水平也升为二级。标杆样本 A5 也有较大发展，但仍处于二级水平，比较接近三级水平。A、B 校实验组的四位教师通过能力提升培养，其教学能力朝着标杆教师 A5 的方向发生了明显的趋同，但并不是与标杆一模一样或者达到与标杆一样的水平。

表 7.18 A、B 校样本教师实验前后教学能力综合测评成绩均值及能力等级

样本教师		平均分		能力等级	
		实验前	实验后	实验前	实验后
实验组	A1	47.5	74	一级	二级
	A2	45.5	73	一级	二级
	B2	41.5	76	一级	二级
	B8	45.5	72	一级	二级

续表

样本教师		平均分		能力等级	
		实验前	实验后	实验前	实验后
对照组	A4	59	65	一级	一级
	A7	57	72	一级	二级
	B1	60.5	62	一级	一级
	B3	60	61	一级	一级
	B4	63	65	一级	一级
标杆	A5	77	83	二级	二级

2. 教师教学子能力发展分析

如表7.19所示，实验后，实验组教师教学能力等级均达到了目标等级二级，其子能力发展目标的达标率却不尽相同，A校实验教师子能力达标项较多，而B校实验教师子能力达标项明显偏少。A校实验教师A1、A2在教学研究能力（积极反思教学并撰写研究论文）、教学设计能力（媒体开发与应用）、教学改革能力（适应技术发展并在教学中熟练应用新媒体、新技术）等子能力方面提升较快，而B校实验教师B1、B2在教学改革能力（积极参与教改项目与实验）等子能力方面提升较快。数据显示，两个学校教师在未达标子能力发展方面具有相似性，A校教师在教学认知能力（学科知识水平）子能力方面发展较慢，B校教师在综合测评能力（自我发展）、教学反思能力（教学评价）子能力方面发展较慢。

表7.19　　　实验教师教学能力子能力发展对照

样本教师	能力等级目标及子能力达标项			
	目标等级	子能力发展目标（较佳子能力）	已经达到的子能力	未达标项
A1	二　达到	T1—1/T2—2/T4—1/T8—2	T1—1/T2—2/T4—1	T8—2
A2	二　达到	T1—1/T2—2/T4—1/T8—2	T1—1/T2—2/T4—1	T8—2
B2	二　达到	T5—4/T7—2/T4—3	T4—3	T5—4/T7—2
B8	二　达到	T5—4/T7—2/T4—3	T4—3	T5—4/T7—2

3. 教师访谈分析

上述实验从量的角度测量了教师教学能力的发展，了解教师在教学中的心得与体会、经验与方法，对于理解教师教学能力的变化有着不可忽视的作用。笔者应用所开发的访谈工具——《教师访谈提纲》，对参与实验教学的教师进行了深入访谈，包括现场座谈和 QQ 网络交谈。教师访谈分为实验前和实验后，以便对教师实验前后思想变化进行质性分析。下面是节选的部分访谈实录及部分实录分析。

（1）实验前访谈实录及分析[①]

——访问 A 校的张老师、赵老师、贺老师

访谈者："您对自己目前的专业知识与技能现状可满意？您对专业发展有何规划？将来更愿意在哪些方面发展？"

张老师："还比较满意，将来会在公共课教学方面开展一些改革实验。"

赵老师："对于专业前沿的东西学习不多，尤其是一些新技术没有在教学中尝试使用，自身的专业发展依然在教育技术史学方面，希望利用新媒体开展一些工作。"

贺老师："不太满意，专业技能并没有用于教学之中，将来计划多搞些项目，在项目中施展自己的专业技能。"

分析：张老师长期从事教育技术学公共课教学工作，对于传统教育技术知识和技能在教学中的应用驾轻就熟，因此很有自信，也希望能有机会在公共课教学方面开展改革实验，具备了教学实验的良好心理基础。赵老师虽然也教授《现代教育技术》课程，但研究方向是教育技术史，尤其偏重学术史，因此他对新媒体在教育教学领域的应用缺乏经验，但同样具有开展教学实验的强烈愿望。贺老师具备较强的计算机编程及应用能力，而且软件开发是其强项，但是他对自己的专业知识与技能依然不满意，主要原因是缺乏应用技术变革教与学的设计能力，因此他具有参与项目、开展研究活动的强烈愿望。

访谈者："您在教学之前是如何分析学生、设计教学环节的？您采取过哪些方法来变革教学方式和学生的学习方式？"

---

① 注：向被访谈者简单介绍了码课教学案例。此处仅节选部分讨论内容。

张老师:"我一般根据学生的本科专业,有针对性地讲一些有利于学科教学的知识。教学环节的设计没有什么特殊之处,尝试过任务驱动、问题导向的教学方式,但效果不佳。"

赵老师:"我会问学生的喜好,例如喜欢自学还是完成任务等;目前应用最多的方法是师生互换角色,让学生讲解一部分知识点,促进学生学习。"

贺老师:"我基本上不分析学生,教学以讲练结合为主,教学中尝试让学生以提交作品的形式自主学习,不知算不算教学方法的变革?"

分析:三位老师的交谈与综合测评数据基本一致,张老师、赵老师在T2—3子能力"学习者特征分析"项目上得分较高,显示该项能力中等;而贺老师则显示该项能力较弱。三位老师都尝试过变革教与学的方式,但取得的效果不尽如人意,侧面反映出教师需要系统地改革教学研究设计。

访谈者:"在您的职业生涯中,有哪些事情令您感到自豪并能获得成就感?如果有QQ,请留下您的QQ号码以便后期进行深入访谈。"

张老师:"去年学生评教中我获得了优秀,成就感满满。"

赵老师:"自从担任教育技术学系主任,我能为老师们服务,感觉很棒。"

贺老师:"每次新建成一个网站或平台,内心会有成就感,但很快就会消逝。"

分析:三位老师获得成就感和自我效能感的途径、原因各不相同,但有一个共同点就是每个人都在做事中获得了成就感。虽然贺老师觉得那种感觉会很快消逝,但体验下一次快感的需求会源源不断地推进教师教学改革的探索,其教学能力自然也会提升。

——访问 B 校的吴老师、袁老师、王老师

访谈者:"您觉得自己所讲授的课程会对学生的哪些能力产生影响?"

吴老师:"平时教学更多考虑学生会学到哪些知识,并没有过多考虑学生能力。"

袁老师:"软件操作能力吧!比如图片修饰 PS 等。"

王老师:"教学设计能力、问卷设计能力等。"

分析:吴老师刚刚博士研究生毕业,钻研学科知识是其专长,他对学

生学科知识的掌握十分重视，但对学生能力的培养有所忽视。袁老师和王老师都具有丰富的软件教学经验，与吴老师一样，大家更多地关注自身教学的知识或技能培养，没有更深入地思考课程所能培养学生的能力，不仅是单一的软件操作能力。

访谈者："您目前主持或参与过哪些教改项目？这些项目主要解决哪些问题？"

吴老师："省级质量工程项目，去年申报了两项，但没有经费支持。"

袁老师："目前，有校级科研项目，教改项目还没有。"

王老师："有过教学改革，但没有申请过教改项目，接下来会努力。"

分析：一句"接下来会努力"，让我们看到了王老师在多年教学中，想要变革教学现状，但又没有具体办法和途径的彷徨与困惑。袁老师开展过科研项目，具有项目活动的经验，但依然没有实施过教学改革项目，原因是多方面的。而吴老师在教学改革项目方面经验更少，但也希望能有机会参与项目活动。

访谈者："您觉得目前的教学中教和学两方面存在哪些问题和不足？"

吴老师："科研与教学无法很好的契合，总觉得自己一个人心有余而力不足。"

袁老师："学生上课没有动力，总喜欢看手机，我想过一些办法，但效果不佳。"

王老师："学生学习热情不高，会让我上课的情绪也不太好。"

分析：吴老师指出了目前 B 校教育技术专业中存在的问题，即缺乏团队，老师们喜欢独立教学与科研，团队意识不强，无法形成合力。袁老师反映出当前高校普遍存在的问题，即如何将学生的注意力从手机吸引至大学课堂教学之中，这种问题具有一定的普遍性。王老师也受到学生学习状况的影响，学生的学习态度会对教师的教学情绪等产生干扰。王老师虽然没有直接提到手机问题，但也从侧面反映出学生课堂学习状况不佳，进而影响教师教学的问题。可见高校课堂中存在的很多现实问题，正是需要我们进一步研讨和必须重视的。尤其是智能手机与互联网的结合，已经严重影响到了正常的课堂教学。许多教学问题向新时代的教师提出了挑战，"互联网＋教育"给予教育变革机遇的同时，也向教育变革发出了挑战，因此当前的教育变革亟须教师革新教学能力，提升变革教学过程、创设教学环境和设计教学环节等方面的能力。

（2）实验后访谈实录及分析①

——访问 A 校的张老师、赵老师、贺老师

访谈者："您认为码课教学对提升学生学习质量有帮助吗？"

张老师："当然有，至少让学生动起来了。"

赵老师："作用有限，尤其是小组完成码课时，一些学生会偷懒。"

贺老师："有作用，学生自学软件的能力提升了。"

分析：张老师在码课教学中发现了其对学生的驱动，其实项目式学习也能达到相同的效果，反映出实验教师尚未深入理解码课教学的真谛——让每一位学生参与教学设计，在教和学中扮演重要的角色。赵老师在实验中遇到了一些问题，而这些问题在小组协作学习中就已经存在了。如何提高码课创作中每一位学生的工作效率，有一些经验值得分享，例如多角色轮流扮演或者小单任务等。贺老师观察到了学生能力的提升，这正是码课教学的效果之一。学生码课学习过程中能力提升的同时，三位老师教学研究的能力、教学反思能力、教学认知能力也在同步发展。

访谈者："您觉得智慧学习平台能带给您教学智慧与帮助吗？"

张老师："码课教学中我只用了 QQ，通过班级 QQ 群与学生展开交流，对我教学还是有帮助的。"

赵老师："我应用学习通平台上传教学 PPT，也让学生在平台上传码课，并且进行小组间互评，平台是教与学的交互空间。"

贺老师："我们上课喜欢用雨课堂，学生课前通过雨课堂观看 PPT，课堂上雨课堂的弹幕功能很受学生欢迎。"

分析：三位老师均没有谈及智慧学习平台，或许老师认为目前常见的教学平台都谈不上智慧，但公认平台对自己的教学还是有帮助的，反映出码课在平台的应用中困难不大，但在雨课堂中码课的应用尚需进行深入研究。

访谈者："您在一个学期的教与学中都有哪些收获？"

张老师："学生的积极性有了很大提升，我上课也有劲了。"

赵老师："通过实验，我对自己的教学有了全新的认识，意识到教学

---

① 注：仅节选部分讨论内容。

中、课堂内的真问题才是教改的真方向。"

贺老师："我感受到了学生的学习需求，以及如何引导学生去自主学习。"

分析：通过教师对自己收获的反思，可以看到实验教师教学反思与教学自修能力的提升，或许这种提升是潜移默化的，但通过实验测评应该能够印证这种变化。

访谈者："您觉得码课教学有助于解决当下哪些问题？"

张老师："码课教学中，一部分学生抽出一定的时间，在手机上学习专业知识。"

赵老师："有助于解决学生自主学习的问题，但效果还需要进一步验证。"

贺老师："码课尤其是学生自己创作码课，有助于学生学、思、练相结合。"

分析：三位老师都或多或少看到了码课教学带给学生的变化，但是对码课解决了教学中哪些实际问题没有明确的认知。随着教学实验的深入和不断的反思，这种认知会逐渐清晰，而教师的教学认知能力也将逐步提升。

访谈者："您在实验教学中与其他老师有合作交流吗？"

张老师："有，但是不多。"

赵老师："有，前期码课创作中与其他老师合作共享微课资源。"

贺老师："目前还没有，后期教学中会注意加强合作。"

分析：三位老师的访谈整体反映出码课教学实验中教师之间的合作尚不足，这不利于教师合作能力的提升，因此在第二轮教学实验中应该强化教学设计中的合作环节，包括码课设计、码课创作、码课分享与交流，扩大范围，突破班级和专业限制，利用指数思维引领教师之间合作与交流，在教师教学能力提升方面实现指数级倍增效益。

——访问B校的吴老师、袁老师、王老师

访谈者："您认为码课教学对提升学生的学习质量有帮助吗？"

吴老师："肯定有，就是不同学生收获大小不同，能够认真参与实验的学生对微课创作已经很熟悉了，也有部分学生混到里面，学习收获肯定不同。"

袁老师："应该有，因为学生们期末都会做微课了，而且对教育技术学有了不同的认识，比如有学生就说将来考研想考教育技术学专业。"

王老师："有帮助，一些知识我并没有讲，学生在做微课的过程中就自己学会了，比如录屏软件的使用等。"

分析：王老师所说的录屏软件就是指教学实验中的 Camtasia studio，调查问卷显示，96.7%的学生通过码课制作学会了 Camtasia studio 软件的操作与使用。三位老师均对码课学习提升学生学习质量的作用给予了肯定，并且表示部分跨专业学生在教育技术学公共课的学习中对技术作用于教育产生了兴趣，进而产生了跨专业考取教育技术学研究生的准备。

访谈者："您觉得智慧学习平台雨课堂能带给您教学智慧与帮助吗？"

吴老师："雨课堂很方便，不会增加我备课的负担，这个很好，课堂互动也方便，我能及时看到学生的学习状况，但是学生学习的积极性好像没有提高多少。"

袁老师："雨课堂不仅为学生创设了课内课外的学习环境，而且可以为教师及时提供学生课外预习、课内学习的实际情况，数据显示直观明了，但是学生课外预习的效果并不是很理想，部分学生没有问题，不是因为学得好，而是没有学。"

王老师："雨课堂上师生的互动成为了及时调整教学过程的数据源，师生既是学习主体，又是教育主体，弹幕等功能能够很好地调节课堂学习氛围。"

分析：老师们对雨课堂的作用还是给予了肯定，后台大数据的分析与推送，帮助教师及时掌控课内、课外的学习状况，但是在大数据的助力下，学生的学习效果究竟如何呢，教师们依然忧心忡忡。可见无论技术发展到什么程度，学习者自身的认识和主观能动性才是最重要的因素。

访谈者："您觉得码课教学有何收获？教和学两方面存在哪些问题或不足？"

吴老师："通过实验，我尝试利用技术促进教学活动，学会了观察课堂教学，并规范了研究设计方法。可是目前全媒体的应用还没有深入学科教学，也就是还没有让学科教学离不开技术。"

袁老师："学生上课玩手机的现象有了很大改善，因为学生得用手机

第七章　全媒体环境下教师教学能力趋同培养模型应用研究

看码课。但是学生学习的积极性与兴趣不能很好的保持，容易懈怠。一旦放松，学生的手机就成为学生上课开小差的利器。"

王老师："让我看到了技术支持下的课堂教学改革，原来我也能做到智慧教育。"

分析：老师们整体反映码课教学还是有所收获，但也对技术与教学的整合效果存在担忧。通过对教师访谈的分析，可以看到参与实验的教师，其教学设计能力、教学反思能力、教学认知能力均得到了锻炼与提升。也让我们看到了，基于 TACD 模型的教师指数型趋同发展模式对提升教师教学能力的有效性。

在实验教学过程中，笔者与部分实验教师建立了良好的伙伴关系，并多次利用 QQ 在网上交谈。实践证明，QQ 交谈这种非现场的形式，谈话气氛很好，教师更能敞开心扉交流，提高了访谈信度。下面是教师 QQ 交谈的实录，其中均使用教师的网名。[①]

——"中原行者"（昵称）

网名为"中原行者"的老师，是 A 校教师，教学经验丰富，对公共课教学有自己的一套方法。

访谈者："您采取过哪些方法来变革自身的教学方式和学生的学习方式？"

中原行者："我在课堂上经常让学生现场动手创作，比如一些应用软件的学习。经过您组织的这次实验教学，我把一些任务放在了课外，课堂上就有更多的时间来点评学生的作品了，但是说实话，学生课外完成任务的情况并不是很理想，学生们好像总是很忙，任务完成质量不高。"

分析：老师感受到了智慧学习平台（雨课堂）能够提高课堂教学效率，但对教学质量的提升信心不足，因为学生课外完成任务的积极性不高，影响了学生课外学习的质量。

访谈者："您觉得通过实验教学，自己的教学能力是否有所提升，主要在哪些方面有变化？"

中原行者："教学能力当然有，但具体在哪些方面还真不好说。我就

---

① 仅节选部分讨论内容。

感觉慢慢地开始关注学生的学习了，在备课中更多思考如何利用技术解决问题。"

分析：从中可以看出，"中原行者"在教学实验中提升了自己的教学设计能力，包括学生评价、学习者特征分析等；同时，也提升了教学反思的能力。

——"好学求真"（昵称）

网名为"好学求真"的老师，是笔者在 B 校课堂教学观摩交流时认识的，三十岁出头，年轻且干练。

访谈者："您教学中应用的码课教学方法效果如何？您觉得码课、雨课堂对您的教学有何影响（包括消极和积极的影响）？"

好学求真："效果时好时坏，不稳定。码课方便了学生交作业，不用大流量的传视频，交二维码就行了。雨课堂中的交互设计比较好，但在教育技术学课程的教学中课堂练习的试题并不多，更多的是操作练习，所以雨课堂只对部分学生的数据反馈意义较大，比如对学生学习情况的数据分析与推送。"

分析：老师所谈的效果不稳定，其实更多是对效果的否定。可以看出，码课对其教学的帮助并不是很大，反而有负担之嫌。老师也意识到雨课堂强大的交互作用，但缺乏结合本课程开展信息化教学设计的能力。虽然实验效果不理想，但通过实验至少引发了教师对课堂教学的反思。如果教师能够坚持开展码课教学，做好学生学习前后的测试与评价，就会看到通过码课学习学生的能力提升，这恰好也是教师教学设计能力、教学改革能力、综合测评能力提升的过程。

——"小青"（昵称）

网名为"小青"的老师，具有丰富的教育技术学公共课教学经验，并热衷于教育教学改革实践，其教学改革的经验正好与其网名相反，并不青涩，反而很老道。

访谈者："老师您好！在您的职业生涯中，有哪些事情令您感到自豪并能获得成就感？"

小青："教学这么多年，最让我高兴的事就是看到每一届学生都能基于本学科知识开发微课。""这次实验中微课以二维码的形式传播,学生们的创造力确实很强,是他们教会了我什么是活码,体验到了教学相长的效果。"

访谈者:"您在实验教学中有成就感吗?"

小青:"有啊!原本我的教学设计中没有 Camtasia studio 等录屏软件的操作使用,结果通过实验教学,学生们自己学会了。虽然是学生自学的,我依然有成就感。"

分析:这位老师其实是中年教师,在这个年龄段会出现不同程度的职业倦怠,但在实验教学中她有了别样的收获,这是来自学习之后获得的成就感,显然老师比较享受这种感觉。可以看出,码课教学实验让这位老师平静的教学生活泛起了涟漪。在教改实验中,这位老师的教学设计能力、教学研究能力、教学实施能力以及教学认知能力都有所提升。另外,聊天中发现这位老师发言很快,反映出这位老师的性子比较急,其性格会一定程度地影响教学风格。如果自己能够意识到这一点,那这位老师的教学自修能力将得到提升。

——"无言鱼儿"（昵称）

访谈者:"您觉得码课教学有助于解决教学中的哪些问题?"

无言鱼儿:"码课教学最直接的作用就是让学生用手机来学习,一定程度上解决了学生上课看手机的问题。"

分析:"一定程度"表现出手机干扰课堂教学的问题并没有完全解决。需要进一步追问,将访谈引向深入。

访谈者:"您觉得本次实验教学对您产生了哪些影响?"

无言鱼儿:"我学会了如何在课程教学中植入自己的研究设计,看到了分析教学的重要性。我想进一步深入开展基于雨课堂的教学改革探索。"

分析:"无言鱼儿"在这个实验过程中,经历了从发现问题、分析问题、设计解决方案、实施方案到反思方案的完整过程。教师的研究能力得到了系统化的提升,而且激发了教师教改的热情。相信随着雨课堂的教学应用,"无言鱼儿"还会尝试其他智慧教育平台。

访谈者:"您在实验教学中与其他老师有合作交流吗?"

无言鱼儿:"当然有啊!我们一起商量过码课教学的任务设计,还与外校的黄老师远程讨论过。学期末,她还把学生创作的码课发给我看。学生们的创作能力真的很强,看到那些作品,你很难相信是公共课教学的产物。"

分析:这位老师体会到了同伴协作的乐趣,显然,码课成为了校内外教师们交流和沟通的桥梁。教师们选择共同的方法、研讨策略、布置任务、实施教学、交流成果与经验,整个过程有效锻炼了教师的同伴协作能力。

——"波波"(昵称)

网名为"波波"的老师,是 A 校教育技术学公共课教师,样本选择中被定为标杆教师,实验前综合测评 77 分,其教学能力处于二级水平;实验教学中对标杆教师不做干预,实验教学之后综合测评 83 分,其教学能力依然处于二级水平,在逐步接近三级水平。

访谈者:"您在自己的日常教学中,采取过哪些措施来提高课堂教学效率、提升学生的学习质量?"

波波:"很想参与你们的实验教学,可惜没选上。本学期我也让学生自己创作微课,把一些知识点尤其是比较乏味的需要识记的知识,设计成微课制作任务,促使学生自己去学习。实施教学之前,我也学习你们开展的实验,自己设计了评价学生学习的工具来评测学生的发展。可能不一定准确,就是想看看学生的变化。"

分析:"波波"是本次实验的标杆教师,但其本人并不知晓。"波波"老师具有强烈的教学改革的愿望,本人也自发开展了相关的研究活动,因此在实验前后综合评测中"波波"老师的成绩也有明显的提升,教学能力在逐步向三级水平靠近。作为标杆教师,其本身的教学水平和能力就具备示范作用。显然,"波波"老师的专业发展已经有了自组织发展趋势。这种发展趋势正是其他老师所要趋同的方向和内容。进一步证明,"波波"老师具备了标杆教师的水平。

访谈者:"您采取的这些教学改革方法是自学的吗?"

波波:"不是,是通过'国培计划'和一些一线老师的经验交流获得的。"

分析:显然,"波波"老师在教师培训中收获颇多,这一类教师完全可以作为骨干教师再次参加培训，培养其成为校本培训的骨干力量。

（3）访谈结论

通过上述对教师实验前后的现场访谈、QQ交谈，可以得出以下结论。

①实验教师普遍认同实验取得了良好的效果。

②实验教师在教学设计能力、教学改革能力、同伴协作能力、教学反思能力等子能力方面提升较快，教学自修能力、综合测评能力等子能力提升不足。

③教师们提出的公共课教学中存在的问题具有共性，对这些问题的解决过程就是教师教学能力提升的过程。

④实验教师的教学自修能力普遍较弱，教师们对"职业自豪感、价值感""教学效能感""教学风格""人格魅力"认识不足。

⑤实验教学中教师们发现了一些问题，但对问题的产生和如何解决没有更深层次的思考。

⑥教师访谈中增设了一些问题，并对访谈提纲进行了修订。

4. 学生访谈分析

为了全面了解教师的教学状况，特别增设了学生访谈，通过学生的视角来看待和分析实验教师教学能力的发展。

（1）学生现场座谈（实验教学之后，节选）

访谈者："你们以前做过微课吗？"

学生1："做过。"

学生2："录制PPT算不算？"

学生3："没有做过。"

学生4："看过微课。"

分析：今天的大学生对微课并不陌生，有一些学生虽然没有自己动手做过，但至少看过微课，并不会觉得微课高不可攀。

访谈者："你们做的码课是微课吗？你们觉得有何不同？"

学生5："不是微课，有同学的码课要看半小时，那可不'微'啊！"

学生6："是的，比微课更容易传播。"

学生7："是微课，但是我们做的码课不好看！"

学生8："是微课，但比微课占用资源少。我是组长，收集码课作品时，我只要二维码即可！"

分析：今天的学生或多或少接触过微课，对微课也有一定的认识，但不一定做过微课，因此将部分需要识记的知识点巧妙设计成任务，驱动学生边做边学。从另外一个角度来看，码课与微课又截然不同，码课传播更加便捷、码课应用更加方便，码课教学抗干扰能力，跨时空、跨区域能力都比微课更加强大。

访谈者："你们觉得码课教学中的老师与其他公共课教师相比有何不同？"

学生9："更有热情。"

学生10："对我们的关注更多了。"

学生11："能够帮助我们解决实际问题。"

学生12："课外也常常能够收到老师发布的阅读任务，有时候还有外校老师的设计任务，感觉不是公共课，倒像是专业课。"

分析：从学生的视角可以看到更加真实的教师，参与码课教学的老师，需要提前设计、做好大量的准备工作，无形中增加了工作量，但老师的变化也尽在学生眼中。教师的教学设计能力在提升，开始关注学习者特征，教师解决问题的能力也在提升。

访谈者："谈谈你最喜欢老师在教学中的哪些活动？"

学生17："发红包。"

学生18："抢答发红包。"

学生19："发弹幕，现场点评。"

学生20："在我PPT不懂处讲解。"

学生21："课堂答题。"

学生22："互扫二维码，观看作品。"

学生23："预警学生下课'喝茶'（交谈之意）。"

分析：不难看出，学生们对智慧平台（雨课堂）的教学应用情有独钟，令学生印象深刻的活动几乎都是以智慧平台为支撑的，而每一个学习活动背后都是老师教学设计能力、教学实施能力的集中体现。

（2）访谈结论

①码课使得微课传播与学习更加便捷，确实是教师变革教学的一把利器。

②智慧教学（如雨课堂）平台应用能够激发学生学习兴趣，提高教学

③利用"码课+智慧教学平台"能够培养教师的教学设计能力、综合测评能力、教学实施能力等教师教学子能力。

④教学改革实验既是提升学生学习质量的措施,也是提高教师教学能力的有效途径。

⑤技术支持下的教师之间的协作既是教师教学能力提升的方法,也给学生一种全新的体验,能够同时作用于师生教与学两个方面,有利于教学相长。

⑥教师教学改革是否成功的标准不应该只看教学效果,还应该看到学生的发展与教师教学能力的提升。

(八)应用"码课"实施高校翻转课堂教学的策略分析

1. 码课制作策略

码课制作遵循十六字方针:短小精悍、言简意赅、目标突出、形式灵活。

(1)短小精悍

"短小精悍"是指每个码课不能太长,最好控制在10分钟以内。笔者在两个年级的12轮实验教学中所开发的码课均在3分钟左右,学生学习以后普遍反映良好。

(2)言简意赅

每个码课的讲解要言简意赅、重点突出,可以对知识点进行提炼总结、反思、点评,帮助学习者快速记忆。例如可以提炼关键词、找身边事、用简单通俗易懂的语言描述知识点,每个码课最后需要对其核心做概要,此时便可以通过"三字经、四成语、五绝句、七律"的形式将重点表达出来,形成朗朗上口的语句,方便学生复习和记忆。

(3)目标突出

每个码课要有明确的目标,是传递知识还是培养能力,需要为学习者指出所要达到的学习效果。有利于学生课后自查,也方便学生自学码课,提高自学效率。

(4)形式灵活

码课既可以是视频,也可以是图文并茂的数字故事,每个码课的形式不需要统一。灵活多样的码课形式有利于激发学生的学习兴趣,吸引学生的注意力。不同形式的码课也能彰显制作者的创造力。

2. 码课教学应用策略

（1）师生协同设计策略

实验班学生在码课学习中不仅仅是被动的学习者，还成为码课设计的参与者，实践证明学生参与码课设计有诸多有利因素。

①有利于教师开展学习者特征分析，因需设计码课。参与建设码课的学生可以将意见快速反馈给教师，哪些地方适合学生学习，哪些任务过于简单或过难，教师根据学生需要及时调整码课设计方案。

②有利于师生及时沟通，信息共享，反馈意见。让学生参与码课设计，相当于开辟了一条全新的师生交流、沟通的渠道，双方意见可以及时反馈。既有利于学生的学习，又有利于教师及时调整教学工作。

③有利于学生梳理学习思路。因为教师设计码课的思路就是引导学生一步步展开研究性学习的思路，因此学生参与设计码课会对整个码课学习活动的实施过程了如指掌，使学生在接下来的小组学习中驾轻就熟。

④增强了学生的主人翁意识。让学生参与码课设计，并将学生的意见纳入教学设计中来，大大增强了学生的主人翁意识，真正体现了学生是教学工作的主体，将学生被动学习的过程改为学生自主学习的过程。

（2）连通家长助学策略

教师可以申请微信公众号，邀请家长通过手机等扫描二维码，加入微信平台。教师可将课程安排、实施方案甚至是学生的学习进度和学习状况随时发布至微信平台。一方面可以方便家长及时了解学生的在校学习状况，让家长更加关心学生的学习，使教师和家长的沟通更加便捷；另一方面家长可以看到学生创作的码课作品，增进了家长和老师、家长和学生之间的理解与沟通，弥补了家校协同教学工作的不足。

（3）分环节互评策略

码课教学的三大步骤，每个步骤下都有五个重要的环节。要想码课驱动高校课堂教学的改革，必须针对每个环节展开教学评价，评价需要关注教师的码课设计和学生的码课学习两个方面。实验后期，如果需要学生创作码课，也要加入对学生码课设计的评价。

（4）数字化移动教学环境建设策略

教师要充分利用"互联网＋智能手机"的数字化移动特性，构建基于码课的数字化教学环境。要求每个学生扫码上课必须专心，要通过手机登陆相应的空间，展开随堂交流。这里所谓的空间，是指网络学习空间，教师可根据情况灵活选择，例如超星学习通平台、蓝墨云班课、雨课堂等。通过第三方智能应用或即时通信工具，结合全媒体、互联网可以构建数字化移动学习环境。

（5）欢迎"出错"策略

高等学校课堂教学中存在的一个重大问题就是学生提不出问题，因为不做故而无问。现在通过码课教学，学生或许会出现很多错误，教师要勇于面对问题，要明白一趟"顺畅"、无任何问题的教学课不一定是成功的。从表演的角度，观摩课越顺畅越好，但是从学生学习的角度，顺畅的课堂教学并不一定能学到多少东西或提升某种能力。欢迎"出错"策略就是要教师正确认识课堂教学和学生小组码课学习中出现的问题甚至是发生的错误，鼓励学生大胆"出错"，并积极主动探寻原因。学生找错是非常可取的，因为学生找错的过程进行了认真的思考，这种思考的过程正是对知识和能力的融合。一堂课中学生不断出错，但每个错误背后的问题都在教师的引导下得以解决或朝着解决的方向发展，这才是良性的高校教与学的过程，才能真正促进学生知识和能力"双丰收"。

（6）"不愤不启，不悱不发"策略

《论语·述而》有曰："不愤不启，不悱不发。举一隅不以三隅反，则不复也。"这是孔子的教学方法，历经千年仍旧散发着光芒。意思是说教师教授学生时，不到学生想理解而不得的时候不要去开导他，不到学生心里明白却无法阐明之时不要去启发他。讲授一个知识，学生不能举一反三时，不要勉强教授。[①]

借用孔子的教学方法，告诫教师要善于观察学生的学习状况，使学生摆脱"要我学"而处于"我要学"的积极状态。如果教师对学生提出的疑问马上给出答案，无形中剥夺了学生积极思考的机会。因为只有当学生冥思苦想而得不到答案时，无法阐明所思所想时，教师的启发才会发挥作用，才能给学生留下不可磨灭的印象。

因此，码课教学时要注意观察以下几个关键的节点，这些节点也正是

---

① 杨伯峻：《论语译注》，中华书局 2013 年版。

学生需要"启"和"发"的外在表征。

①学生是否从课本或资料的学习内容中找出了大量问题，一时却无法聚焦重难点。

②学生已经尝试了多种微课制作方法，仍无法完成微课。

③学生在解决问题的过程中发现了学习内容以外的新问题或困难，且无法解决。

④学生表述本组码课制作过程，但缺乏逻辑性。

⑤学生能够评价自己和他人的码课，但说不到重点内容。

⑥学生有了制作码课和学习码课的经验，但无法清楚地阐明过程和思路。

在上述六个节点出现时，教师可以适时地给予学生启发，这样的教学事半功倍。学生在"愤"和"悱"的状态下受到"启"和"发"，就能够将感知、思考、讨论、顿悟相融合，真正实现有意义学习。

学生在一个学期的课程教学中开发出大量码课以后，就可以逐步在码课的基础上汇编形成码书，这些码书是后学者良好的教辅材料。码课、码书的应用是将全媒体例如智能手机的应用扩展到了课堂教学。通过研究进一步认识到，影响课堂教学效果的并不是手机，而是落后的教学方法。研究发现码课教学更有利于微课的创作与应用，能够有效促进高校翻转课堂教学的实施。在两个学期跨度两年的码课教学实验中，取得成绩的同时，也暴露出了一些问题，如学生之间的合作问题、学生在小组学习中的有效参与问题、学生码课设计内容深度不够的问题等，这一系列的问题也将成为进一步开展变革高校课堂教学的研究起点。

（九）教师教学能力趋同发展分析

教师教学能力的趋同发展评价是基于教师教学能力的评价基础之上的，主要考虑教师教学能力发展的趋同状况。教师教学能力趋同发展评价量表（见表5.4）详细反映了教师教学研究能力、教学设计能力、同伴协作能力等子能力发展的趋同表征。根据行动研究的数据结合表5.4，可以分析教师教学能力趋同发展的状况。结合教师教学能力综合测评与师生访谈、座谈数据可以发现，参与实验的教师教学能力发展不均衡，九种子能力提升效果不同（见表7.19）。四位实验教师普遍反映出趋同发展优秀的子能力3项，良好的子能力1项，中等发展的子能力4项，趋同发展较差的子能力 1 项（见表 7.20）。根据教师教学能力趋同发展评价量表，分析教师实验教学后的表现，探寻趋同发展表征。例如，实验教师普遍反映能够提出自己的观点和措施，但尚未取得相关研究成果（论文、教程等），因此可以判定教师们的教学研究能力趋同发展效果中等；通过实验，教师们均可独立开展信息化教学设计，能够独立将新媒体、新技术应用于教学，能够熟练开展学习者特征分析、教学内容设计以及教学环节设计，因此教师们的教学设计能力趋同发展效果优秀。同理可得，同伴协作能力趋同发展良好，教学改革能力、综合测评能力、教学认知能力趋同发展中等，教学自修能力趋同发展较差。

表 7.20　　　　**教师教学能力趋同发展测评表示例**

	教师教学能力趋同发展表征	教师教学子能力项	提升效果			
			优	良	中	差
教师教研	◇有研究成果（论文、教程等） ◇积极参与教研活动、能够提出自己的观点和认识	教学研究能力			√	
教师教学	◇独立开展信息化教学设计 ◇能独立将新媒体、新技术应用于教学 ◇能够熟练开展学习者特征分析、教学内容设计以及教学环节设计	教学设计能力	√			
教师教研 教师自主学习与合作	◇多点协同备课 ◇多点资源共享 ◇主动观摩并互评课程 ◇主动邀请伙伴合作设计课程	同伴协作能力		√		
教师教研	◇适应技术发展，灵活应用新媒体、新技术变革教学方法，改进学生学习方式 ◇主持或参与教改项目与实验	教学改革能力			√	
教师教学 教师教研 教师自主学习与合作	◇多种学生成绩测评方法验证 ◇多种学生能力测评方法验证 ◇自主教学评价 ◇自我发展规划与评价	综合测评能力			√	

续表

教师教学能力趋同发展表征		教师教学子能力项	提升效果			
			优	良	中	差
教师教学	◇课堂讲授思路清晰、方法得当，对教学内容有自己的研究 ◇能够灵活应用多种软件、工具促进教学 ◇能够有效组织、监控和管理课堂 ◇能够开展教学反思 ◇注重教学交流与交互 ◇教学中有明显的课外设计	教学实施能力	√			
教师教学 教师教研 教师自主学习与合作	◇能够有序开展自我评价、教学评价及学习者评价	教学反思能力	√			
教师教学 教师教研 教师自主学习与合作	◇主动阅读行业、专业、学科相关书籍 ◇并能将所学应用于教学	教学认知能力			√	
教师自主学习与合作	◇主动学习与研修 ◇形成一定的教学风格 ◇感觉获得了教学效能感 ◇具有一定的职业自豪感和价值感	教学自修能力				√

七　TACD 模型修订

通过行动研究和实验研究，计划对 TACD 模型进行再次修订。本次修订将分三步开展，即首先分析教学实验中发现的问题，找出问题产生的原因；其次，带着问题反思基于 TACD 模型的教师指数型趋同发展模式，在教学实践应用中的问题，并对该模式进行修正；最后，根据模式修订和问题分析，提出 TACD 模型修改意见，并对模型进行再次修订，使其朝着教师教学能力趋同发展培养目标逐步发展，不断逼近原型。

（一）问题分析

第一，教师教学能力多项子能力趋同发展不均衡。图 7.10 显示，通过上述教学实验，参与实验的教师教学能力有所发展，其九种子能力中有三

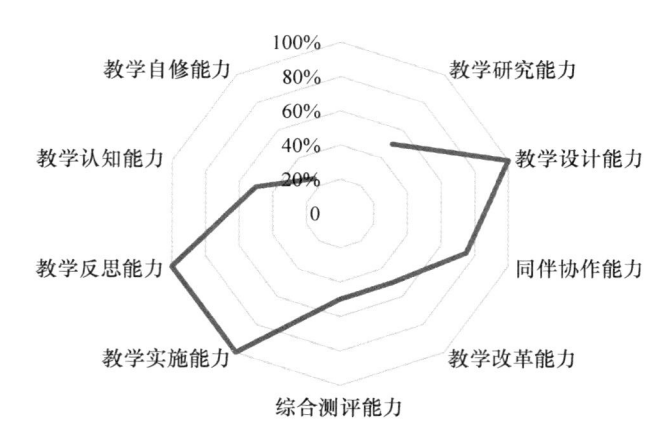

图 7.10 教师教学能力子能力趋同发展比例

种能力发展较好，即教学设计能力、教学实施能力和教学反思能力，因为这三种能力是教学实验中设计最多、实验教师在教学活动中应用最多的能力。图 7.10 中显示的比例，只是某一种子能力的趋同发展比例，并不代表这种子能力已经发展到很高的水平。因此，需要在接下来的教学改革中加强有针对性的子能力培养设计。

第二，教师教学能力发展趋同影响力不足，无法激发指数级增长效益。实验教学显示，目前教师之间只是简单的交流与沟通，并没有引发教师之间协作的指数效益，需要设计实验教师在实验教学之后影响和带动非实验教师的教改行为。为了研究的方便，可将这一部分后学的老师称为"驱动教师"，一语双关，既包括被实验教师驱动开展教学改革，也有掌握教改方法之后去驱动更多教师开展教学改革之意。

第三，目前"选择压"设计的针对性不强。通过教学实验效果分析可见，目前使用的码课任务所产生的"选择压"对教师教学设计能力等子能力有明显的提升作用，但对标分析，其他子能力的发展受"选择压"影响较小，显然码课教学任务的设计产生的"选择压"依然不够、效果不理想。因此，需要精准设定"选择压"基线，有针对性地对某一子能力设计"选择压"，将"选择压"设计贯穿教学全过程。

第四，教师之间的协作和研讨依然不够深入，缺乏与标杆教师的互动设计。本实验中标杆教师 A5 是作为对照样本设计的，不予实验干预；但

A5 具有强烈的学习动机，自主开展了教学实验，并自己设计微课任务来产生"选择压"。其自身教学能力也得到了发展，但整个教学过程中 A5 与实验教师的交互不足，其标杆作用发挥不够；因此，可在后续实验中将标杆教师纳入实验组，让其也参与实验教学，与实验教师一起教学、一起学习。

第五，教师将自身教学反思与经验总结形成科研成果的意识与能力不足。通过访谈发现，在一个学期的教学中参与实验的四位教师都有很多想法，收获颇多，但仅有一位教师撰写了研究论文，且尚未发表。表明教师的科研能力还有很大的提升空间，需要在教学中引导教师学会思考的同时，还要学会总结经验、凝练思路，形成成果。

第六，自修能力成为教师教学能力提升的短板，需要通过同伴协作、交流等多种形式来弥补。教学风格需要长期培育形成，人格魅力则在于每位教师自身的涵养与修行。教学效能感需要在不断的教学实践中体验，可能会有反复的过程，有时可以借助外力来获取教学效能感，而职业自豪感和价值感完全可以通过教学实验来获取。教师在自己精心设计的教学实验中，通过学生的变化与发展会自然产生职业自豪感，并逐步感受到自己作为一名教师的价值。虽然教师的教学自修能力由教学风格、人格魅力、教学效能感、职业自豪感和价值感等要素构成，但并不意味着自修能力的提升是所有要素的共同增长，某一种要素的发展也能够促进教师教学自修能力（T9）的持续提升。

第七，教师教学认知能力普遍偏低。教师教学认知能力的提升仅靠一两次教学实验是无法完成的，需要一个完整的学习、实践、反思、再实践、再反思、最后提升的过程。可以通过与同行的交流沟通、同课异构等方式提升专业技能，可通过学历提升来增长学科知识，可通过校企合作、参与行业的实践实训活动来提升行业知识水平。

第八，教师教学能力发展明显，但趋同发展表征单一，需要进一步细化评价量表，进而提高趋同评价的可测量性以保证趋同发展评价的科学性。

（二）基于 TACD 模型的教师指数型趋同发展模式修订

针对教学实验中反映出的主要问题，首先对基于 TACD 模型的教师指数型趋同发展模式进行修订。将原有的四个环节拓展为七个环节，增加学

第七章 全媒体环境下教师教学能力趋同培养模型应用研究

习共进环节（④）、对标分析环节（⑤）、驱动教学环节（⑦），并利用指数思维加入驱动教师教学流程（见图7.11）。实验教师（T1、T2）与标杆教师（S）一起参与实验教学：第一步，进行培训与测试，此时根据标杆教师的能力水平，确定一个"选择压"基线，不能太高也不能太低；第二步，组织T1、T2、S三位教师设计课程、选择媒体、讨论问题、分配任务；第三步，开展教学实验；第四步，参与实验的教师针对任务和课程，开展同课异构、观摩研讨、资源分享等多种形式的协作；第五步，对标分析，在一个学期的教学中实验教师之间可以互相对比，重点对比标杆教师，寻找差距；第六步，反思教学，可分为中期反思（阶段性反思）与期末反思；第七步，驱动教学。实验教师经过教学实验，在教学能力趋同发展的基础上可以进一步驱动其他教师开展教改实验，可利用成型的模式与方法，帮助更多的教师（T3、T4、T5、T6……）自主提升教学能力。

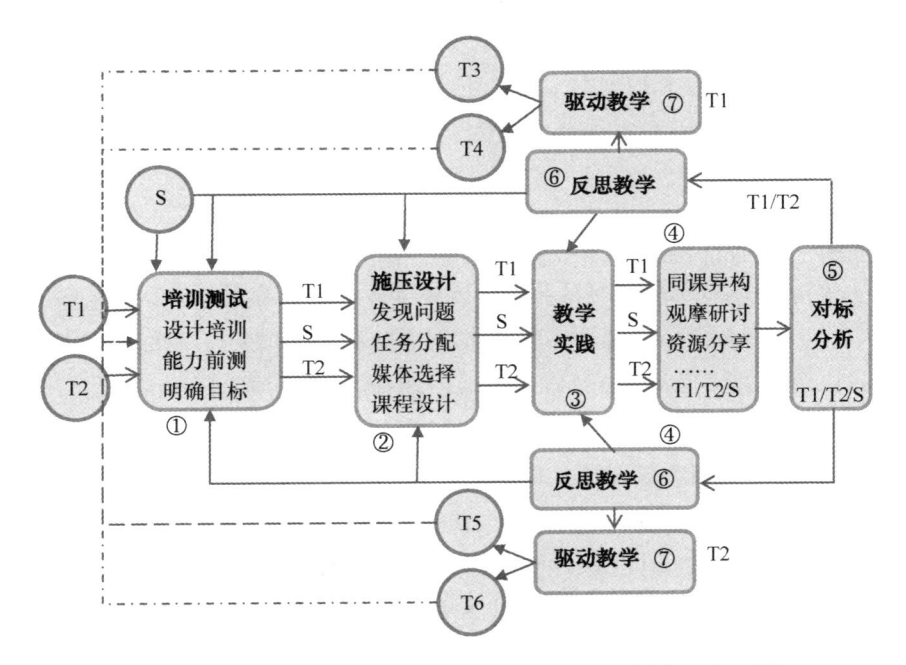

图7.11 基于TACD模型的教师指数型趋同发展模式（修订版）

注：S为标杆教师，T1、T2为实验教师，T3—T6为驱动教师。

(三) TACD 模型修订建议

基于 TACD 模型的教师指数型趋同发展模式的修订成为反向修订 TACD 模型的依据，新修订的 TACD 模型才能更加贴合教学实际，这是一种正向设计、反向修订的科学方法。综合上述研究发现的问题，提出以下模型修订建议。

第一，引入指数思维，增设区域驱动，使其并行于教师发展循环过程。基于 TACD 模型的教师指数型趋同发展模式的最大特点就是指数型趋同发展。如图 7.11 所示，实验教师 T1、T2 与标杆教师 S 一同培训学习，熟悉全媒体在教育教学中的应用方法，共同发现问题，选择适宜媒体进行课程设计，而后同时开展教学实践，并通过同课异构、观摩研讨、资源分享等形式展开充分的交流与合作，最后开展对标分析。一方面分析 T1、T2、S 教师各自教学能力的发展状况，另一方面分析 T1、T2 教师的教学能力发展与 S 教师之间的差距，进而反思培训学习、反思课程设计、反思教学活动。这样，T1、T2、S 教师就完成了一轮完整的基于 TACD 模型的教师指数型趋同发展教学过程。只有这种迭代循环的教学过程产生辐射效益，才具有应用推广价值，因此模式中增设了"驱动教学环节"，应用指数思维，产生指数级倍增的驱动效应。其中 C—F 的每一位教师都成为驱动教师，自己被驱动产生另外一个区域的模式循环，又驱动别人在更加广阔范围内产生模式循环，促使该模式的应用无限放大。因此，模式的基础 TACD 模型也必须创设循环体外的独立模块——"区域驱动"，该模型将升级为"全媒体环境下教师教学能力指数型趋同培养模型"，简称"TAECD"（Teaching Ability Exponential Converged Development）模型。

第二，实际教学应用中发现四个内循环并无实际意义，建议替换为数字标识。通过实践教学发现，理论构建的四个内循环表达的是各个模块之间的顺序，并且第一个循环并不畅通，循环内各要素无环状关系。因此，建议替换为数字标识，更加清晰明确。

第三，增设对标分析模块。根据模式修订增设对标分析模块，分析实验教师与标杆教师各自教学能力的发展，以及实验教师与标杆教师之间教学能力的趋同发展状况。

第四，删除教师和标杆教师标识。模式能够具体展示对教师教学能力的培养步骤和环节，因而需要详细标明实验教师和标杆教师，而模型则需要表达教师教学能力培养过程的具体模块，因此不需要具体标明参与其中的教师。删除实验教师和标杆教师标识使得模型更加简洁，功能模块更加清晰。

第五，将整个模型总结为七个顺序模块，并标明顺序，即一是能力初评，二是聚焦问题和标杆定位，三是课程设计，四是"选择压"设计，五是实践应用，六是测评反馈，七是对标分析。七个模块形成一个完整的循环，后期开展的多种模式的开发与应用都应该围绕这七个模块的循环顺序而展开。而"区域驱动"模块则是独立于一个小循环之外的，该模块将主要开展驱动教学，即驱动其他区域的教师开展教师教学能力趋同发展教学实验。驱动模块是伴随着七个模块循环产生的，一个循环就可以产生一个或多个区域驱动，而一个区域驱动也将在完成七个模块驱动教学的同时产生更多的区域驱动，促使教师教学能力趋同发展出现指数级增长态势，也保证了教师教学能力可持续的高效发展。

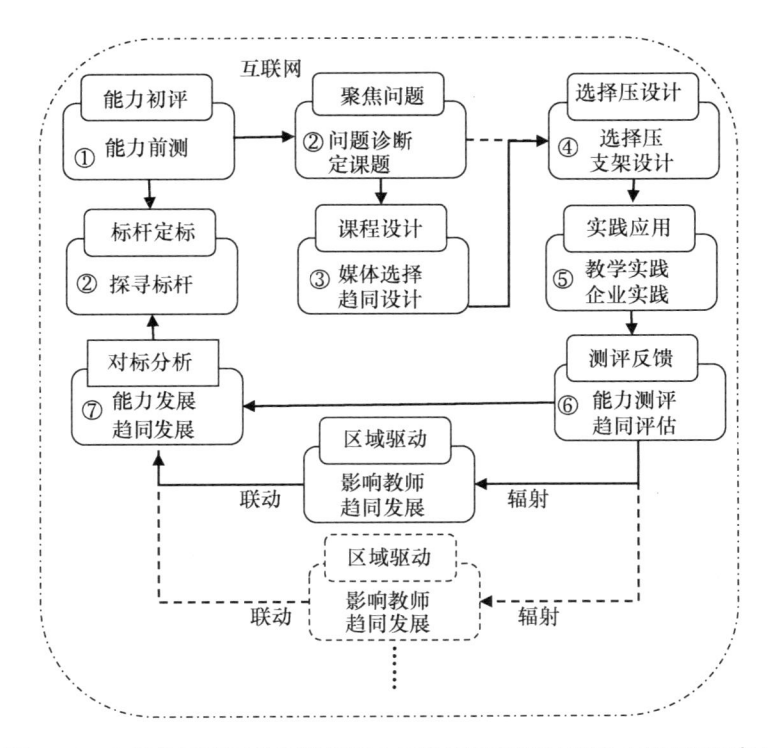

图 7.12 全媒体环境下教师教学能力指数型趋同培养模型（实验修订版）

第六，模型需要体现教师教学能力的趋同，将"全媒体"改为"课程设计"，其内容改为"媒体选择、趋同设计"；"支架产压设计"，其内容增设"选择压支架设计"；将"实践应用"内容改为教学实践和企业实践（见图7.12）。

本章小结

研究基于 TACD 模型提出了教师指数型趋同发展模式，并将该模式应用于教学实践。实验从目前高校课堂教学存在的现实问题入手，选择目前最为常见的全媒体——智能手机，设计实施了"互联网＋智能手机"环境下的码课教学实验。通过"互联网＋智能手机"环境下的码课教学设计及码课教学实践来提升实验组教师的教学能力，验证 TACD 模型对培养教师教学能力趋同发展的有效性，并对模式与模型进行了二次修订，提出了全媒体环境下教师教学能力指数型趋同培养模型（TAECD 模型）。

本章既提供了 TAECD 模型教学实践应用案例，又通过对行动研究结果的分析，展示了样本教师教学能力趋同发展综合测评过程。其中的访谈实录只做了部分点评，还有许多内容有待进一步深入分析。

学术共鸣

准实验研究的难点（也是重点）便是研究工具的开发，如何科学测评教师教学能力的提升，如何评价实验教师与标杆教师之间的教学能力趋同发展，都是本书试图解决的问题。然而，随着研究的深入，诸多问题才逐渐浮现。研究者总是想各种办法以提高测评工具的有效性，但是什么样的工具才是有效的？如何应用自己设计开发的并不完美的测评工具获取可信的实验数据？这些都是值得反思的问题。希望读者引入指数思维来思考与解决上述问题。

第八章

全媒体环境下教师教学能力
指数型趋同培养反思

> 如果说科学上的发现有什么偶然的机遇的话,那么这种偶然的机遇只能给那些学有素养的人,给那些善于独立思考的人,给那些具有锲而不舍精神的人,而不是给懒汉。[①]
>
> ——华罗庚

第一节　全媒体环境下 TAECD 模型应用方法

经过教学实验多次修订的 TAECD 模型,综合考虑了教师教学能力包括九种子能力发展的诸多要素,由该模型可以创设多样化的培养模式。虽然其目标是促进不同教师教学能力的趋同发展,但其表现形态依然是日常的教育教学过程,已经完全摒弃了传统教师教学能力培养的培训模式,将教学相长深深融入教师的教学和其教学能力提升之中。具体应用可以参照以下几种方法,灵活设计。

一　实际问题解决法

利用 TAECD 模型开展教师教学能力趋同培养时,可以从教师教学中实际存在的问题出发,有针对性地设计教师教学能力趋同培养模式。在解决教学问题的同时,促进教师教学能力的趋同发展。例如,研究针对大学

[①] 叶永烈:《真理诞生于一百个问号之后》,《中文自修》1997 年第 4 期。

生课堂学习中手机干扰学习的问题，基于 TAECD 模型，提出通过"互联网＋智能手机"环境下的码课教学设计及码课教学实践来提升实验组教师的教学能力。实际问题解决法实际教学应用流程如图 8.1 所示。

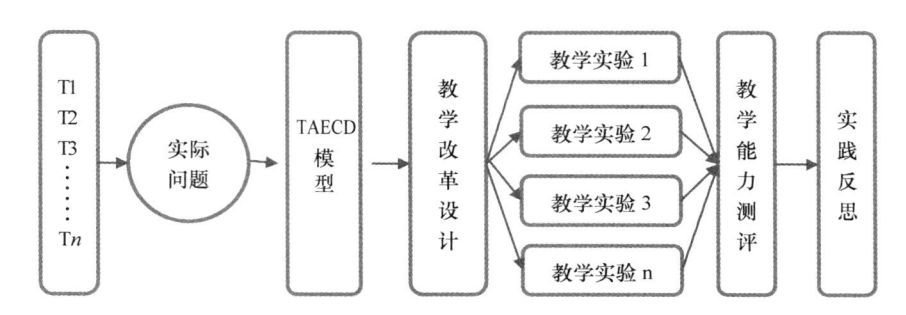

图 8.1　基于 TAECD 模型的实际问题解决法应用流程

二　实验项目驱动法

在日常教学中设计实验项目，通过实验项目的设计、实施与分析来提升教师教学能力。例如，本研究基于 TAECD 模型，提出的"互联网＋智能手机"环境下码课教学设计及码课教学实践，就开展了准实验研究，并辅以现场观察、问卷调查和访谈等质性研究，验证了码课教学促进学生学习的良好效果。一个貌似与教师教学能力提升无关的实验项目，却需要教师全程设计、实施与分析，其中内嵌的 TAECD 模型环节促进了参与实验项目教师教学能力的趋同发展。实验项目驱动法实际教学应用流程如图 8.2 所示。

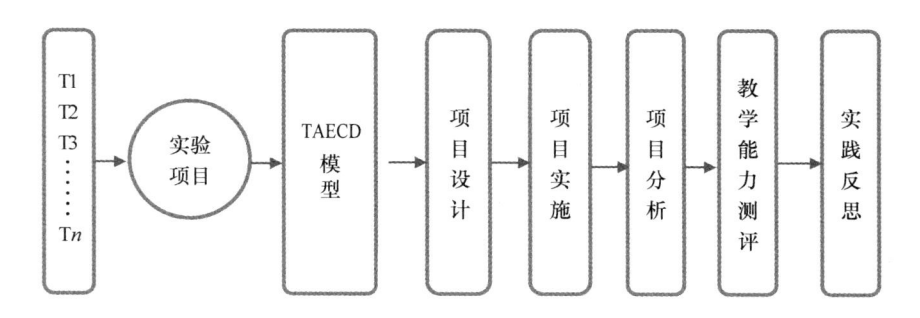

图 8.2　基于 TAECD 模型的实验项目驱动法应用流程

三 真实案例模拟法

目前,已经有诸多成效显著的教学方法,形成了一系列成功的教学案例,如 PBL、研究性学习等。教师可模拟这些真实的案例,基于 TAECD 模型设计教学模式,开展教学活动。随着案例模拟的逐步开展,不同教师之间会在某些策略与方法上形成共识,教师们相应的教学子能力也会得到趋同发展。真实案例模拟法实际教学应用流程如图 8.3 所示。

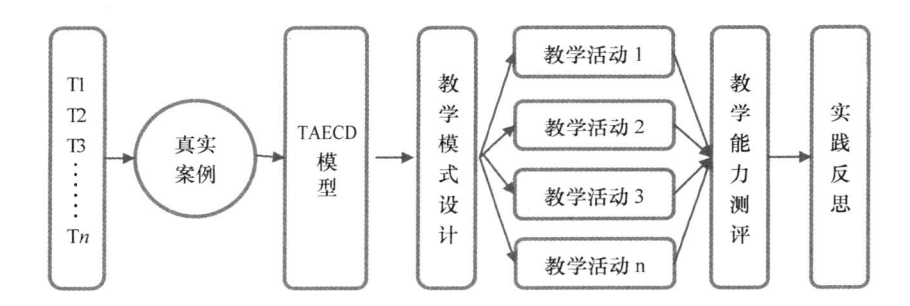

图 8.3 基于 TAECD 模型的真实案例模拟法应用流程

四 对标趋同教学法

教师基于 TAECD 模型,但可以不拘泥于模型环节顺序。例如,教师可以先选定适合自己的标杆教师,然后与标杆教师协同授课,在交流与学习中逐步提升自己的教学能力。教师不一定要达到标杆教师水平,但至少能够趋同于标杆教师的发展状况,实现趋同发展。对标趋同教学法实际教学应用流程如图 8.4 所示。

五 同课异构教学法

同课异构是指同一节内容由不同老师根据自己的实际情况备课并上课。由于老师的不同,同一节课的结构、风格、所采用的教学方法和策略各有不同,这就形成同一内容用不同的风格、方法、策略进行教学的异构课。同课异构教学研讨为教师提供了一个面对面交流互动的平台。在这个平台中,老师们可以共同探讨教学中的重点、难点,找出课堂中存在的问题,并选择能够解决问题的适宜媒体,交流彼此的经验,共享

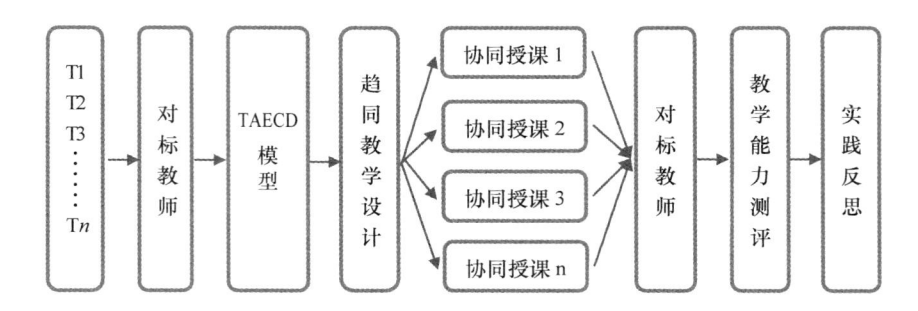

图 8.4 基于 TAECD 模型的对标驱动教学法应用流程

成功的喜悦。多维的问题角度、迥异的教学风格在交流中碰撞升华，独特的思维方式、多重的教学方法在探讨中指数飞跃，从而在整体上提高教师的教学能力，提高教学质量。同课异构教学法实际教学应用流程如图 8.5 所示。

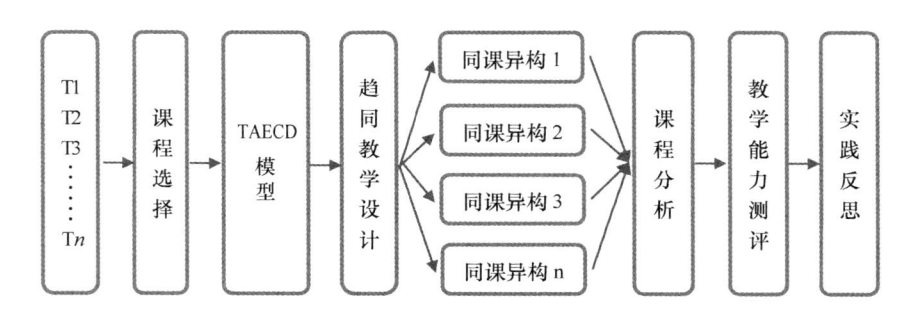

图 8.5 基于 TAECD 模型的同课异构教学法应用流程

六　优质微课观摩法

基于 TAECD 模型，经过上述实验验证，标杆教师的"领头羊"作用显著，对普通教师或正在成长中的新手教师意义深远。但以上述实验中的 A 校为例，其中选取的标杆教师仅对 A 校教师产生影响，影响范围较窄，一定程度上并未完全实现"指数级效益"。因此，针对 TAECD 模型的应用方法增设"优质微课观摩法"，将"标杆教师"扩大到"标杆教师录制的微课"，利用互联网的普及与便捷，将标杆教师的"领头羊"影响扩大，使各地各校教师的教学能力有质的飞跃，实现指数级增长。教师的教学能力将与微课中标杆教师产生趋同发展。优质微课观摩法实际教学应用流程如图 8.6 所示。

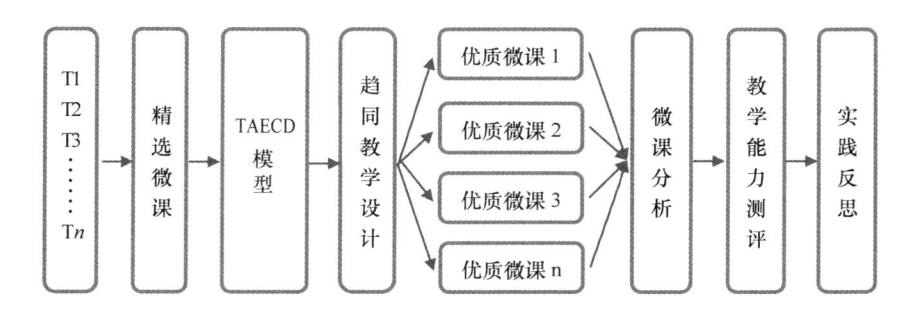

图 8.6　基于 TAECD 模型的优质微课观摩法应用流程

七　区块链信息共享法

区块链技术以其分布式存储（分布式账本）、点对点传输、去中心化、过程性资料全程记录可追溯可查找、版权信息上传区块更有效、多项信息集成、减少冗余环节等功能越来越受到世界各国的青睐。教师将自己的信息资料打包形成信息区块，教师信息区块之间相互联通，教师可以共享教学信息。各种教学信息分布式存储，每个教师均具有区块链信息副本，相关信息更加安全。此法不仅使教师之间互通有无，更使教师的教学能力呈指数级增长。区块链信息共享法实际教学应用流程如图 8.7 所示。

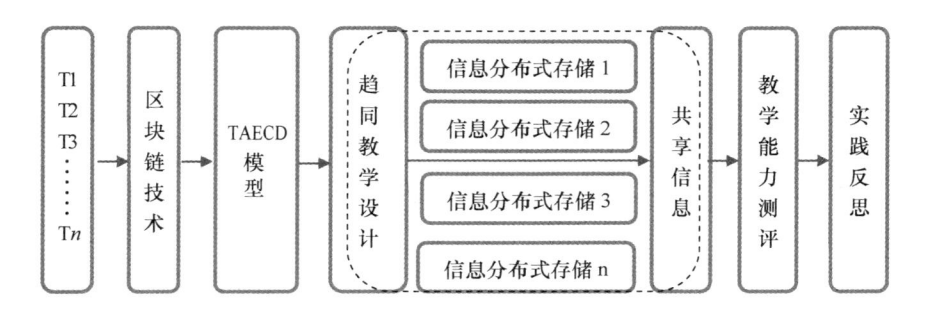

图 8.7　基于 TAECD 模型的区块链信息共享法应用流程

八　区域驱动循环法

基于 TAECD 模型，"区域驱动"模块主要驱动教师开展趋同教学设计。在信息共享的基础上，每一位教师都成为驱动教师，教师自己被驱动则产生另外一个区域的模式循环，又驱动别人在更加广阔范围内产生模式循环，促使该模式的应用无限放大。区域驱动循环法实际教学应用流程如图 8.8 所示。

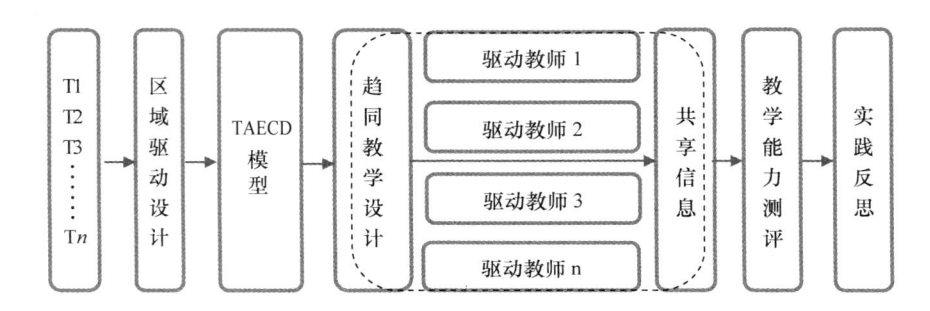

图 8.8　基于 TAECD 模型区域驱动循环法应用流程

第二节　全媒体环境下 TAECD 模型应用策略

一　指数思维引领策略

为了扩大教师教学能力发展趋同影响力，激发教师之间协作的指数级增长效益，模型的二次修订中加入了"驱动教学环节"，需要在指数思维引领下注重培育"驱动教师"。这些教师自身被实验教师驱动，在实验中开展教学改革，在其掌握教改方法之后也将去驱动更多教师开展教学改革。"驱动教师"成为教师发展的种子，在设计中要将指数思维引领策略贯穿于模型应用的各个环节，促使教师教学能力培育效果呈指数级增长，促进教师教学能力长期可持续提升。

二　区块链技术迁移支持策略

区块链技术的分布式存储（分布式账本）、点对点传输等功能可以有

第八章 全媒体环境下教师教学能力指数型趋同培养反思

效保障数据安全,防止数据篡改。分析其基于互联网的信息处理优势,并迁移至教师教学能力趋同培养之中,有利于 TAECD 模型更加高效的应用。教师可将自己的信息资料打包形成信息区块,教师信息区块之间相互联通,教师可以共享教学信息。各种教学信息分布式存储,每个教师均具有区块链信息副本,相关信息更加安全。教师教学能力培养中逐步构建形成教师教学能力趋同培养区块链,既可以解决教学资源分配的问题,又可以跟踪分析教师教学能力发展的每个细节,为改进培养方法提供可靠的依据。

三 教师协同发展嵌入式升级策略

应用 TAECD 模型培养教师教学能力趋同发展,可采用教师协同发展嵌入式升级策略,即初期实现教师之间的协同发展,尤其是与标杆教师之间。协同发展的教师,其教学能力发展有多有少、有快有慢,该时期不易过多要求发展的质量,但求教师们能够行动起来。随着教学改革的深入实施,教师对自身教学有了更多认识之后,便可逐步过渡到趋同发展阶段。趋同发展需要教师比肩标杆教师发展程度,该时期教师优质的发展趋势和状态是教师教学能力趋同发展的标志。

四 标杆教师结对策略

要鼓励教师与标杆教师勤交流、勤观摩、勤学习,每个教师均应与相应标杆教师结对,一位标杆教师可以帮助多位教师,形成学习共同体。标杆教师自身也需要发展,因为教师趋同的标尺对应于标杆教师的发展程度,而不是现状。因此,教师与标杆教师结对互助、互学,成为教师教学能力趋同发展的有利推手,以标杆教师为节点形成教师结对的网状结构。在促进教师之间互通交流以外,还能有效实现标杆教师对其他教师的指数级影响。

五 媒体技术的适宜性应用策略

TAECD 模型中媒体的选择与应用是培养教师教学能力的重要环节,对媒体的选择与应用首先要保持中立态度,认识到没有绝对有用的媒体技术,只有适宜的媒体技术。教师开展教学实验中需要学习如何开展媒体技术的适宜性选择，以保证基于 TAECD 模型的教学模式的高效开展与实践。媒体技术既包括传统媒体技术，也包含新媒体、新技术，对其适宜性选择与应用正是教师教学能力提升的表征之一。

六　教师教学能力内隐式发展策略

培养教师教学能力的措施和方法可以紧密联系教师自身的教学活动，在日常教学中实现教师教学能力的内隐式发展。即反对培训式培养，提倡应用型培养，使得教师的学习与互动交流均有助于其教学工作的开展，进而产生良好的教学体验，激发教师主动学习的内驱力。该策略的应用必须以全媒体的适宜性选择与应用为抓手，结合教师一线教学实际来设计教师教学能力提升培养方案，以实现教师教学能力发展的常态化。

七　科学评测及时对标策略

在开展全媒体环境下教师教学能力趋同培养的过程中，需要利用已有量表或自主开发工具等科学手段对教师教学能力趋同发展的状况进行及时评测，同步对比标杆教师的发展进程，以便及时发现问题，修正培养策略。科学评测与及时对标正是保障教师教学能力趋同发展的条件之一。

八　标杆教师动态更新策略

在 TAECD 模型"标杆定标"环节，已经确定的标杆教师并非一成不变，标杆教师的选择需要随着模型的应用与实践而动态变化。一方面促使非标杆教师迎难而上，激励标杆教师更上一层楼，实现"没有最好，只有更好"的良性循环，使得模型不仅面向普通教师，对标杆教师也有激励作用，使模型的应用面更加广阔。另一方面，从教师教学能力的子能力角度出发，正所谓"三人行必有我师"，每个优秀教师的某一个子能力均可成为其他老师的标杆。当教师子能力发展趋同标杆教师之后，又可以产生新的标杆。在标杆教师的不断更新中，教师自身的教学能力也将不断提升。

本章小结

在实验研究的基础上，本章开展了全媒体环境下教师教学能力指数型趋同培养反思研究，提出了全媒体环境下教师教学能力指数型趋同培养模型（TAECD）的八种应用方法、八种应用策略，为模型后续的推广应用提供了支持。上述策略与应用方法仅作参考，正所谓"他山之石可以攻玉"，希望读者能够从自身的教学实践出发，应用 TAECD 模型设计教师教学能力的培养方案，开展行动研究，并不断总结教学实践中的方法与策略。

学术共鸣

方法与策略是灵活可变的，但一项研究的价值在于既需要可变的元素，也需要不变的因素。教育研究尤为如此，读者需要看到可复制、可模仿，效果稳定的研究成果。而这些稳定的因素必然是多轮实验应用，不断迭代修正的结果。因此，希望感兴趣的读者可以基于上述教学应用方法与应用策略展开行动研究，在研究中行动、在行动中研究，并及时分享研究成果，以指数思维激励更多的学者参与进来，深化教师教学能力的培养研究，在教师教育质量方面激发指数级倍增效益。

第九章

总结与展望

> 只有知道了通往今天的路,我们才能清楚而明智地规划未来。[①]
> ——[英]罗伯特·路易斯·斯蒂文生

第一节 研究总结

一 研究成果

本项研究在大量文献和实践分析的基础上,通过演绎法构建教师教学能力趋同培养 TACD 模型,并在此基础上设计培养教师教学能力的趋同发展教学模式,基于该模式设计教学活动。研究达成了既定目标(见第七章),完成了基于专家函询与教学实践两个层面的教学模式和模型的验证与修订工作。行动研究和准实验研究结果双向印证了 TAECD 模型对培养教师教学能力趋同发展有效。

(一) 提出了教师教学能力趋同发展图景并设计了评价量规

本研究在文献梳理与分析的基础上提出了教师教学能力趋同发展图景(见图 5.4),从生物能力形成的机理出发阐明了教师教学能力从协同到趋同发展的规律与特点(见图 5.2),为构建培养教师教学能力趋同发展模型提供了理论依据。

为了科学评测教师教学能力趋同发展状况,研究在文献综述的基础上(文献综述中将教师教学能力分为九种子能力)逐步细化了教师教学能力

[①] 晴天娃娃:《一开始就做对:改变未来的 50 个人生抉择》,天津人民出版社 2015 年版。

的评测量化标准。设计了教师教学能力综合评价量表（见表5.3），九种子能力各分为若干表征项，用以量化教师的教学能力。每种子能力均可通过量化评价（用字母 L 表示）或质性评价（用字母 Z 表示）来综合测评。教师教学能力综合评价量表的设计为本研究确立了评价标准。

教师教学能力的趋同发展评价正是基于教师教学能力的评价基础之上的，主要考虑教师教学能力发展的趋同状况，从九个方面予以分析。其发展的基点依然是教师教学能力水平，趋同的表征受到标杆的影响。研究详细梳理与总结了能够反映教师教学研究能力、教学设计能力、同伴协作能力等子能力发展的趋同表征（见表5.4），完成了教师教学能力趋同发展评价量规的研究与设计，为后续研究的顺利开展奠定了基础。

（二）构建了培养教师教学能力的 TAECD 模型，并进行了两轮修订

本项研究的核心是提升教师教学能力，研究的关键点是帮助教师在教学能力培养方面实现趋同发展。因此，研究在梳理构成教师教学能力九种子能力的基础上，以教师教学能力趋同发展图景为航标，构建了培养教师教学能力的 TACD 模型，并经过专家函询、实验教学等对模型进行了两次修订，最终改良形成教师教学能力 TAECD 模型，以便更好地促进教师教学能力的趋同发展。

（三）总结提炼了基于 TACD 模型的教师教学能力趋同培养模式，并提出了应用方法和策略

TACD 模型表征了教师教学能力提升的系统路径，基于该模型，可以根据不同的学科、不同的培养需求，设计多模态的培养模式。本研究基于 TACD 模型构建了教师教学能力趋同培养模式，并利用模式在教学中开展了基于智慧平台的码课教学实验，通过实验教学总结了相关经验和方法，并对该模式进行了修订，而修订后的模式又成为模型修订的主要依据。

（四）积累了利用 TACD 模型培养教师教学能力趋同发展的教学实践案例

本项研究在 A、B 两校选取了样本教师，组织开展了基于智慧平台的码课教学实验。虽然都是基于《现代教育技术》公共课，但实验组教师的教学过程和相关成果已然成为培养教师教学能力趋同发展的教学实践案

例,为同类型或相似领域的研究提供了范例和研究样本。

(五) 本研究的辐射成果

经过实验教学,参与实验的教师的教学能力或某些子能力得到了提升。标杆教师虽然不在实验组,但其收获也不少。标杆教师取得了一些研究成果,积累了研究经验。目前,已有一位实验组教师准备攻读博士研究生,一位教师申报省部级研究课题一项,有两位对照组教师在省级刊物发表研究论文一篇,有一位观摩教师(参与前测,但未选为实验样本)多次旁听观摩课程,笔者以此为灵感申报获批国家社科基金"十三五"规划课题一项。同时,该项目的实施与推进还带动了一批多年从事公共课教学的教师开始思考公共课教学改革问题,其中积极参与教改的一位教师荣获教育部在线教育中心授予的"智慧教学之星"荣誉称号。

上述研究成果表明,本研究针对的正是当前公共课教学中存在的现实问题与困难。由于研究本身的局限性和一些研究误差,书中所取得的一些研究成果只是阶段性的,还需要在教学实践中不断地应用、修订与迭代。

二 研究结论

(1) 实验数据结合访谈分析显示,基于 TAECD 模型设计、实施的教学实践能够有效提升教师的教学能力,并对某些子能力的发展具有明显促进作用。

(2) 通过教学实验,参与其中的实验教师的教学能力(或某些子能力)均有所提升,但趋同发展的趋势不同。其中,用来对照的标杆教师的能力提升比较明显,实验组教师与标杆教师趋同发展状况最好。

(3) 通过教改课题实施,参与的教师的教学能力均向着标杆教师水准发展,并与标杆教师有相似的提升(趋同发展)。

(4) 参与教改实验的教师,教学能力中九种子能力发展不均衡。教学设计能力、教学实施能力和教学反思能力发展最强,教学自修能力和教学认知能力发展最弱(见图 7.10)。因此,基于 TAECD 模型的教学模式设计必须充分考虑所培养教师目前的教学能力现状,包括子能力现状,以便有针对性地开展培养活动。

三 研究的不足之处

（一）研究误差

1. 教师教学能力及其子能力的划分和评测

目前，学术界对构成教师教学能力及其子能力的划分没有统一的标准。本研究是在大量文献分析的基础之上提出的教师教学能力的九种子能力构成，势必在某些方面会有疏漏，所以研究采用实验前后统一子能力评价来规避不同子能力评价时可能出现的混乱。另外，教师教学能力的九种子能力中，有一些子能力可以描述但很难表征，例如教师自修能力，其中包括教学风格、人格魅力、教学效能感以及职业自豪感和价值感。这些概念抽象而感性，一些感受可以通过访谈与教师交流获取，但很难科学评价。因此，教师教学能力及其子能力的划分和评测方面的困难，必然造成研究数据所显示的教师教学能力与实际教师教学能力之间的误差。这种误差只能通过对教师教学能力评价标准的不断修订予以弥补，同时，利用质量结合的评价方法尽可能提高评价过程和评价结果的科学性。

2. 测评工具多次应用的负面影响

本研究基于教师教学能力综合评价量表，设计教师教学能力现状与发展评测问卷、课堂观察及材料分析量表等工具。虽然试测中工具的信度良好，但样本数量有限，测试数据存在误差。同时，教师实验前后使用一套工具进行评测，会导致教师一方面对问卷已经有了熟悉感，甚至会将上次问卷中的错误答案带到下一次测试之中；另一方面，教师会出现消极心理，草草快速作答。两种情况都会导致回收数据的误差。

（二）实验设计的局限

1. 实验科目单一

本次实验只选择了《现代教育技术》公共课，单一的课程选择会在一定程度上限制教师教学能力的发挥。研究发现，没有参与实验的对照组教师、标杆教师教学能力均有所提高，这种提高绝不是一门课程教学就能实现的。在构成教师教学能力的九种子能力中，一些能力是教师的综合素养，所以用一门课程实施实验教学来验证教师教学能力的提升，是一种典型的由实验科目限制造成的研究误差。后续研究中可以将实验科目扩展，甚至包括教师的日常教研活动也能成为教学能力提升的渠道。

2. 实验时间不足

本项实验虽然历时一年半，但入校开展行动研究的时间只有一个学期。短短一个学期中教师教学能力的提升本来就很微弱，其表征就更难捕捉。例如，教学研究能力中一个非常重要的指标为是否发表学术论文，并且会根据论文的级别对教师的教学研究能力、教学反思能力给予一定的评价。因此，在本轮实验中教师的教学研究能力的提升普遍较弱。许多教师实验前后几乎无论文发表，只有几位对照组教师发表了省级论文。因此，可以考虑在后续研究中开展长期（3年）的跟踪研究，科学评测教师教学能力的发展状况。

3. 实验组教师与标杆教师互动设计不足

多轮实验中实验组教师与标杆教师互动设计不足的问题表现得十分突出，研究设计标杆教师不予以实验干预，但实验组教师缺乏与标杆教师的互动交流。在对标杆教师的访谈中发现，标杆教师具有强烈的参与实验教学的意愿，但没有进入实验组。这种遗憾是实验设计造成的，失去了让实验教师交流学习的机会。在 TACD 模型的第二次修订中就意识到了这个问题，并进行了修订，以期在下一轮实验中让标杆教师也参与到实验教学中来，充分发挥标杆教师榜样的作用，引领教师趋同发展。

4. 标杆教师动态变化考虑欠妥

TAECD 模型中"标杆定标"环节选出的标杆教师未考虑动态变化形式，即"人人能当标杆"。这样在促进非标杆教师教学能力的基础上，也能提高标杆教师的教学能力，使得整个模型运作形成良性竞争，促进每一位教师专业化发展。标杆教师动态选择，需要进一步细化标杆教师的评定标准，包括教师教学能力的标杆、九种教学子能力的标杆等。

（三）TAECD 模型与应用模式需进一步验证与修订

1. 基于 TAECD 模型的教师指数型趋同发展模式需进一步验证和完善

本研究遵循模型构建、模式设计、教学实践、教学反思、模式修订、模型修订的规则，虽然在实验教学中已经对模式进行了修订，但该模式还需要在教学实践中进一步验证与修订，使其更加完善，能够满足多学科教师常态化教学能力培养需求。

2. 全媒体环境下教师教学能力指数型趋同培养模型需进一步修正与完善

研究所构建的教师教学能力指数型趋同培养（TAECD）模型，经过专家函询、教学实验等环节，进行了两次修订，但仍需要验证和完善。需要进一步探索模型与教师教学能力发展之间的相关性，找到其中内隐的要素，以期能为更多教学模式的创设与应用提供基础与依据。

（四）"指数思维与教育"的研究不够深入

在多轮实验研究中，为了扩大研究成果的辐射面，实现教师教学能力由前期的被培养到后期的自学习，直至长期的常态化发展，研究引入了指数思维，在模型修订中应用指数思维构建了"区域驱动"模块，在教学模式修订中加入了"驱动教学"环节。TACD 模型升级为 TAECD 模型，字母"E"代表了指数型。虽然，在具体的教学实践中意识到了教师教学能力指数型培养的重要性，但由于多方面的制约，该阶段只是浅层研究了"指数思维"，尚未涉及指数思维与教育的深层问题。尤其是指数思维如何重构教育新生态的研究只是做了理论推理，还需要更加深入的实践探索与研究。

四　研究的创新之处

本研究的创新点主要体现在理论和实践两个方面。

（一）理论方面

（1）本研究将生物学领域的概念"趋同进化""选择压"引入教育领域，提出了"教育选择压"设计与激发的原则与方法，探索了指数思维在教育领域的应用，并界定了指数思维、全媒体的涵义。

（2）在梳理影响教师教学能力发展的要素基础上，根据所总结的教师教学能力的九种子能力，构建了旨在促进教师教学能力趋同发展的 TAECD 模型，模型体现了教师教学能力趋同发展的过程，为深入研究教师教学能力的趋同培养建立了理论框架。

（二）实践方面

突破了传统教师培训的思维模式，引入指数思维助力教育教学改革。首次提出了指数思维引领下的以教研课题为抓手的全媒体培训方法，验证了教师教学能力可持续趋同发展的可能性，设计了教师教学能力趋同发展评价量表，为相关研究开展科学评测提供了可参考的工具，积累了成功案例和可推广的培养方法与策略。

第二节　研究展望

本项研究只是揭开了"教师教学能力培养"这座"冰山"的一角，需要在接下来的教学实践中进一步开展后续研究，计划在近三年开展两个方面的教改实验，用以验证和不断修订培养教师教学能力的 TAECD 模型。

一　基于智慧平台的泛网络学习空间教学实践研究

充分利用智慧学习平台开展教学改革，探索网络学习空间如学习通等平台与诸多智能应用 App 如雨课堂等融合应用的路径与方法。

（一）深入开展"学习通+雨课堂"的码课教学应用研究

利用学习通平台结合雨课堂辅助码课教学，实现课前、课中、课后的全面智慧学习，为师生及时推送教学情况与学习情况统计数据。不断设计相关学习任务，帮助教师及时适应技术发展，能够在教学中熟练应用全媒体辅助教学。

（二）智慧平台教学应用比较研究

计划将"雨课堂""蓝墨云""超星学习通"等目前常见的智慧学习平台，分别设计到教师教学能力培养的 TAECD 模型中，同时对比多种智慧学习平台在教学实践中的优缺点，分析不同平台应用中教师教学能力发展的敏感项，为教师教学能力的精准培养提供建议与策略。

二　基于 TAECD 模型的中小学创客教师校本培训研究

后续研究计划将修订后的教师指数型趋同发展模式植入中小学创客教育之中，组织教师开发校本课程，开展实验教学，创新趋同发展模式。一方面结合中小学编程、机器人、3D 打印、无人机、信息技术、小小创客等社团活动，组织教师开展教学设计；另一方面与中小学学科教学结合，围绕语、数、外等科目开展新技术、新媒体支持下的教学改革。促使教师参与到活动之中，按照 TAECD 模型的模块步骤并结合本校的实践情况和需

第九章 总结与展望

求，创设全新的教师教学能力趋同发展培养模式。在中小学校挂牌建设实践基地，安排研究生同步观测，参与校本课程开发，总结提出多模态教师教学能力趋同培养模式。

本章小结

研究共取得五项成果，得出了四条结论。实践证明，全媒体环境下教师教学能力指数型趋同发展（TAECD）模型能够有效促进教师教学能力向着标杆教师发展和提升。研究打破传统思维方式，利用指数思维构建了"区域驱动"模块，在教学模式修订中加入了"驱动教学"环节，期望能够以每一位参与教师为点，辐射其他教师利用全媒体变革教育教学过程，提升自身教学能力，在教学能力的趋同发展中产生指数级效应。

学术共鸣

笔者计划在近三年开展的两个方面的教改实验是基于国家社会科学基金"十三五"规划2019年度教育学一般课题"指数思维引领下的智慧学习空间构建与应用研究"展开的，研究需要更多、更深入的探究与实验，欢迎各位感兴趣的读者能够参与进来，一起设计、共同探讨，共享研究成果。

附　录

教师教学能力现状与发展评测
调查问卷

尊敬的老师：

　　您好！教师教学能力提升是高素质师资队伍建设的主要抓手。本调查问卷旨在了解教师教学能力现状及其发展状况，以改进教师教学能力建设工作，促进教师教学能力的提升。本调查问卷数据仅供研究和决策参考，不会对您的工作与生活产生任何影响，请根据您的实际情况和意愿填写。真诚地感谢您的配合与支持！

第一部分　基本情况

1. 性别：男□　女□
2. 年龄：20—30 岁□　30—40 岁□　40—50 岁□　50 岁以上□
3. 教龄：10 年以内□　10—20 年□　20—30 年□　30 年以上□
4. 学位：学士□　硕士□　博士□
5. 职称：助教□　讲师□　副教授□　教授□
6. 是否师范专业毕业：是□　否□

第二部分　教学能力发展现状

1. 您认为自己的教学风格大致属于哪一类？

A 理智型教学风格（条理清晰、逻辑性强）；B 情感型教学风格（情绪饱满、热情洋溢）；C 自然型教学风格（自然亲切、朴实无华）；D 幽默型教学风格（生动形象、机智诙谐）；E 技巧型教学风格（技巧技能娴熟、

附　录

方法灵活自如）；F 不清楚

2. 您认为分析学生的学习特征对提升教师教学质量作用大吗？

A 作用很大；B 作用比较大；C 一般；D 作用不大；E 没有作用

3. 您是否经常关注本学科的发展前沿动态？

A 经常关注；B 比较关注；C 一般关注；D 不太关注；E 不关注

4. 您在教学中是否经常使用各种新媒体、新技术？

A 经常使用；B 偶尔使用；C 一般；D 不太使用；E 不使用

5. 您在备课时，获取教学资料的主要途径有哪些？

A 同行分享；B 网络查找；C 自己制作；D 付费购买

6. 您在一个学期里能与校内外同行开展几次协同备课或设计课程的活动？

A 3 次及以上；B 2 次；C 1 次；D 没有

7. 您经常参与教学研讨，并提出自己的观点和认识吗？

A 经常；B 偶尔；C 一般；D 不太参与；E 不参与

8. 您在一个学期中能够外出参加学术会议或培训活动有多少次？

A 3 次及以上；B 2 次；C 1 次；D 0 次

9. （多选）您觉得以下哪些教学能力对教师教学效果影响较大？

A 教学设计能力；B 教学改革能力；C 教学实施能力；D 综合测评能力；E 教学研究能力；F 同伴协作能力；G 教学认知能力；H 教学自修能力；I 教学反思能力

10. （多选）您认为目前制约教师教学能力提升的因素有哪些？

A 行业知识；B 学科知识；C 专业技能；D 聘任和考核体系；E 教师自主发展意识；F 教师教学能力培养模式；G 教师教学实践环境

11. 您经常与同事在一起研讨或交流教学中遇到的问题吗？

A 经常；B 偶尔；C 一般；D 不太讨论；E 不讨论

12. 您在一个学期里能参加几次校内外教学观摩与评课活动？

A 3 次及以上；B 2 次；C 1 次；D 0 次

13. 您常用的学生测评方法有哪些？

A 入学考试；B 期中考试；C 期末考试；D 能力测验；E 项目任务评估（交作品）

14. 您能熟练的对自己或同事的教学展开评价吗？

A 非常熟练；B 熟练；C 一般；D 不太熟练；E 不熟练

15. 您认为学生评教、教师评教的制度对教师教学能力提升的促进作用如何？

A 作用很大；B 作用比较大；C 一般；D 作用不大；D 没有作用

16. （多选）您认为下列哪些方式可以高效帮助教师提升教学能力？

A 岗前培训；B 自我进修；C 一线教学实践；D "传帮带"的指导；E 教研活动；F 科研引领；G 学术会议；H 教学竞赛；I 教学培训；J 外出进修；K 学历提升；L 其他（请填写）_____

调查到此结束，十分感谢您的支持！

主要参考文献

一　中文文献

［加］萨利姆·伊斯梅尔、［美］迈克尔·马隆、［美］尤里·范吉斯特：《指数型组织：打造独角兽公司的11个最强属性》，苏健译，浙江人民出版社2015年版。

［美］D. John McIntyre、［美］Mary John O'Hair：《教师角色》，丁怡等译，中国轻工业出版社2002年版。

［美］Ralph Fessler、［美］Judith C. Christensen：《教师职业生涯周期——教师专业发展指导》，董丽敏等译，中国轻工业出版社2005年版。

［美］Sally Berman：《多元智能与项目学习活动设计指导》，夏慧贤等译，中国轻工业出版社2004年版。

［美］戴维·H.乔纳森：《学习环境的理论基础》，任友群译，华东师范大学出版社2002年版。

［美］戴维·乔纳森：《学会用技术解决问题》（Learning to Solve Problems With Technology），任友群译，教育科学出版社2007年版。

［美］杜威：《学校与社会·明日之学校》，赵祥麟等译，人民教育出版社2005年版。

［美］劳伦斯·纽曼：《社会研究方法定性和定量的取向（第五版）》，郝大海译，中国人民大学出版社2009年版。

［美］琳达·达林—哈蒙德等：《教师应该做到的和能够做到的》，陈允明译，中国青年出版社2007年版。

［美］威廉·维尔斯曼：《教育研究方法导论》，袁振国主译，教育科学出版社2001年版。

［英］S.凯米斯：《行动研究法（上）》，张先怡译，《教育科学研究》1994

年第 4 期。

毕海滨:《网络环境下的教师同伴学习研究》,《现代教育技术》2008 年第 10 期。

蔡宝来、王会亭:《教学理论与教学能力:关系、转化条件与途径》,《上海师范大学学报》2012 年第 1 期。

蔡慧英、顾小清:《21 世纪学习者能力评测工具的框架设计研究》,《中小学信息技术教育》2013 年第 5 期。

曹春雷:《基于"趋同进化"理论的微课教学设计研究——以"电工基础"课程教学为例》,《职教通讯》2016 年第 3 期。

曹一鸣:《数学教学模式的构建与实施步骤》,《中学数学教学参考》2002 年第 8 期。

陈爱苾:《课程改革与问题解决教学》,首都师范大学出版社 2010 年版。

陈东毅、张吉先:《全媒体视域下的学习资源建设方略探究》,《现代教育技术》2014 年第 1 期。

陈凡、吴跃文:《教师教学能力评价标准体系研究——以美国国家教师资格考试为例》,《教育理论与实践》2010 年第 9 期。

陈菊:《构建区域教师专业发展共同体之探究》,《广西师范大学学报》2008 年第 8 期。

陈丽、李芒、陈青:《论网络时代教师新的能力结构》,《中国电化教育》2003 年第 4 期。

陈玲、刘禹、余胜泉:《教师区域网络协同备课效果研究》,《现代教育技术》2013 年第 4 期。

陈武:《手机使用对青少年自我控制的影响》,博士学位论文,华中师范大学,2016 年。

陈永明等:《教师教育研究》,华东师范大学出版社 2003 年版。

褚乐阳、陈卫东、谭悦:《重塑体验:扩展现实(XR)技术及其教育应用展望——兼论"教育与新技术融合"的走向》,《远程教育杂志》2019 年第 1 期。

戴友榆、冯小楠:《应用计划行为理论探讨我国大学生观影意愿:兼论手机 App 体验的调节效果》,环渤海高校本科教育质量提升高峰论坛论文,2017 年。

董树梅：《行动研究是研究方法吗?》，《上海教育科研》2013年第7期。

杜娟、李兆君、郭丽文：《促进深度学习的信息化教学设计的策略研究》，《电化教育研究》2013年第10期。

杜萍：《当代中小学教师基本教学能力标准的研制与反思》，《课程·教材·教法》2011年第8期。

杜晓利：《富有生命力的文献研究法》，《上海教育科研》2013年第10期。

樊登：《低风险创业》，人民邮电出版社2019年版。

风笑天：《方法论背景中的问卷调查法》，《社会学研究》1994年第3期。

傅道春：《教师的成长与发展》，教育科学出版社2003年版。

高婷婷、郭炯：《人工智能教育应用研究综述》，《现代教育技术》2019年第1期。

高文：《教学模式论》，上海教育出版社2001年版。

高艳丽、朱勤文、乔芳琦：《全媒体环境下高校网络舆情现状与引导研究》，《湖北社会科学》2015年第10期。

郜书锴：《全媒体：概念解析与理论重构》，《浙江传媒学院学报》2012年第8期。

工信部运行监测协调局：《2020年1~11月通信业经济运行情况分析》，《通信企业管理》2021年第1期。

顾小清：《行动学习：面向信息化的教师专业发展策略》，《全球教育展望》2005年第3期。

郭炯、荣乾、郝建江：《国外人工智能教学应用研究综述》，《电化教育研究》2020年第2期。

郭绍青、金彦红：《网络支持的教师校际协同教学研究》，《现代远程教育研究》2011第1期。

郭绍青、杨滨：《高校微课"趋同进化"教学设计促进翻转课堂教学策略研究》，《中国电化教育》2014年第4期。

何克抗：《建构主义——革新传统教学的理论基础（上）》，《电化教育研究》1997年第3期。

何克抗：《教学结构理论与教学深化改革（上）》，《电化教育研究》2007年第7期。

何梅、杨全海：《新建本科院校教师教学能力培养模式》，《教育与职业》

2011年第12期。

何文:《彩电科技新趋势》,《电子质量》1998年第11期。

何一茹:《网络协作联盟促进教师协同发展的实践模式》,《中国电化教育》2011年第9期。

何阅雄等:《教学型高校青年教师教学能力"三阶段四协同"发展模式的探索》,《高等工程教育研究》2013年第6期。

洪燕君:《HPM教学实践驱动下初中数学教师专业发展研究:MKT的视角》,博士学位论文,华东师范大学,2017年。

胡建团:《城乡教师信息化教学能力协同发展影响因素及路径》,《科技创新导报》2017年第1期。

胡丽莎:《大学生课堂手机行为调查研究》,硕士学位论文,江苏师范大学,2013年。

胡玲:《刍议高校思想政治理论课教学中的"归纳"与"演绎"》,《广西教育学院学报》2020年第5期。

胡钦太、刘丽清、郑凯:《工业革命4.0背景下的智慧教育新格局》,《中国电化教育》2019年第3期。

胡勇、李美凤:《基于协作脚本角色设计及其对协作学习网络影响初探》,《电化教育研究》2012年第1期。

皇甫倩:《美国新型教师TPACK测评工具的研究述评及启示》,《外国教育研究》2017年第8期。

黄红:《复利的威力》,《商业故事》2009年第11期。

黄荣怀、杨俊锋、胡永斌:《从数字学习环境到智慧学习环境——学习环境的变革与趋势》,《开放教育研究》2012年第2期。

黄荣怀:《智慧教育的三重境界:从环境、模式到体制》,《现代远程教育研究》2014年第6期。

黄升民、刘珊:《三网融合下的"全媒体营销"建构》,《现代传播》2011年第2期。

黄树伟:《中学生手机依赖的心理机制与干预研究》,《教育界》(综合教育)2019年第6期。

黄宇星:《信息技术环境下教师角色与能力结构分析》,《福建师范大学学报》(哲学社会科学版)2003年第6期。

黄志成：《全纳教育：21世纪全球教育研究新课题》，《全球教育展望》2001年第1期。

江世勇：《网络环境下跨区域合作推动欠发达地区教师专业发展的研究》，《教育与教学研究》2012年第5期。

姜梦雨：《大学生手机媒介使用及影响研究》，硕士学位论文，山东师范大学，2016年。

焦兵兵：《手机媒体的信息把关研究》，硕士学位论文，河南大学，2012年。

金利：《地方本科高校教师教学能力发展研究》，博士学位论文，西南大学，2000年。

金美林：《教育博客实现城乡教师协同发展研究》，硕士学位论文，浙江师范大学，2007年。

金彦红、郭绍青、赵霞霞：《技术支持的小学教师有效教学能力培养研究——以"中国—UNICEF'灾区教师培训'项目"为例》，《中国电化教育》2012年第2期。

康锦堂：《教学能力结构及测评》，厦门大学出版社1991年版。

雷鸣：《有效提升我国农村中小学教师教学能力校本教研模式研究》，硕士学位论文，重庆师范大学，2010年。

雷万鹏、黄旭中：《教师教育发展现状调查与政策启示——基于湖北省的实证调研》，《华中师范大学学报》（人文社会科学版）2017年第11期。

黎加厚、赵怡、王珏：《网络时代教育传播学研究的新方法：社会网络分析——以苏州教育博客学习发展共同体为例》，《电化教育研究》2007年第8期。

李葆萍等：《智慧学习环境的研究现状和趋势——近十年国际期刊论文的内容分析》，《开放教育研究》2014年第10期。

李东阁：《4G背景下手机媒介的机遇和挑战研究》，硕士论文，重庆工商大学，2015年。

李华：《基于网络的协同教研系统研究》，《电化教育研究》2012年第12期。

李静：《全媒体环境下的广播发展之道》，《中国广播电视学刊》2012年第3期。

李开复、王咏刚：《人工智能》，文化发展出版社2017年版。

李坤崇：《教学评估——多种评价工具的设计及应用》，华东师范大学出版社2011年版。

李丽、李艳：《移动互联网背景下高校思想政治理论课教师话语主导权研究》，《思想政治教育研究》2016年第6期。

李芒：《论综合实践活动课程与教师的教学能力》，《教育研究》2002年第3期。

李青、闫宇：《新技术视域下的教学创新：从趣悦学习到机器人陪伴学习——英国开放大学创新教学报告（2019版）解读》，《远程教育杂志》2019年第2期。

刘铁芳：《守望教育》，华东师范大学出版社2004年版。

刘艳晶：《从中学教师教学能力发展态势看教师的职后培养》，硕士学位论文，江西师范大学，2011年。

刘义兵、付光槐：《教师教育一体化发展的体制机制创新》，《教育研究》2014年第1期.

刘英梅：《全媒体时代大学生阅读环境分析》，《图书馆建设》2012年第3期。

刘颖、苏巧玲：《医学心理学》，中国华侨出版社1997年版。

刘兆吉：《对120名优秀教师和模范班主任心理特点的初步分析》，《心理学报》1980年第3期。

栾轶玫：《融媒体时代新闻生产的流程再造》，《视听界》2010年第1期。

罗鑫：《什么是"全媒体"》，《中国记者》2010年第3期。

雒亮、祝智庭：《创客空间2.0基于O2O架构的设计研究》，《开放教育研究》2015第4期。

马秀峰、李晓飞：《网络环境下教师专业发展模式探索研究》，《电化教育研究》2006年第6期。

欧阳波仪、程美：《互联网环境下中职与高职教师学习共同体构建与机制研究》，《中国现代教育装备》2016年第23期。

潘淳：《新媒体环境下教师教学能力发展研究》，《中国电化教育》2014年第5期。

齐媛、张生：《教师教学设计能力述评》，《现代教育技术》2009年第

1期。

乔爱玲等：《不同教师群体教学行为的差异性研究》，《电化教育研究》2018年第4期。

瞿平、尚冠群、李丽娟：《网络环境下PBL教学模式的研究》，《黑龙江科学》2011年第1期。

任训学：《中学教师教学能力的调查报告》，《湖北大学学报》2000年第2期。

任友群：《人工智能的教育视角初探》，《远程教育杂志》2018年第5期。

申继亮、王凯荣：《论教师的教学能力》，《北京师范大学学报》（人文社会科学版）2000年第1期。

申继亮、辛涛：《论教师教学的监控能力》，《北京师范大学学报》（社会科学版）1995年第1期。

沈文淮等：《高校教师教学发展中心促进教师教学能力发展的机制与模式》，《中国电化教育》2012年第12期。

沈章明、王敏：《"情感态度价值观"问题与"核心素养"的培育策略》，《教育发展研究》2019年第6期。

石长顺、唐晓丹：《全媒体语境下电视编辑角色转型与功能拓展》，《中国编辑》2009年第2期。

宋明江：《高职院校"双师型"教师教学能力发展研究——基于行动学习理论的视角》，博士学位论文，西南大学，2015年。

汪基德、杨滨：《构建"D-S-T"CD网络模型促进区域教师教学能力协同发展研究》，《中国电化教育》2017年第4期。

汪洋：《组合式学校——21世纪的学习环境》，《中外技术情报》1994年第5期。

王寰、安蔡春：《创新区域教育治理结构，促进京津冀教育协同发展——"京津冀教育协同发展"高峰论坛综述》，《北京师范大学学报》2016年第1期。

王建军：《课程变革与教师专业发展》，四川教育出版社2004年版。

王洁、姜虹：《教师在职培训的趋势与分析——基于TALIS2018结果的实证研究》，《比较教育学报》2020年第2期。

王丽爱、孟庆忠：《基于师生协同发展的高中英语教学设计策略》，《教学与管理》2017 年第 1 期。

王沛、胡发稳：《基于万维网技术的教师教育教学能力测评系统及其启示》，《电化教育研究》2012 年第 9 期。

王宪平：《课程改革视野下教师教学能力发展研究》，博士学位论文，华东师范大学，2006 年。

王研：《高校工科实验教学改革措施的初探》，《中国培训》2015 年第 6 期。

王映康、罗文俊：《云存储环境下多用户可搜索加密方案》，《电信科学》2012 年第 11 期。

王佑镁、王晓静、包雪：《创客教育连续统：激活众创时代的创新基因》，《现代远程教育研究》2015 年第 5 期。

王玉秀：《基于知识建构的手机移动学习教学设计模式研究》，硕士学位论文，沈阳师范大学，2013 年。

王振灿：《关于图书馆学习环境的优化探析——以南京林业大学图书馆淮安分馆为例》，《魅力中国》2018 年第 48 期。

王治民、薛勇民、南海：《"教师教学能力概念辨析"》，《中国职业技术教育》2008 年第 6 期。

吴群：《共事切磋共同提高——区域教师研修共同体建设的探索》，《教师》2010 年第 22 期。

吴群：《以区域教师研修共同体的构建促进教师的专业发展》，硕士学位论文，湖南师范大学，2010 年。

吴志华、崔玉影：《对目前教学模式构建中几个问题的认识》，《教育科学》2002 年第 8 期。

夏领婕：《当代大学生使用手机的现状及影响》，硕士学位论文，华中科技大学，2013 年。

项立刚：《5G 时代——什么是 5G，它将如何改变世界》，中国人民大学出版社 2019 年版。

辛自强：《问题解决与知识建构》，教育科学出版社 2005 年版。

徐建平：《教师胜任力模型与测评研究》，北京师范大学出版社 2004 年版。

徐玲、袁合静、孟佳琳：《智能手机的普及对大学生课堂学习的影响》，《中国成人教育》2014 年第 14 期。

徐晓红：《澳大利亚大学教师发展研究——基于学术职业的视角》，博士学位论文，上海师范大学，2015年。

徐涌金：《论生态学理论在教师培训工作中的应用》，《师资培训研究》1997年第2期。

许方舟、张力玮、孔令琦：《美国大学数学教育的多样化教学管理模式——访美国艾奥瓦大学教授叶扬波》，《世界教育信息》2016年第7期。

薛珊：《美国奇点大学技术创业教育的经验及启示》，《重庆文理学院学报》（自然科学版）2019年第7期。

晏齐宏、杜智涛、付宏：《国内在线学习主要模式演化的知识图谱分析》，《中国远程教育》2015年第9期。

杨滨、任新英：《对质、量结合的人文关怀式研究法初探——以中小学课堂学习方式改革的质性研究为例》，《现代教育技术》2010年第8期。

杨滨：《教师教学能力指数型趋同发展培养模型构建研究——"互联网+"新媒体环境下教师专业发展研究》，《电化教育研究》2020年第6期。

杨伯峻：《论语译注》，中华书局2013年版。

杨刚、胡来林：《网络环境下同济教师协作学习研究》，《中国电化教育》2013年第1期。

杨红心：《彩电科技新趋势——从多媒体到全媒体，从模拟数字到全数字》，《广播与电视技术》1998年第8期。

杨静、武伟：《Wiki环境下教师协同备课模式与应用》，《中国教育技术装备》2012年第11期。

杨现民、余胜泉：《智慧教育体系架构与关键支撑技术》，《中国电化教育》2015年第1期。

杨秀梅：《费斯勒与格拉特霍恩的教师发展影响因素论述评》，《外国教育研究》2002年第5期。

杨彦军：《面向区域在职教师协同成长的虚拟学习社区建设研究》，硕士学位论文，西北师范大学，2010年。

姚红、葛君梅：《布朗芬布伦纳的社会生态系统理论对医德教育的启示》，《管理观察》2015年第25期。

姚君喜、刘春娟：《"全媒体"概念辨析》，《当代传播》2010年第6期。

叶澜：《新世纪教师专业素养初探》，《教育研究与实验》1998年第1期。

叶澜等：《教师角色与教师发展新探》，教育科学出版社2001年版。

于长虹：《智慧校园智慧服务和运维平台构建研究》，《中国电化教育》，2015年第8期。

余秀才：《全媒体时代的新媒介素养教育》，《现代传播》（中国传媒大学学报）2012年第2期。

臧利国等：《产学研协同视角下应用型本科青年教师教学能力培养》，《中国教育技术装备》2018年第2期。

詹青龙、杨梦佳、郭桂英：《CIT：一种智慧学习环境的设计范式》，《中国电化教育》2016年第6期。

张大良、纪志成、周萍：《高校青年教师教学能力评价体系与影响因素研究》，《贵州社会科学》2009年第9期。

张德锐：《以教师同侪合作化解教学专业的危机》，《教师天地》1998年第9期。

张会敏：《基于指数的高等教育质量管理方法研究》，博士学位论文，华东师范大学，2012年。

张科：《我国教师教育一体化的反思与变革》，《中国成人教育》2016年第23期。

张民选、夏惠贤、孔令帅：《让教师成为教育知识的发现者和建构者——来自上海的经验》，《全球教育展望》2015年第44卷第7期。

张妮等：《信息技术支持下的区域研修现状及发展研究——基于全国25省（市）35县（区）的调研》，《中国电化教育》2019年第10期。

张品良：《全媒体环境下网络虚拟社群发展及社会管理创新》，《江西财经大学学报》2014年第5期。

张秀萍：《如何做好大学生就业困难群体的职业指导》，《现代教育》2016年第12期。

赵健、郭绍青：《网络环境下教师学习共同体运行效果的调查分析》，《中国电化教育》2013年第9期。

赵希：《大学生手机网络使用现状的调查与分析》，《电化教育研究》2014年第4期。

赵兴龙：《核心素养视角下的智慧教育体系构建》，《现代远程教育研究》

2017年第3期。

赵兴龙：《中国智慧学习环境白皮书》项目成果发布会在北京师范大学举行，《中国电化教育》2015年第10期。

赵允芳：《全媒体时代报业核心竞争力解读》，《传媒观察》2008年第12期。

钟启泉：《学习环境设计：框架与课题》，《教育研究》2015年第1期。

钟威楠：《多元化战略下跨国并购的战略选择》，《中国外资》2019年第1期。

钟晓流等：《第四次教育革命视域中的智慧教育生态构建》，《远程教育杂志》2015年第4期。

钟志贤：《信息化教学模式》，北京师范大学出版社2006年版。

周建达、林崇德：《教师素质的心理学研究》，《心理发展与教育》1994年第1期。

周珺、陈东：《全媒体环境下成人网络教育模式探索》，《黑龙江高教研究》2015年第3期。

周满生：《全纳教育：概念及主要议题》，《教育研究》2008年第7期。

周敏菲：《城乡小学教师专业协同发展个案研究》，硕士学位论文，西南大学，2013年。

周启加：《基础教育英语教师教学能力及其发展研究》，博士学位论文，上海外国语大学，2011年。

周仕德、刘翠青：《何谓好的大学教学？——30年来国外大学卓越教学研究的回顾、特点及启示》，《现代大学教育》2019年第4期。

周琬謦：《应用型大学教师教学能力评价体系研究》，博士学位论文，厦门大学，2017年。

朱秋萍：《提问——开启学生的"思维之门"》，《启迪与智慧（上）》2020年第2期。

朱欣欣：《教师教育教学能力构成的研究》，《教育评论》2004年第5期。

朱雁：《行动研究之类型及模式》，《中学数学月刊》2014年第10期。

祝智庭、彭红超：《全媒体学习生态：应对大规模疫情时期上学难题的实用解方》，《中国电化教育》2020年第3期。

祝智庭、沈书生：《数字韧性教育：赋能学生在日益复杂世界中幸福成长》，《现代远程教育研究》2020年第4期。

祝智庭、孙妍妍：《创客教育：信息技术使能的创新教育实践场》，《中国电化教育》2015年第1期。

祝智庭等：《以指数思维引领智慧教育创新发展》，《电化教育研究》2019年第1期。

庄秀丽等：《区域学科教师群体专业发展的自组织机制研究》，《开放教育研究》2011年第6期。

卓毅、李亚丽：《基于智能手机的移动学习在大学生中的应用研究》，《西南师范大学学报》（自然科学版）2014年第5期。

邹霞：《谈教育研究中的实验研究与准实验研究——回复袁磊博士的〈也谈实验研究方法在教育研究中的应用〉》，《现代远距离教育》2007年第4期。

二 外文文献

A. Guzman, M. Nussbaum, "Teaching Competencies for Technology Integration in the Classroom", *Journal of Computer Assisted Learning*, No. 10, 2009.

A. Korotayev, "The 21st Century Singularity and Its Big History Implications: A Re-analysis", *Journal of Big History*, Vol. 2, No. 3, 2018.

Andrew Falk, "Teachers Learning from Professional Development in Elementary Science: Reciprocal Relations Between Formative Assessment and Pedagogical Content Knowledge", *Science Education*, No. 3, 2012.

Bartolomé Vázquez-Bernal, "The Process of Change in a Science Teacher's Professional Development: A Case Study Based on the Types of Problems in the Classroom", *Science Education*, Vol. 96, No. 2, 2012.

Brian R. Evans, "Content Knowledge, Attitudes, and Self-Efficacy in the Mathematics New York City Teaching Fellows (NYCTF) Program", *School Science and Mathematics*, No. 5, 2011.

H. A. Ismail, "Key Performance Indicators for Excellent Teachers in Malaysia", *International Journal of Productivity and Performance Management*, Vol. 66, No. 3, 2017.

J. Cui, "The Role of College Foreign Language Teacher Metacognitive Ability in the Process of Teacher Development", *Psychology Research*, No. 13, 2013.

K. Tobin, P. J. Garnett, "Reasoning Ability of Preservice Primary Teachers: Implications for Science Teaching", *Australian Journal of Education*, Vol. 28, No. 1, 1984.

L. Darling-Hammond, P. Youngs, "Defining Highly Qualified Teachers: What does 'Scientifically-Based Research' Actually Tell us?", *Educational Researcher*, Vol. 31, No. 9, 2002.

M. Tschannen-Moran, A. W. Hoy, "Teacher Efficacy: Its Meaning and Measure", *Review of Educational Research*, Vol. 68, No. 2, 1998.

Randy L. Bell, Jennifer L. Maeng, Ian C. Binns, "Learning in Context: Technology Integration in a Teacher Preparation Program Informed by Situated Learning Theory", *Journal of Research in Science Teaching*, No. 3, 2013.

Simon Conway Morris ed., *The Runes of Evolution*, Templeton Press, 2015.

S. K. Clark, D. Byrnes, R. R. Sudweeks, "A Comparative Examination of Student Teacher and Intern Perceptions of Teaching Ability at the Preservice and Inservice Stages", *Journal of Teacher Education*, Vol. 66, No. 2, 2015.

Stewart Martin, Michael Vallance, "The Impact of Synchronous Internetworked Teacher Training in Information and Communication Technology Integration", *Computers & Education*, No. 51, 2007.

T. Levin, R. Wadmany, "Teachers' Views on Factors Affecting Effective Integration of Information Technology in the Classroom: Developmental scenery", *Journal of Technology and Teacher Education*, Vol. 16, No. 2, 2008.

X. Tan, H. Wang, "Highlight Professional Skill Training Mode Reformation Primary and Secondary School Teachers Training", *Psychology Research*, No. 3, 2011.

Yanping Qiu, "Investigation and Analysis of the Teaching Ability of University Teachers from the Perspective of Students", *Educational Sciences: Theory and Practice*, Vol. 18, No. 5, 2018.

Z. Ezziane, "Information Technology Literacy: Implications on Teaching and Learning", *Journal of Educational Technology & Society*, Vol. 10, No. 3, 2007.

后　　记

　　书稿完成之时，我已成为"博士后"。"博士后"在中国既代表一种学习经历，也是一种让人容易误解为某种学位的名词。常常听人说某某是"博士后"，每每听到此言必投去羡慕、敬佩之目光。自2016年进入"博士后"流动站，我才慢慢明白"博士后"的真正含义。或许每个人进站的理由各不相同，有大有小，有的宏伟，有的平庸，我的动机却略显幼稚与单纯，仅仅为了延续读博期间的学术热情，促使自己不断地动起来。不承想这一动却动得"惊天动地"，从此踏上了寻求更高学术理想的漫漫征程。期间领略到了学术平台的重要性，感受到了学术自由的意义。怀揣对自由学术的梦想，决然地告别过去，踏上人生新的旅途。一路走来，有太多的事令人难忘，有太多的人难以忘怀。

　　西北师范大学郭绍青教授，为人正直，品行高洁。师从郭教授，令我脱胎换骨，真正踏上了学术之路。每日8点上班、工作12小时，每周工作7天已然成为一种常态。郭老师平日不苟言笑，声音极具磁性，不怒自威。每次同门聚会无不谈论师父之严厉，种种故事如数家珍。今日回想，那张书写着我博士学位论文写作框架的大白纸，那个脱去鞋子趴在白纸上勾画思维导图的学者，抑或是陷入沉思后双眉紧锁的项目领航者，每个场景、每个细节，历历在目。虽对导师的严厉心有余悸，但感受到的恩师之爱却是那么的深邃，厚重如山，唯有且行、且知、且珍惜。

　　河南大学汪基德教授，网名"德为先"，人如其名，汪教授高尚的德行深深地感染着我，身体力行地践行了南国农先生"做人、做事、做学问，做人最重要"的箴言。在我迷茫之际，汪老师巧妙地为我化解疑惑；在我畏难之时，委婉地给予我鼓励。那微微的笑容恬静而含蓄，那睿智的眼神善良而坚定。

后　记

　　西北师范大学郭炯教授，既是学姐又是老师，聪慧而美丽。一路走来，给予我无私的帮助与支持。新的征程中有荆棘也有鲜花，最重要的是有美女学姐的鼓励与祝福。无论是疑惑还是喜讯，总愿与郭老师分享。一句句答疑、一声声鼓励，犹如山涧清泉，沁心而甘冽。她的优雅、睿智、平和与博学，永远值得我学习。

　　河南大学张炳林博士，既是学友又是兄弟，豁达而善良。一句带有浓郁河南腔调的"滨哥"、一杯无需多言的清酒，饱含了多少往事。炳林朋友多，豪爽的性情、开朗的性格、正直的品行，无一不是我学习的楷模。

　　"海明灯育创团队"是我学术苦旅中创建的研究生团队，"海明灯"取自海中永生水母与灯塔，寓意学术海洋中具有明确方向的小水母，学术生命永不终结。朱丹丹、陆万恒、张婷婷、俞莹、王琳玥、张婉迪都是团队中的优秀成员，他们既是我的学生，又是不可或缺的朋友，我们共同成长。

　　安徽师范大学教育科学学院，一片教书育人、孕育学术理想的沃土，一个温馨的大家庭。在这里，人们一呼一吸间品鉴学术之甘味，一颦一笑间体验教师之幸福。这里给我直面困难的勇气与自信，还有那渴望已久的自由学术之氛围。

　　感谢每一位支持与帮助我的人，也祝福每一位我所认识的人。感谢家中的老人和妻子，与母亲微信已成每日"必修课"，与岳父母千里视频亦是幸福时光，与妻子共操家务、与儿子辩论事理已成生活之常态。央求上苍，让时光过得慢些，让我爱的人都慢些变老，我要用一生的时光来慢慢地爱他们。

杨滨

2022 年 11 月 28 日